无碴轨道技术

何华武　编著

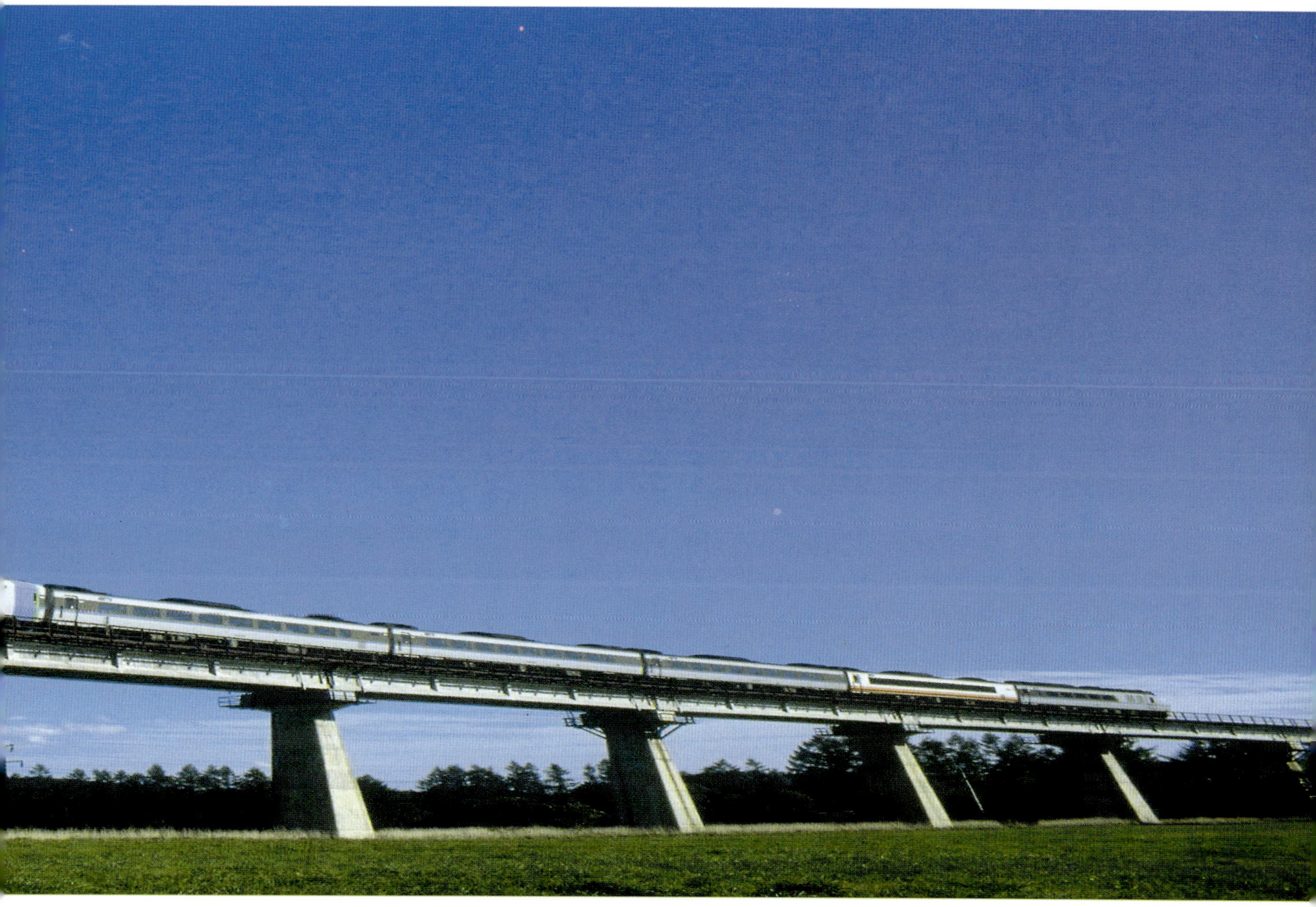

中　国　铁　道　出　版　社

内 容 简 介

本书全面系统地介绍无碴轨道技术和经验。全书共分 5 章及 1 个附录。第 1 章介绍无碴轨道主要技术特点及无碴轨道在世界各国的发展历程，对有碴轨道和无碴轨道进行技术经济对比分析。第 2 章介绍国外主要型式的无碴轨道的结构组成和主要特点。第 3 章介绍我国无碴轨道设计技术及经验。第 4 章介绍无碴轨道对相关工程的影响，包括无碴轨道对线路、路基、桥梁、隧道、过渡段、轨道电路、噪声振动的影响和需要采用的相关技术。第 5 章介绍国内外无碴轨道施工技术及各类无碴轨道使用的施工机械。全书配有大量的彩色图片，图文并茂，可供科研、设计、制造、施工、运营及教学部门的人员阅读。

图书在版编目（CIP）数据

无碴轨道技术/何华武编著．—北京：中国铁道出版社，2005.6（2009.2重印）
ISBN978-7-113-06535-5

Ⅰ．无…　Ⅱ．何…　Ⅲ．无碴轨道　Ⅳ．U213.2

中国版本图书馆 CIP 数据核字（2005）第 056490 号

书　　名：无碴轨道技术
作　　者：何华武
出版发行：中国铁道出版社（100054，北京市宣武区右安门西街 8 号）
策划编辑：熊安春
责任编辑：熊安春　陈若伟　傅希刚
封面设计：冯龙彬
印　　刷：北京精彩雅恒印刷有限公司
开　　本：880×1230　1/16　　**印张：**14.75　　**字数：**311千
版　　本：2005 年 7 月第 1 版　　2009 年 2 月第 2 次印刷
印　　数：6 001～8 000 册
书　　号：ISBN978-7-113-06535-5/U・1801
定　　价：100.00 元

《无碴轨道技术》编委会

主　　编： 何华武

编　　委： 康　熊　赵有明　王　澜　叶阳升　王俊彪　韩自力　刘彦青　常荣生　殷宁俊　史存林　牛　斌　姚沅海

执行主编： 侯文葳

编撰人员：（按姓氏笔划排列）

王　锋　王　澜　王继军　毛俊杰　毛鲲鹏　史玉杰　江　成　刘增杰　李海燕　辛学忠　肖俊恒　吴　彬　张千里　杨奎芳　范　佳　林之珉　赵国堂　侯文葳　徐　上　钱立新　钱振地　顾培雄　黄建苒　曾树谷　焦大化　魏　峰

编 辑 组： 侯文葳　刘卫华　杨宁清　吴　彬　刘文兰　刘　鑑

序

铁路是国家重要的基础设施、国民经济的大动脉和大众化的交通工具，在综合交通运输体系中处于骨干地位。为适应全面建设小康社会的要求，铁路必须以科学发展观为指导，快速扩充运输能力，快速提升技术装备水平，努力实现跨越式发展。

2004 年初，国务院批准了《中长期铁路网规划》，确立了铁路建设蓝图：到 2020 年，全国铁路营业里程达到 10 万公里，建设客运专线 1.2 万公里，主要繁忙干线实现客货分线，复线率和电气化率达到 50％，运输能力满足国民经济和社会发展需要。实施《中长期铁路网规划》，特别是建设世界一流客运专线，需要采用一整套先进、成熟、经济、适用、可靠的技术。目前在德国、日本等一些发达国家，铁路广泛采用的无碴轨道技术，具有轨道稳定性高、刚度均匀性好、结构耐久性强、维修工作量显著减少和技术相对成熟等特点。学习借鉴国外成熟经验，通过引进、消化、吸收和自主创新，发展我国的无碴轨道技术，对于组织新一轮大规模铁路建设，特别是建设世界一流客运专线，快速提升我国铁路技术装备，具有十分重要的作用。

从 20 世纪 60 年代起，我国就开展了无碴轨道技术的研究，并在一些铁路干线隧道和大型客站试验应用了这一技术，经过 40 多年的研究与实践，在无碴轨道的结构设计、施工方法、轨道基础的技术要求等方面积累了一些经验。但是由于我国对无碴轨道技术的研究还不够深入，特别是铺设无碴轨道的数量少、时间短，尚缺乏系统、成熟的设计、施工与运营经验，很多同志对无碴轨道技术还缺乏全面、系统的了解和认识，因此，迫切需要加强对无碴轨道技术相关知识、理论和经验的介绍、学习、研究，迫切需要培训大量掌握无碴轨道技术的干部、工程技术人员和技术工人。

《无碴轨道技术》一书，全面系统地介绍了国外无碴轨道技术和经验，同时汇集了我国无碴轨道技术几十年的研究成果，内容十分丰富，可供从事无碴轨道技术研究和实践的工程建设人员、研究人员、大专院校师生学习参考，也可作为无碴轨道技术培训的教材。

铁路跨越式发展的全面深入推进，《中长期铁路网规划》实施工作的全面开展，为无碴轨道技术及其他先进铁路技术在我国铁路建设与发展中的推广和运用，提供了非常有利的时机和条件。期待我国铁路工作者，按照立足国产化，引进和吸收国外先进经验和技术，增强自主创新能力，带动相关产业发展的要求，进一步开展包括无碴轨道技术在内的新技术的研究与实践，争取在较短时间内研制出符合我国国情、路情的铁路先进技术，以满足大规模铁路建设，特别是客运专线建设的需要，为快速提升我国铁路技术装备水平，实现铁路跨越式发展做出应有的贡献。

刘志军

2005年6月5日

前　言

《中长期铁路网规划》描绘了我国铁路发展的宏伟蓝图。到2020年，我国铁路营业总里程将达到10万公里，要建设“四纵四横”快速客运专线及三处城际快速轨道交通系统，实现主要繁忙干线客货分线运输。客运专线列车运行的安全性和舒适性，对轨道的平顺性、稳定性提出了更高的要求，也带来了我国线路设施方面技术路线的深刻变革。

无碴轨道具有轨道稳定性高、刚度均匀性好、结构耐久性强、维修工作量显著减少和技术相对成熟的突出优点。发展无碴轨道技术是我国铁路快速提升技术装备水平，实现铁路跨越式发展的重要举措之一。20世纪60年代，世界各国开始研究使用无碴轨道，从室内试验，现场试铺到在高速铁路上的普遍推广，历经40余年，形成了具有各国特色的系列化、标准化产品。无碴轨道在铁道线路上的使用，从根本上改善列车走行的基础条件，实现了旅客列车平稳性、安全性、舒适性要求，并且大大缩短了维修时间，降低了维护成本。

无碴轨道技术发展比较成熟的主要国家是德国和日本，而德国和日本的发展道路又不相同。

德国采用的体制是自主研发、统一管理的模式。由德铁制定统一的技术要求，企业自主研究开发不同型号的无碴轨道，在指定的试验室进行实尺模型激振试验及性能综合评估，并经德铁技术检查团（EBA）认证、批准后，方有资格在线路上进行有限长度的试铺。试铺的无碴轨道要经过5年的运营考验并经EBA的审定，通过后方可正式使用。上述体制，大大调动了全社会研发无碴轨道的积极性，因此，德国铁路自1959年开始研究到现在先后在土质路基、高架桥上及隧道内试铺了各种混凝土道床和沥青混凝土道床的无碴轨道。经过不断改进、优化和完善，不仅形成了德国铁路的无碴轨道系列，而且还形成了比较成熟的技术规范和管理体系，研制了成套的施工机械设备和工程质量检测设备，使无碴轨道在德国顺利推广。

到2003年，德国铁路无碴轨道总铺设长度600多延长公里。德国无碴轨道的主型结构是轨枕埋入式和博格板式无碴轨道。雷达2000、旭普林和柏林同属双块式埋入式无碴轨道，ATD、Getrac等则为直接支承式无碴轨道，与雷达、博格式轨道结构有较大差别。初期铺设的雷达型和博格板式轨道都经历了30年的运营考验，轨道状态始终良好。2002年完工的科隆—法兰克福新建线铺设的雷达2000、旭普林和柏林无碴轨道占全长的87.6%，正在建设的纽伦堡—英戈尔施塔特线博格板式无碴轨道占线路全长的84.3%。

日本研制发展无碴轨道采取有组织的统一研发推广模式，并且始终围绕各种类型的板式轨道展开。20世纪60年代中期，日本开始了板式无碴轨道结构系统的理论研究与试验。铁道综合技术研究所汇集轨道、土工、桥隧、材料以及化工等专业的研究人员组成系统攻关研究小组。在研究开发初期，研究小组针对不同的板式轨道方案进行了设计选型，并通过部件试验、实尺模型加载试验、设计修改、运营线试验段铺设，最终形成了日本板式轨道的系列产品。

日本板式轨道基本构成比较统一，但对于不同线路等级、不同自然条件、不同基础条件、不同车速和运营条件其构造与尺寸略有不同。板式轨道研发过程中，研究人员曾提出多种结构设计方案，如A型、M型、L型和RA型等。目前定型的板式轨道有普通A型、框架型及在特殊减振区段使用的减振G型等。

日本板式轨道在新干线的推广有一定的过程。1964年建成的东海道新干线，没有铺设无碴轨道。1972年建成的山阳新干线冈山以东铺设了8 km无碴轨道，占线路全长的5%；1992年建成的山阳新干线冈山以西修建了273 km的无碴轨道，占线路全长的69%；东北新干线无碴轨道占线路全长的82%；上越新干线无碴轨道占线路全长的90%。目前，日本不仅在桥梁、隧道中铺设无碴轨道，而且在路基上也全面推广使用。到目前为止，日本板式轨道铺设已经超过2 700延长公里。说明无碴轨道日益成为高速铁路客运专线首选道床结构，也说明无碴轨道技术在日本已经成熟，并且大面积推广。

法国是以有碴轨道为代表的高速铁路国家，一直以有碴轨道能够以270～300 km·h^{-1}运营而感到骄傲。但后来发现早期建造的东南线、大西洋线，道碴粉化严重，轨道几何尺寸难于保持，维修周期缩短，维修费用大大增加，甚至影响正常的运营，使用不到10年不得不全面大修，更换道碴。法铁对道碴的粒径级配、颗粒形状指标、硬度系数标准进行了重新研究，拟订了新的规定。比如针对道碴的洛杉矶磨耗率、硬度系数标准(CH)，TGV东南线原规定为洛杉矶磨耗率≤20%和CH≥17，TGV北方线把其提高到洛杉矶磨耗率≤17%和CH≥20，新建的地中海线再提高到洛杉矶磨耗率≤16%和 CH≥21。除此之外，为减缓道碴的粉化，在桥梁上还采取了道碴下铺设橡胶垫的方式。与此同时，法国开始认识到无碴轨道的优越性，开展了无碴轨道的研究与试验。在新建的地中海线的隧道里铺设了 4.8 km 双块式无碴轨道，进行试验，还准备在东部高速线 40～50 km的一个区间修建无碴轨道。

目前，无碴轨道的优越性已经被世界许多建设高速铁路的国家和地区认可。韩国、印度、荷兰、中国台湾近年修建的高速铁路都成段、成线地采用无碴轨道技术。

我国对无碴轨道的研究始于20 世纪 60 年代。与国外的研究几乎同步。初期试铺过支承块式、短木枕式、整体灌注式等整体道床以及框架式沥青道床等多种型式。在成昆线、京原线、京通线、南疆线的隧道内铺设过长度约 300 km 的支承块式无碴轨道。后来试铺过由沥青混凝土铺装层与宽枕组成的沥青混凝土无碴轨道，全部铺设在大型客站和隧道内。在京九线九江长江大桥引桥上还铺设过无碴无枕结构。

1995 年～1997 年间，我国试铺弹性支承块式无碴轨道，并在秦岭隧道一线、二线推广使用，合计铺设长度 36.8 km。以后在宁西线（西安—南京）、兰武复线、宜万线、湘渝线等隧道内及城市轨道中得到广泛应用。1999 年在秦沈客运专线的沙河桥、狗河桥和双何桥上，分别铺设了长枕埋入式和板式无碴轨道，同时，提出了秦沈线无碴轨道设计技术条件、施工技术细则和无碴轨道工程质量检验评定标准。

在 40 多年的研究与实践中，我国在无碴轨道的结构设计、施工方法、轨道基础的技术要求等方面积累了宝贵的经验，为进一步发展无碴轨道技术打下了基础。

虽然修建无碴轨道的造价高于有碴轨道。但由于无碴轨道结构具有建筑高度低、每延米重量轻的特点，可使桥梁、隧道结构物的建设费用降低。此外，采用无碴轨道结构，还可大大减少工务综合维修工区的设置和大型养路机械的配备。据国外资料分析，无碴轨道造价大约是有碴轨道的两倍，这些费用可以在以后10 年节约的养护维修费用中得到补偿。客运专线无碴轨道与有碴轨道的技术、经济比较，已经有了初步的结论，无碴轨道已成为客运专线的发展趋势。我国国民经济的快速发展和对铁路运输的迫切需求，使今后一段时间，成为无碴轨道技术在我国客运专线大面积推广的最佳时机。

我国无碴轨道铺设的数量少、时间短，设计、施工与运营经验不足。围绕着一些关键技术问题，如路基地段特殊地质和土的处理、施工有关技术与标准，大跨度梁的徐变上拱和梁端转角控制，隧道基底和仰拱结构，轨道结构刚度的合理匹配，扣件系统和无碴轨道的绝缘措施等，需要借鉴国外成熟经验，并通过国内外联合设计、试验段的建设和相关试验在尽可能短的时间内研究解决。

无碴轨道的推广，离不开技术装备的现代化。纵观世界各国无碴轨道的发展，优质的轨道结构与高度的机械化程度紧密相连。各国在发展无碴轨道技术的同时，研制了与无碴轨道施工、监控、检测相适应的成套机械设备和现代化程度高、使用方便的测试设备，使施工质量得到可靠保证。我国在发展无碴轨道技术时，应当通过引进、消化、吸收和自主创新，研制覆盖生产、运输、工地铺设等各个工序的成套设备，同时，还应当完善测试设备，实现我国无碴轨道技术装备的系列化、现代化、标准化。

无碴轨道的建设需要科学的工程管理和严格的过程控制才能够保证工程质量。为此，需要培训大量懂得无碴轨道的各类人员。无碴轨道是系统工程，除了轨道结构本身，还涉及地基基础、支承结构、排水、通信信号、接触网等方方面面。由于我国铁路仅在少数桥梁和隧道里铺设无碴轨道，路基上铺设无碴轨道的试验还刚刚开展，道岔区还没有铺设经验，很多人对无碴轨道技术的理解还不够全面。在铁道部何华武总工程师的带领下，铁道科学研究院组成《无碴轨道技术》编写组，不仅汇集了大量国外技术资料和图片，还特别介绍了我国铁路专家研究无碴轨道的最新成果，在短时间内编写了这部培训教材。

《无碴轨道技术》一书涉及线路、土工、桥梁、隧道、电力、材料各领域，全书共分 5 章及 1 个附录。主要编写人员是：第 1 章，曾树谷；第 2 章，刘增杰；第 3 章、第 4 章，侯文葳；第 5 章，吴彬。何华武负责全书的修改、统校、定稿和关键段落的撰写。侯文葳负责全书内容的组织，协助通校、定稿工作。

为本书提供电子文档、研究报告、各类资料的人员有（按照姓氏笔划排列）：王 锋、王 澜、王继军、毛俊杰、毛鲲鹏、史玉杰、江 成、辛学忠、李海燕、辛学忠、肖俊恒、张千里、杨奎芳、范 佳、林之珉、赵国堂、徐 上、钱立新、钱振地、顾培雄、黄建苒、常荣生、焦大化、魏 峰。

本书在编写过程中，得到德国铁路有限责任公司、博格公司、弗莱德尔公司、韩国铁路施设工团、日本海外协力协会周敏西先生的帮助，在这里一并表示感谢。

本书中共有插图 239 幅，信息丰富、资料全面、图文并茂，通俗易懂，可供不同层次的人员学习无碴轨道知识。

目录

目录

第1章

无碴轨道概述

根据我国《中长期铁路网规划》，到2020年我国铁路将建成“四纵四横”快速客运通道及三个区域城际快速客运系统。高速度、高密度、长距离跨线运输是我国客运专线主要运营特点。为满足行车安全、乘车舒适和准点行车的要求，铁路线路必须具有结构连续、平顺、稳定、耐久和少维修的性能。无碴轨道在国外高速铁路已得到广泛应用，并已在上述性能方面显示出明显的优越性，取得了良好的技术和经济效益。我国铁路对无碴轨道也进行了大量的研究与应用，特别是在桥上及隧道内已铺设过若干试验段，积累了一定的经验，这些都为在我国客运专线上继续研究、开发和推广无碴轨道打下了技术基础。

第一节　无砟轨道主要技术特点

一、良好的结构连续性和平顺性

有砟轨道采用均一性较差的天然道砟材料，在列车荷载作用下其道床肩宽、砟肩堆高、道床边坡、轨枕间距及轨枕在道床中的支承状态相对易于变化，并导致轨道几何形变。

无砟轨道的下部基础、底座、道床板（或CA砂浆调整层）均为现场工业化浇注；双块式轨枕、轨道板、微孔橡胶垫层、轨下胶垫、扣件、钢轨等均为工厂预制件或标准产品，可以保证其性能有较好的均一性。由此组成的轨道整体结构与有砟轨道相比具有更好的结构连续性和弹性均匀性，为提高轨道的平顺性，改善乘车质量提供了有利条件。

二、良好的结构恒定性和稳定性

无砟轨道结构中，作为无缝线路稳定性计算参数的轨道横向阻力、轨道纵向阻力不再依赖于材质和状态多变的有砟道床，其整体式轨下基础可为无缝线路提供更高和更恒定的轨道纵、横向阻力，具有更好的耐久性和更长的使用寿命。

三、良好的结构耐久性和少维修性能

无砟轨道维修工作量大大减少，被称为“省维修”轨道，为延长线路的维修周期以及客运专线列车的高密度、准点正常运行提供重要保证。

客运专线的行车速度高、密度大，所有线路地面检查、维修作业都必须在“天窗”时间内进行。我国客运专线由于跨线列车多，自身的行车密度又大，不可能完全像国外高速铁路那样白天行车、夜间轨道维修作业。要在白天、夜间均行车的条件下，安排“天窗”作业就更加困难。减少线路维修工作量是保证客运专线列车准点正常运行的前提条件。

无砟轨道采用整体式轨下基础。与采用散粒体结构的有砟道床基础相比，在列车荷载作用下不会产生道砟颗粒磨耗、粉化、相对错位所引起的道床结构变形；在列车荷载反复作用下不会产生变形积累，使轨道几何尺寸的变化基本控制在轨下胶垫、扣件及钢轨的松动和磨损等因素之内，从而大大降低轨道几何状态变化的速率，减少养护维修工作量，延长维修周期和轨道使用寿命。

四、工务养护、维修设施减少

由于维修工作量减少，可以延长每个综合维修中心和维修工区的管辖范围，从而减少上述维修部门的数量。同时也可相应减少每个部门配置的维修机械、停车股道数量和房屋等设施。

五、免除高速条件下有碴轨道的道碴飞溅

我国秦沈客运专线在线路开通之前进行的行车试验表明：行车速度达到 250 km・h^{-1}时，道心道碴出现飞碴现象，造成车辆转向架部分的车轴、制动缸等被道碴打击的现象(这种飞碴现象与线路开通前道床表面细碴、粉尘较多也有一定的关系)。根据法国 TGV 铁路的运营经验，有碴轨道在列车速度达到 350 km・h^{-1}时，出现较严重的道碴飞溅现象。后将速度降到 320 km・h^{-1}时，飞碴现象才有所改善。此外，在严寒冬季，冻结在车体下部的冰块融化时，冰块打在道碴上，溅起的道碴会打坏钢轨踏面。另外，在进行道床维修施工作业后，由于表层道碴松散，粉粒较多，也会产生飞碴，此时要求限速 170 km・h^{-1}行车。法国 TGV 铁路在严寒多雪地区，为了防止下雪天因道碴表面裹雪被列车风吹起，曾采取过在道床表面喷撒乳胶和雪天降速运行等措施。

采用无碴轨道之后，就可以完全免除道碴飞溅的顾虑。

六、有利于适应地形选线，减少线路的工程投资

无碴轨道的纵、横向稳定性较之有碴轨道大大增加。在选线困难的地段可以利用无碴轨道能承受较大轮轨横向力的有利条件，在保证舒适度的前提条件下，适当放宽曲线允许超高、欠超高的限制，减小最小曲线半径，从而有利于选线，减少工程量。

七、减少客运专线特级道碴的需求

为了延缓客运专线有碴轨道上道碴的磨耗和粉化，道碴材料要求采用为客运专线专门制定的特级道碴标准。我国特级道碴标准与国外高速铁路道碴标准相比，尽管在性能指标上仍有一定的差距，但符合这种性能要求的岩藏资源在我国，特别是中南和西南地区仍相当稀少，可能难以满足我国新建客运专线的需求。发展无碴轨道可以减少客运专线建设对特级道碴的需求量。

八、无碴轨道弹性较差

日本、德国开发无碴轨道的初衷是力求无碴轨道的轨道弹性等于或接近于有碴轨道的轨道弹性。但实际开发的结果却是无碴轨道的弹性仍低于有碴轨道。轨道弹性的降低会增加轴重对轨道破坏、失效和轨道状态恶化的影响，也会随着轴重的增加加剧环境振动和噪声。因此，在轴重较大的客货共线铁路以及轴重更大的重载铁路，国内外规模铺设无碴轨道的范例尚属罕见。

高速列车的轴重较轻、车辆转向架悬挂性能改善、簧下质量减小，为在高速铁路上采用无碴轨道创造了有利条件。

进一步改善无碴轨道弹性和降低列车轴重是今后在客运专线上发展无碴轨道的努力方向。

九、建设期工程总投资大于有碴轨道

与有碴轨道相比，尽管无碴轨道的结构高度低、自重轻，无碴轨道在隧道中铺设

时，轨顶面以下的隧道开挖面积可适当减小；在桥上铺设时，由于其二期恒载相应减轻，从而降低桥、隧工程费用。但无碴轨道结构本身的工程费用高于有碴轨道，特别是在对振动和噪声等环境要求较高的地段，用于减振降噪措施的费用比有碴轨道要高。总体来说，无碴轨道建设期投资大于有碴轨道。

十、对地震和环保的适应性

日本是多地震国家。根据日本的经验，无碴轨道在低等级地震条件下，比有碴轨道具有更好的稳定性，从而提高行车的安全性；但在大地震情况下，有碴、无碴轨道都会遭到破坏，而无碴轨道的修复更为困难。

和有碴轨道相比，无碴轨道的弹性较差、环境振动和噪声的量级较高。在靠近人口居住区及诸如学校、医院、办公区、度假区等环保要求较高的地段，其减振降噪措施及相应的工程费用也会增加。

十一、关于线下工程的“工后零沉降”建设理念

无碴轨道的永久变形只能通过扣件进行调整以恢复其正常的轨道几何形状。由于扣件的调整量非常有限，因此对于无碴轨道的变形，特别是由于线下工程的沉降所引起的轨道永久变形必须做出严格的限制。线下工程工后沉降能否控制在规定范围之内，是无碴轨道能否在线路上进行规模铺设的关键。线下工程“工后零沉降”建设理念正是基于这样的要求而提出的。

“工后零沉降”建设理念就是在客运专线线下工程的设计（特别是合理的工程预算）、施工（特别是严格的工程质量监控）和管理（特别是合理的施工期限）中，都要以“工后零沉降”为追求目标。传统设计、施工、管理中“预留沉降”的概念不再适用。我们把“工后零沉降”说成是一种“理念”，而不是说成一种“理论”或“原理”，是因为在实际工程中我们还没有一种可靠的理论或方法，把工后沉降准确、可靠地控制为零。但是人们只有“求其上”，才能保证至少“得其中”，只有按“零沉降”理念要求，最后才能取得实际工程“小沉降”的结果。为此，人们在线路上部结构的设计中为这种“小沉降”提供了进行调整的手段，并为线路下部工程的工后沉降规定了一个允许值（“零沉降”理念基础上的允许偏差），作为工程实际操作和控制的标准，从而在目标和现实之间留有一定的余地。

国外的高速铁路不仅在无碴轨道，即使在有碴轨道的线下工程中也已引入了“工后零沉降”理念。德国高速铁路路基“追求的目标是不再产生工后沉降”。韩国高速铁路路基的要求是“一般情况为运营后要求路基零沉降”。日本高速铁路也要求路基工后零沉降。可以认为，高速铁路的线下工程，不论其上部是采用有碴轨道还是无碴轨道，其工后沉降的追求目标和设计、施工、管理理念是相同的，即“工后零沉降”。由此可以推论，在通常的、大多数的地基条件下，统一按“工后零沉降”理念建设的有碴轨道和无碴轨道线下工程，其工程造价就应当在同一水平。正是高速铁路（不论是有碴轨道还是无碴轨道）对线下工程所提出的上述严格要求，为无碴轨道铺设提供了所必须的线下基础条件。

当前，有一种概念认为无碴轨道线下工程的造价要大大高于有碴轨道线下工程的造价，其实这是把高速铁路无碴轨道的线下工程与普通铁路有碴轨道的线下工程相比较的结果。如果比较的前提都是高速铁路，其线下工程的工程造价就会比较接近。如果比较的是高速铁路和普通铁路，即使同样是有碴轨道，其线下工程的造价也会有显著差异。在本章第四节“无碴轨道技术经济分析”中可以看到，德国高速铁路有碴轨道的工程费是 1 000 欧元·m^{-1}，而普通铁路有碴轨道的工程费是 590 欧元·m^{-1}。同样是有碴轨道，又几乎是大体相同的钢轨、扣件、轨枕和道床，其工程费的巨大差异，主要原因是划归轨道范畴的路基保护层（PSS）的显著不同和高速铁路、普通铁路对路基保护层的不同要求。

高速铁路线下工程（不论是有碴轨道还是无碴轨道）必须按“工后零沉降”建设，这也是国外高速铁路建设经验和教训的总结。日本东海道新干线全部为有碴轨道，是世界上第一条高速铁路。当时由于对提高路基建设标准认识不足，更谈不上“工后零沉降”理念，线路自 1964 年开通后，就发现路基下沉严重。1965 年开始出现路基翻浆冒泥，不得不在多处设置临时或长期慢行点，致使从东京到大阪全长 515.3 km，“光”号列车运行 4 h，“声”号列车运行 5 h。当时采取了更换道碴和铺设土工纤维布等措施。到 1966 年 11 月，轨道状态有所好转，限速区段相对减少，使“光”号列车全线运行时间缩短到 3 h 10 min，“声”号列车缩短到 4 h，但道床板结和路基翻浆现象并未得到根本好转。1968 年日本引进普拉塞公司道床清筛机进行道床机械化清筛。至 1969 年，在土质路基地段，路基翻浆和道床板结每年新增约 50 km。自 1971 年开始，每年更换道床 30～40 km 仍不能满足需要。许多不能及时换碴的区段，因轨面前后高低差超过 7 mm 而不得不限速运行。

第二节　世界各国无碴轨道的发展历程

为适应列车高速行车需要、提高线路稳定性和耐久性、减少线路维修工作量，世界各国研究开发了多种结构型式的无碴轨道。如日本新干线的板式、德国高速铁路的雷达（Rheda）型、英国的 PACT 型、英吉利海峡隧道的弹性支承块（LVT）式（见图 1-1）、法国的 Monaco 型和 STEDEF 型无碴轨道等。

国内外的实践经验表明，任何一种新型轨道结构的大规模推广应用必须经过以下几个研究发展阶段，即：结构型式的提出与设计→结构参数分析与选取→室内实尺模型试验→现场试验段铺设→结构动力性能测试→长期运营考验→结构设计修改完善→全区间推广应用。其中现场试验段铺设、结构动力性能测试与长期运营考验是新型轨道结构发展过程中的几个重要环节。

一、德国铁路无碴轨道的研究与发展

德国是世界上研究开发无碴轨道较早的国家。德国铁路研究开发无碴轨道采用的体制是由德铁制定统一的设计基本要求，由公司、企业自行研制开发。新开发的无碴轨道在进入德铁路网之前，必须通过指定试验室的实尺模型激振试验及性能综合评估，

图 1-1　英吉利海峡隧道内无砟轨道

并经 EBA（德铁技术检查团）认证、批准后，方有资格在线路上进行有限长度的试铺。试铺的无砟轨道要经过 5 年的运营考验并经 EBA 的审定，通过后方可正式使用。

由于采用了上述既向企业、公司开放，又严格科学管理的研发方针，大大激发了全社会研发无砟轨道的积极性。自 1959 年开始研究、试铺无砟轨道，首先在希尔赛德车站试铺了 3 种结构，随后又在雷达车站和奥尔德车站试铺 2 种结构，1977 年又在慕尼黑试验线试铺 6 种。1959～1988 年是德国无砟轨道的试铺期，共铺设无砟轨道 36 处，累计 21.6 km。在此期间先后在土质路基、高架桥上及隧道内试铺了各种混凝土道床和沥清混凝土道床的无砟轨道。经过不断改进、优化和完善，不仅形成了德国铁路的无砟轨道系列，而且还形成了比较成熟的技术规范和管理体系，研制了成套的施工机械设备和工程质量检测设备，为无砟轨道在德铁的推广应用创造了良好的条件。

德国高速铁路铺设无砟轨道的延长公里见表 1-1。

表 1-1　德国高速铁路无砟轨道结构延长

线　　路	设计速度/（km·h^{-1}）	运营速度/（km·h^{-1}）	线路全长/km	无砟轨道长/km	开通年份/年
柏林—汉诺威	280	280	264	90（34%）	1998
科隆—法兰克福	330	300	177	155（87.6%）	2002
纽伦堡—英戈尔施塔特	330	300	89（新线）	75（84.3%）	2006

图 1-2 为科隆—法兰克福新建线的无砟轨道，图 1-3 为纽伦堡—英戈尔施塔特的博格型板式无砟轨道。

到 2003 年，德国铁路无砟轨道总铺设长度 600 多延长公里。其主要结构型式有雷达、雷达 2000、Züblin、Berlin、ATD、Getrac 和博格（Bögl）型。

图 1-2 科隆—法兰克福新建线无碴轨道

图 1-3 纽伦堡—英戈尔施塔特博格型板式无碴轨道

先期在雷达车站土质路基上铺设的无碴轨道运营已超过 30 年，通过总重达 4 000 亿 t，运营速度达 230 km·h^{-1}，除了在运营初期出现过 4～6 mm 的均匀沉降和在轨枕周边与素混凝土之间出现过某些无害裂纹之外，轨道结构完好。运营中仅少数扣件需调整，维修工作量很少。

由于德国无碴轨道技术、装备、施工工艺及建设管理的成熟与完善，世界许多国家使用德国的无碴轨道系统。正在建设的中国台北—高雄的高速铁路上的 123 组道岔中，有 96 组道岔区采用德国雷达 2000 型无碴轨道技术。在荷兰南部高速线、英国佩斯贝瑞和麦克尔斯菲尔德隧道、法国 St. Martin dEstreaux 隧道都使用雷达 2000 型无砟轨道。韩国无砟轨道主要采用德国普通雷达型无砟轨道。

目前德国有 20 多家企业参与无砟轨道新型结构的开发，形成了市场竞争的局面，推动了新技术的发展。

二、日本铁路无砟轨道的研究与发展

日本新干线的无砟轨道结构型式相对单一。从 20 世纪 60 年代中期开始就针对板式无砟轨道结构开展了系统的理论研究与试验。铁道综合技术研究所专门成立了由轨道、土工、桥隧、材料以及化工等专业的研究人员组成的板式轨道研究小组，系统攻关。在研究开发初期，研究小组对不同的板式轨道方案进行了设计、部件试验、实尺模型加载试验、设计修改、运营线试验段铺设。在实尺模型加载试验中，采用 X200 型试验车，在车的中央设置特殊的加载轴，施加各种轮重和横向力，测定轨道各部件由荷载产生的位移、应力和压力，与设计值进行对比。此外，还将两轴车固定在试验轨道上，在车轴上安装激振装置产生激振，测定钢轨和轨道板的振幅，取得轨道振动特性方面的数据。对轨道部件进行静载、疲劳试验，确认在营业线上的实用性。

日本板式轨道的应用是从桥梁和隧道开始的，在既有线和新干线上先后共铺设了 20 多处近 30 km 的试验段。为研究新干线的环境振动和噪声问题，又在“小山试验线”铺设了每段长为 200 m 的 17 种板式轨道试验段。

日本板式轨道在土质路基上的应用同样经历了 30 多年的发展历程，开展了大量室内外的试验研究工作。1968 年提出 RA 型板式轨道，并在铁道技术研究所进行性能试验。1971 年在东海道本线（平琢—大矶区间）100 m 的营业线上进行初次试铺。1974 年在东海道新干线含慧桥站内共铺设 14 处合计 2.3 km 试验段。由于一些试铺地段使用 1 年后出现路基下沉，轨道板陷入铺装层，故没有在山阳新干线和东北新干线土质路基上铺设无砟轨道。

20 世纪 90 年代初，为了改善 RA 型板式轨道所用沥青材料的温度敏感性和耐久性，提出用混凝土道床替代沥青混凝土道床的结构方案，并用普通 A 型轨道板取代 RA 型轨道板，实现板式轨道结构型式的统一。正式在土质路基上铺设普通 A 型板式轨道前，1991 年在北陆新干线（高崎—长野）路堤上铺设了 60 m 的试验段，进行静、动载试验。试验中确定路基的最大下沉量限值为 30 mm。经模拟通过总重 4 500 万 t 的重复加载试验后，最终下沉量为 6.2 mm，达到了试验的预期目标。1993 年板式轨道在北陆新干线土质路基上铺设了 10.8 km，占全线长的 4%，占土质路基的 25%。

板式轨道研发过程中，曾提出多种结构设计方案，如 A 型、M 型、L 型和 RA 型等。目前定型的板式轨道有普通 A 型、框架型及在特殊减振区段使用的减振 G 型等，构成了适用于各种不同使用范围的板式轨道系列。

图 1-4 为日本桥上 A 型板式轨道，图 1-5 为日本隧道内框架型板式轨道。

至今，板式轨道在日本既有线和新干线累计总铺设长度达 2 700 延长公里，在新干线上的铺设情况如表 1-2 所示。

图 1-4　日本桥上 A 型板式轨道

图 1-5　日本隧道内框架型板式轨道

表 1-2　日本新干线各种轨道结构延长公里（km）

轨道类型＼线名	东海道（东京—新大阪）	山阳（新大阪—冈山）	山阳（冈山—博多）	上越（大宫—新潟）	东北（东京—盛冈）	北陆（高崎—长野）
有碴轨道	516	156（95%）	125（31%）	15（6%）	48（10%）	19（12.5%）
板式轨道	0	8（5%）	273（69%）	243（90%）	411（82%）	105（87.5%）
弹性轨道	0	0	0	12（4%）	42（8%）	0

三、韩国高速铁路上的无碴轨道

韩国汉城至釜山的高速铁路全长 412 km，分 2 期工程建设，一期工程汉城至大邱 289.3 km，二期工程大邱至釜山南段，全长 122.7 km。全线路基、桥梁、隧道的比例见图 1-6。一期工程在光明车站和章上、花信、黄鹤 3 个隧道铺设了 53.841 km 无碴轨道，主要采用德国普通雷达型无碴轨道。二期工程已于 2002 年 6 月开工，预计 2010 年 12 月竣工，计划全部铺设雷达 2000 型无碴轨道。图 1-7 为韩国的普通雷达型无碴轨道。图 1-8 为韩国光明车站内无碴轨道。

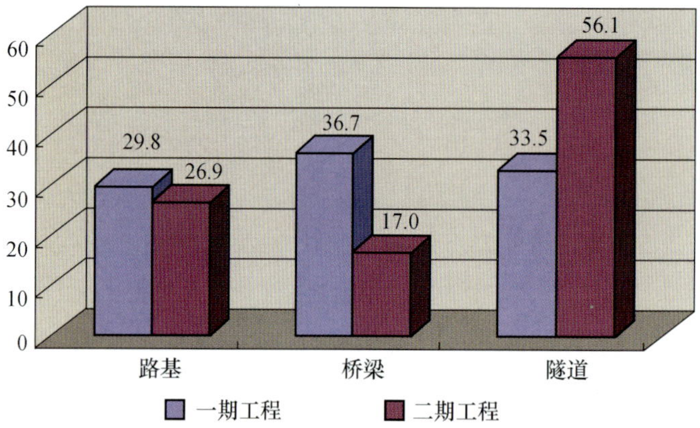

图 1-6　韩国高速铁路路基、桥梁、隧道比例直方图（%）

图 1-7　韩国普通雷达型无碴轨道

图 1-8 韩国车站内无碴轨道

第三节 我国无碴轨道的研究与应用

国内对无碴轨道的研究始于 20 世纪 60 年代，与国外的研究几乎同时起步。初期曾试铺过支承块式、短木枕式、整体灌注式等整体道床以及框架式沥青道床等多种型式。正式推广应用的仅有支承块式整体道床，在成昆线、京原线、京通线、南疆线等长度超过 1 km 的隧道内铺设，总铺设长度约 300 km。20 世纪 80 年代曾试铺过由沥青混凝土铺装层与宽枕组成的沥青混凝土整体道床，全部铺设在大型客站和隧道内，总长约 10 km。此外还铺设过由沥青灌注的固化道床，但未正式推广。在京九线九江长江大桥引桥上还铺设过无碴无枕结构，长度约 7 km。

在此 20 多年期间，我国在无碴轨道的结构设计、施工方法、轨道基础的技术要求以及出现基础沉降病害时的整治等方面积累了宝贵的经验，为发展无碴轨道新技术打下了基础。

1995 年开始对弹性支承块式无碴轨道的研究，1996 年、1997 年先后在陇海线白清隧道和安康线大瓢沟隧道铺设试验段。在秦岭隧道一线、秦岭隧道二线正式推广使用，一、二线合计无碴轨道长度 36.8 km，并先后于 2001 年、2003 年开通运营。以后又陆续在宁西线（南京—西安）、兰武复线、宜万线、湘渝线等隧道内及城市轨道中得到广泛应用，已经铺设和正在铺设的这种无碴轨道累计近 200 km。图 1-9 为弹性支承块式无碴轨道。

随着京沪高速铁路可行性研究的进展，无碴轨道在我国得到更大的关注。在“九五”国家科技攻关专题“高速铁路无碴轨道设计参数的研究”中，提出了适用于高速

图 1-9　弹性支承块式无碴轨道

铁路桥隧结构上的 3 种无碴轨道型式（长枕埋入式、弹性支承块式和板式）及其设计参数；在铁道部科技开发计划项目“高速铁路高架桥上无碴轨道关键技术的试验研究”中，完成了对上述 3 种无碴轨道实尺模型的铺设及各项性能试验；初步提出高架桥上无碴轨道的施工方案；提出了高速铁路无碴轨道桥梁徐变上拱的限值与控制措施；建立了桥上无碴轨道车线桥耦合模型并进行仿真计算，初步分析了高速铁路高架桥上无碴轨道的动力特性与车辆走行性能。

1999 年完成“秦沈客运专线桥上无碴轨道设计、施工技术条件”的研究与编制，在秦沈客运专线选定了 3 座混凝土桥作为无碴轨道的试铺段。其中，沙河特大桥（长 692 m）试铺长枕埋入式无碴轨道（见图 1-10）；狗河特大桥（长 741 m）直线和双何特

图 1-10　沙河特大桥长枕埋入式无碴轨道

大桥（长 740 m）曲线上试铺板式轨道（见图 1-11、图 1-12）。

图 1-11 狗河特大桥板式无碴轨道（直线上）

图 1-12 双何特大桥板式无碴轨道（曲线上）

我国台湾省台北—高雄的高速铁路全长 345 km，其中无碴轨道 155 km，在 123 组道岔中有 96 组采用雷达 2000 无碴轨道结构。全线计划 2005 年 10 月投入运营。道岔区段的雷达 2000 无碴轨道如图 1-13 所示。

作为新型轨道结构发展的一个必要环节，为掌握桥上无碴轨道在高速运行条件下的结构受力、变形情况与振动特性，评估两种无碴轨道结构的动力性能，2000 年铁道部开展“秦沈客运专线桥上无碴轨道综合试验”，选定线路平纵断面、桥梁结构型式与桥上无碴轨道试验段相近的桥上有碴轨道试验工点（石河二号特大桥、跨兴闫公路特大桥）进行对比测试。

图 1-13　我国台湾高速铁路道岔区雷达 2000 无砟轨道

为适应高速铁路的线路条件，目前已在渝怀线鱼嘴 2 号隧道、赣龙线枫树排隧道分别铺设了长枕埋入式和板式轨道试验段，隧道长度分别为 710 m 和 719 m。计划在线路开通后对隧道内的无砟轨道结构进行动力测试与长期观测。

我国新型无砟轨道结构的应用情况如表 1-3 所示。

表 1-3　我国无砟轨道结构的应用情况

试铺段		无砟轨道结构型式	铺设长度/m	备注
秦沈线	沙河桥	长枕埋入式	692	直线，24 m 简支箱梁
	狗河桥	板式	741	直线，24 m 简支箱梁
	双何桥	板式	740	曲线，32 m 简支箱梁
赣龙线	枫树排隧道	板式	719	直线
渝怀线	鱼嘴 2 号隧道	长枕埋入式	710	曲线

通过近 8 年来无砟轨道的理论研究、室内模型试验、桥上和隧道内试验段铺设，我国在高速铁路无砟轨道方面取得了以下主要研究成果：

（1）无砟轨道的结构设计，包括：普通 A 型板式轨道和长枕埋入式无砟轨道；

（2）制定两种无砟轨道部件的设计以及制造与验收技术条件；

（3）制定桥上和隧道内无砟轨道工程施工技术细则与质量检验评定标准；

（4）小跨度简支箱梁（32 m 以下）的变形限值以及设计与施工方面的控制措施；

（5）与无砟轨道相关的隧道设计技术要求；

（6）无砟与有砟轨道间过渡段的主要技术要求；

（7）无砟轨道结构的动力测试与长期观测技术。

从上述研究成果可以看出，我国无砟轨道的前期研究主要针对隧道内及小跨度简支梁上，并均建立了相应的无砟轨道试铺段。因此可以说，对于隧道内和小跨度梁上，在保证下部基础稳定（工后沉降在允许范围之内）的情况下，铺设无碴轨道存在的技术问题相对较少。而对于大跨度桥梁仍存在一些技术难题，如梁体徐变上拱、梁端转角限值的确定、桥梁与无碴轨道间的纵向力传递特性等。对于墩台沉降限值的控制，如同路基基础一样，由于沉降计算的离散性较大，除在设计上进行保证外，仍需通过一定时间的沉降观测，进行墩台工后沉降的预测。

而对于土质路基上无碴轨道和道岔区无碴轨道的研究，我国处在理论研究与分析试验阶段。因此，应结合客运专线无碴轨道试验段的建设，针对客运专线不同的地质条件，开展系统性的试验验证，积累设计和施工方面实践经验，推广应用无碴轨道。

第四节　无碴轨道技术经济分析

无碴轨道的技术效益分析，包括：

（1）能否提供比有碴轨道更平顺、更稳定的走行轨道，从而取得乘车舒适、行车安全方面的技术效益；

（2）维修工作量能否比有碴轨道更少，从而缩短维修“天窗”时间、延长维修周期、减少维修作业和行车之间的相互干扰，确保在高密度、准点正常行车方面取得经济效益。

无碴轨道的经济效益主要是分析无碴轨道增加的工程投资能否通过其维修费用的减少在合理的周期内偿还，或通过“生命周期成本分析”（Life Cycle Cost Analysis），证明无碴轨道的“生命周期成本”比有碴轨道更低。

一、无碴、有碴轨道几何形态（平顺性、稳定性）保持能力的对比分析

日本和德国高速铁路都对有碴轨道和无碴轨道的轨道几何状态（平顺性）保持能力进行过大量的研究和试验。图 1-14 为日本东北新干线板式轨道与相邻的有碴轨道区段，高低不平顺超过 7 mm、轨向不平顺超过 4 mm 处数的对比分析。

可以看出，轨道不平顺超限处数，从 1983 年到 1990 年总的趋势有所减少，但无碴轨道的超限处数明显少于有碴轨道，表明无碴轨道能提供更为平顺、稳定的走行轨道。

德国铁路是根据用轨检车测得的轨道几何状态（高低、水平、方向、三角坑）质

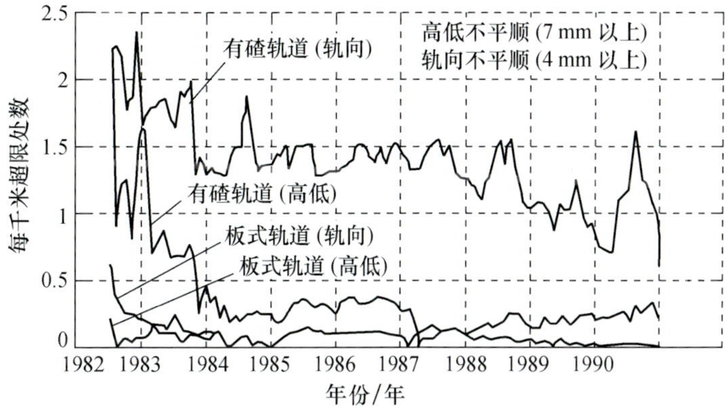

图 1-14　东北新干线有碴轨道与无碴轨道的轨道不平顺超限处数对比

量 Q 值来评定轨道几何质量。一般新线有碴、无碴轨道的 Q 值均可达到 10～20 分。随着线路的运营，轨道几何质量下降，Q 值上升，当 Q 值达到 100 分时，则需要进行轨道维修作业。

图 1-15 显示汉诺威—维尔茨堡高速铁路森格贝格隧道内 1990 年铺设的雷达型无碴轨道自 1990 年至 1995 年轨道几何质量 Q 值的变化情况。可以看出，除在无碴轨道与有碴轨道的过渡区 Q 值较高外，无碴轨道区段的 Q 值都很低，多数在 10～20 分之间。

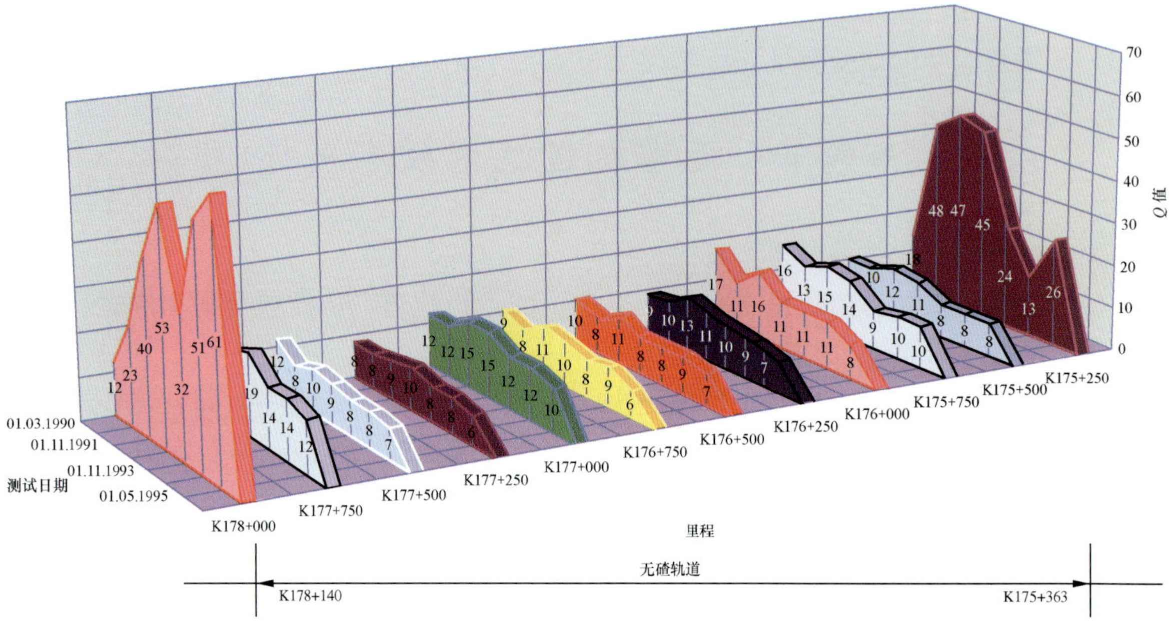

图 1-15　在汉诺威—维尔茨堡高速铁路森格贝格隧道铺设的雷达型无碴轨道结构轨道几何状态评分的变化情况

图 1-16 显示在上述同一高速铁路线路不同地段的有碴轨道在同一时期内轨道质量 Q 值的评分情况。可以看出，其 Q 值比同一线路上的无碴轨道 Q 值要高得多，多数在 60～70 分之间，表明其线路几何质量（平顺性）相对低劣。

图 1-17 列出了科隆—哈姆线上铺设 SATO 型无碴轨道与相邻路段有碴轨道轨道质量 Q 值的对比测试分析资料。可以看出，无碴轨道路段一直保持在大体 20 分的水平，而相邻的有碴轨道路段的 Q 值少数达到 100 分以上，即使是中间进行过大修的有碴轨道线路，Q 值也在 40～60 分之间。

由于无碴轨道采用整体式轨下基础，对抵御轨道的变形及变形积累有极好的性能，故自高精度铺设完成之后，轨道几何状态的变化很小，轨道几何质量 Q 值就低，轨道的平顺性就好。

二、无碴、有碴轨道经常维修费用（维修工作量）对比分析

日本山阳新干线（包括新大阪—冈山和冈山—博多两个区段）有碴、无碴轨道，1990 年以前历年从事各项维修作业的维修费用及年平均维修费用统计资料见图 1-18 和图 1-19，历年板式轨道维修费用与有碴轨道维修费用之比见图 1-20。可以看出，有碴轨道的维修工作主要用于“综合捣固”、“起道”及与道床作业有关的“其他”作业。

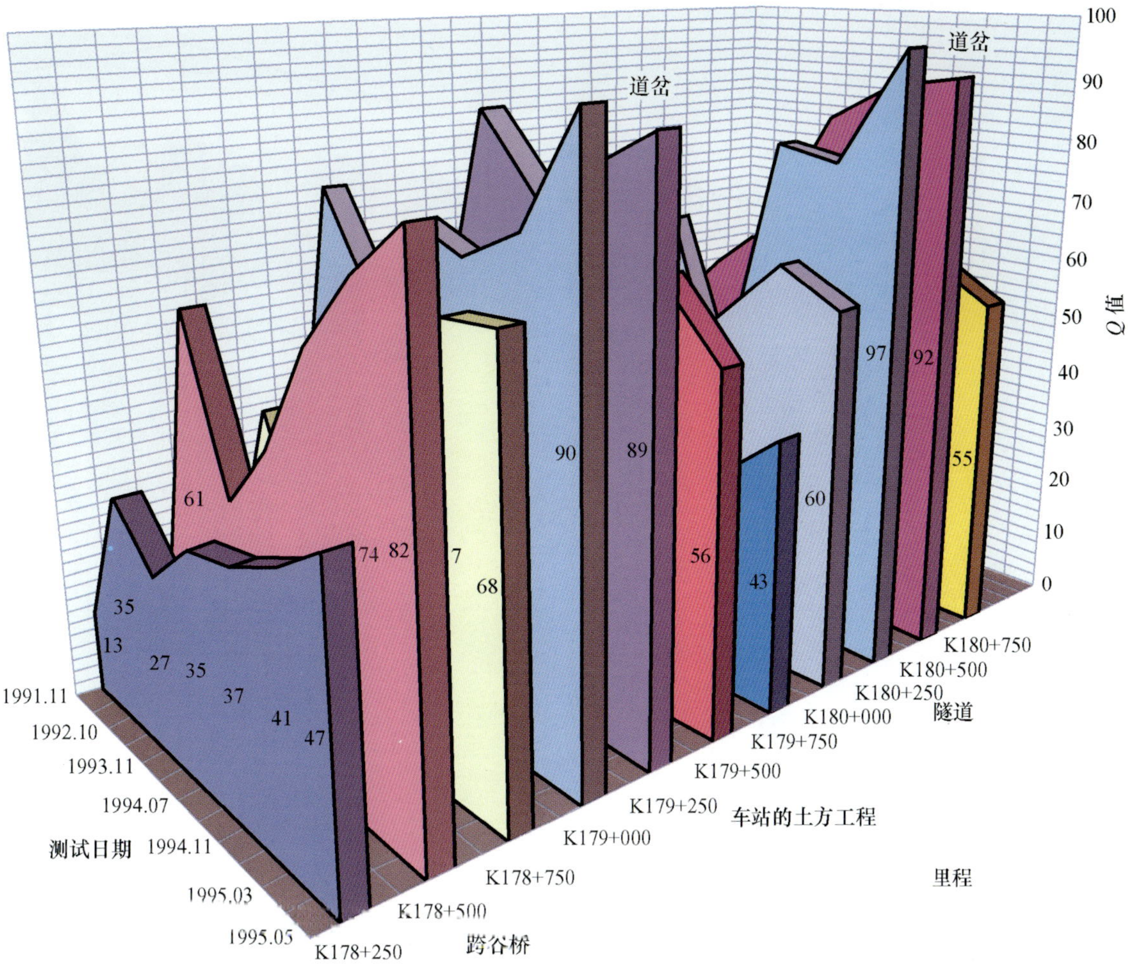

图 1-16　汉诺威—维尔茨堡高速铁路有碴轨道区段的轨道几何状态评分的变化情况

而无碴轨道则完全没有“综合捣固”、“起道”作业，并且“其他”作业量也大大减少，剩下的“扣件”及“填层”作业量相对较少，这是无碴轨道维修作业量显著减少的原因。

从图 1-19 可以看出，无碴轨道每年每千米的平均维修费用（维修工作量）仅为有碴轨道相应费用的 18%。

德国铁路对无碴轨道和有碴轨道的维修费用也进行过大量的统计分析。图 1-21 为雷达型无碴轨道每年每千米维修费用（维修工作量）的统计资料。

可以看出，维修费用主要用于过渡段处理（每年每过渡区平均维修费用 1 920 马克），其次是用于轨道检查（每年每千米轨道检查费用 720 马克），而真正用于线路修理和其他作业的费用极少。除 1990 年有每千米线路维修费用 200 马克之外，其他年份就根本没有线路维修费用。从 1989 年到 1994 年的年平均维修总支出为 2 640 马克·（km·年）$^{-1}$。

而在同一时期，曼海姆—斯图加特的高速有碴轨道线路维修费用的统计如图 1-22 所示。

其中，线路修理作业费每年每千米平均 9 790 马克，而年平均维修总支出为每年每

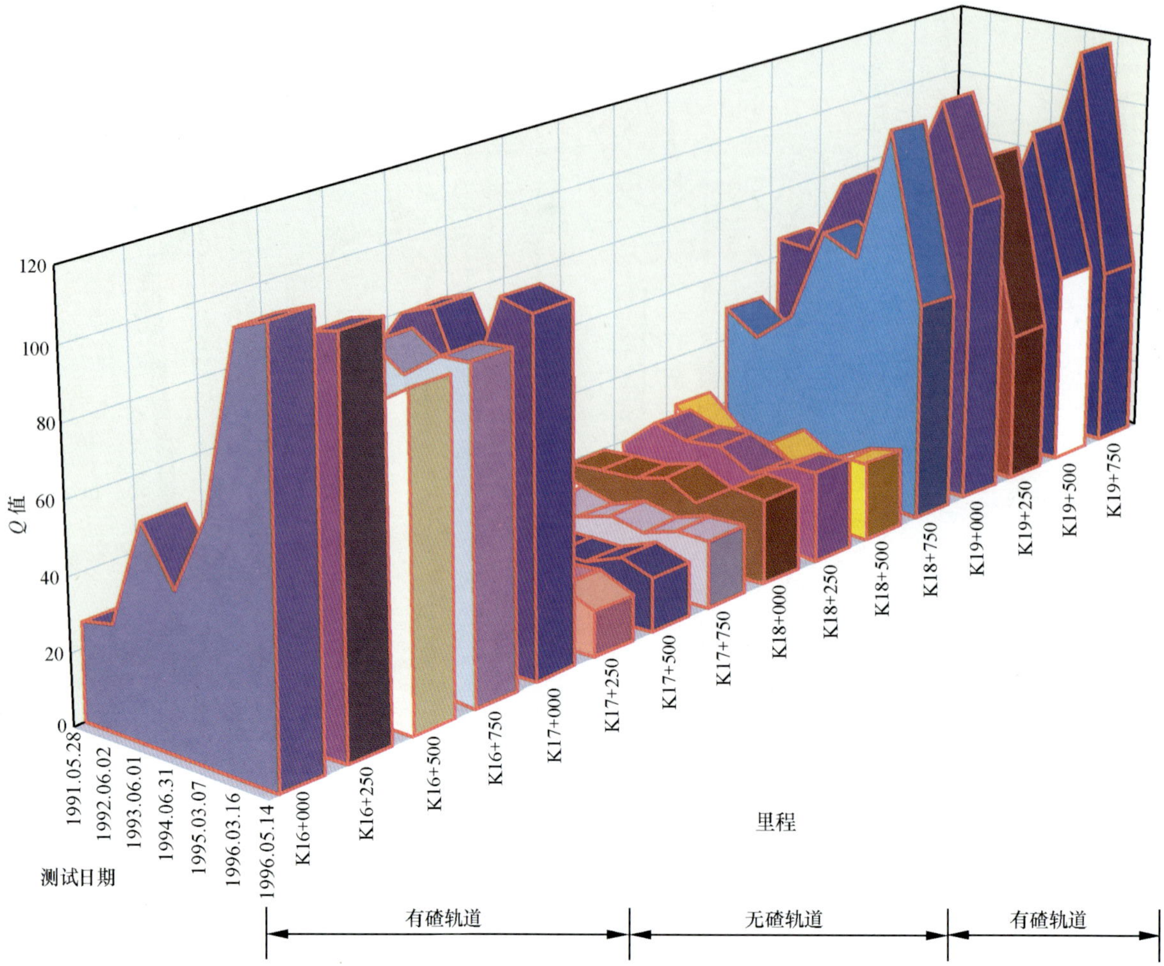

图 1-17　科隆—哈姆改造线上的兰根菲尔特路段 SATO 无碴轨道与相邻有碴轨道的轨道几何状态对比情况

千米 13 187 马克，大约是无碴轨道相应费用（维修工作量）的 5 倍。

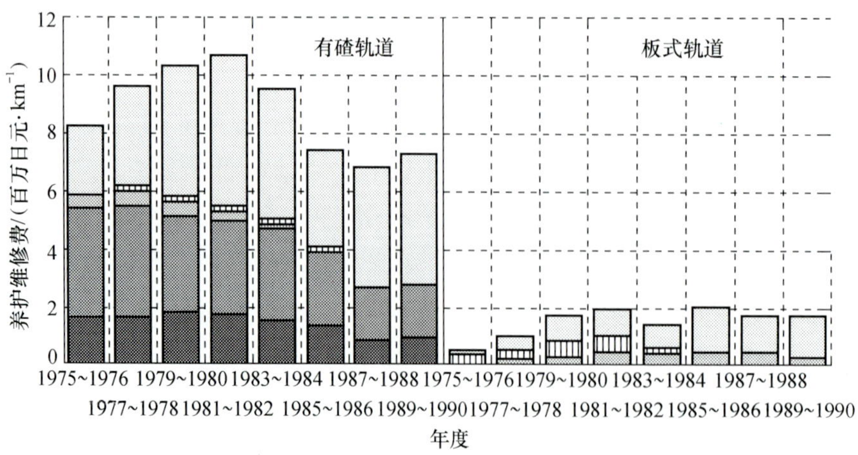

图 1-18　有碴、无碴轨道从事各项维修作业历年每千米维修费用

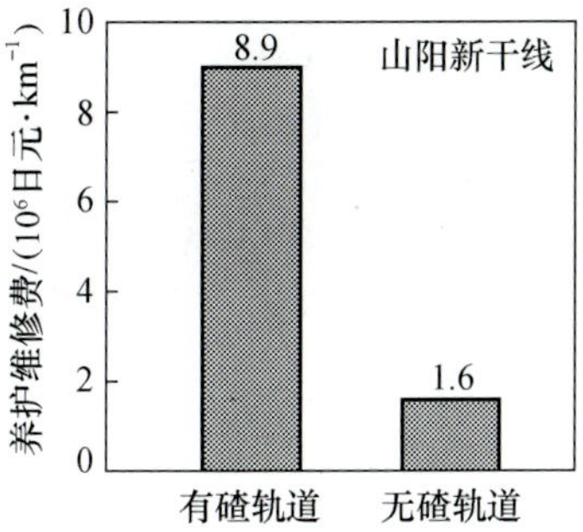

图 1-19　有碴、无碴轨道每年每千米平均维修费用

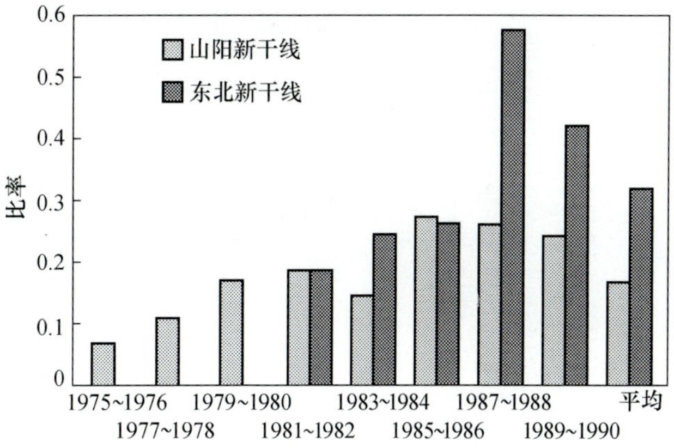

图 1-20　历年板式轨道与有碴轨道维修费用之比

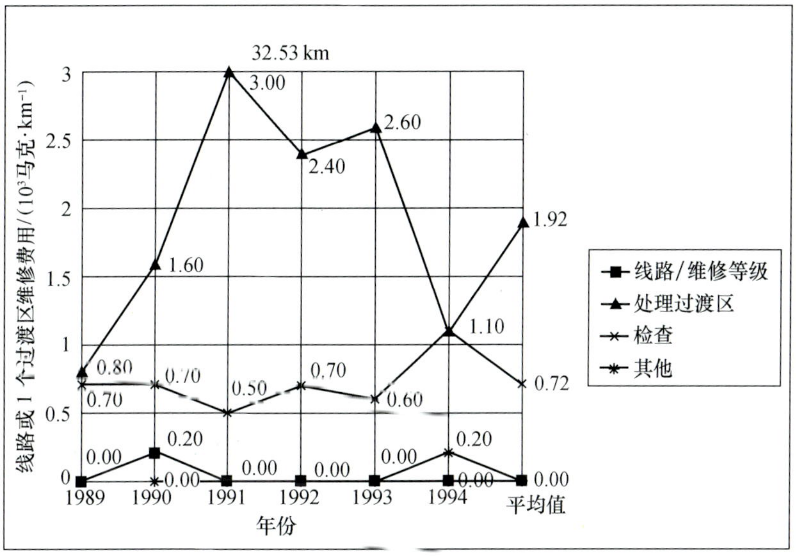

线路或1个过渡区维修费用/(10^3马克·km^{-1})								
顺号	工　作　区	1989	1990	1991	1992	1993	1994	平均值
1	线路维修	0.00	0.20	0.00	0.00	0.00	0.00	0.00
2	处理过渡区	0.80	1.60	3.00	2.40	2.60	1.10	1.92
3	检　查	0.70	0.70	0.50	0.70	0.60	1.10	0.72
4	其　他	0.00	0.00	0.00	0.00	0.00	0.20	0.00

图 1-21　32.53 km 雷达型无碴轨道的维修费用

三、无碴、有碴轨道经济效益对比分析

根据国外的经验，在进行有碴轨道和无碴轨道的经济对比分析时，只比较轨道结构本身的工程费和维修费，并不涉及到线路下部结构的费用。在下面进行的经济对比分析中，我们也遵循这一原则。

日本铁路技术研究所于 1994 年总结日本铁路板式无碴轨道铺设 20 年的经验时指出：自 1964 年东海道新干线开通之后，有碴轨道的轨道维修和行车之间的矛盾日益突出。在轨道维修中，道床维修工作量占整个维修工作量的 40%。1965 年由日本国铁(JNR)组织了一个新型轨道结构(省力化轨道结构)研究委员会，开展了包括理论分析、室内试验和现场铺设等一系列研究。当时制定的目标是：

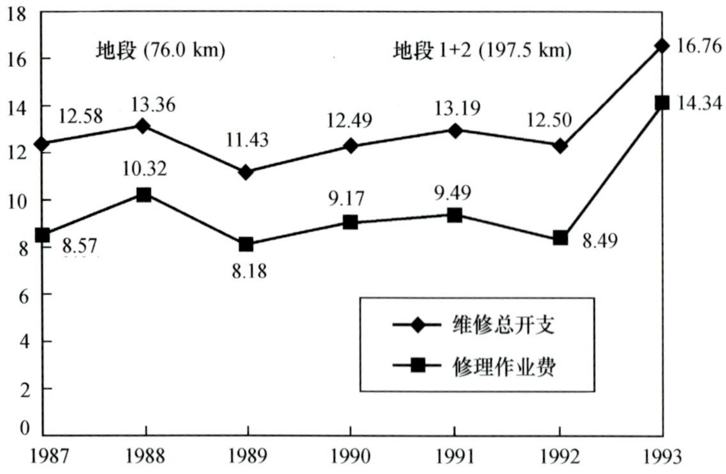

图 1-22　曼海姆—斯图加特高速铁路有砟轨道的维修费用

（1）工程费不要超过有砟轨道结构的 2 倍；

（2）强度和弹性最少应与有砟轨道结构相当；

（3）铺设施工进度不应低于 200 m·d^{-1}；

（4）轨道不平顺调整能力至少应达到高低 50 mm，方向±10 mm。

1974 年板式轨道正式批量铺设，到 20 年后的 1994 年进行总结的时候，在新干线上铺设的板式轨道如表 1-2 所示，合计 935 km（北陆为 1994 年以后铺设），加上在窄轨铁路上铺的板式轨道共计有 2 400 多延长公里。在总结其工程造价时指出：“板式轨道的工程造价是有砟轨道的 1.3～1.5 倍，达到了前述的第（1）项目标”。如果线路的年通过总重是 1 200 万 t，则附加的工程投资在 10 年内可以偿还。

根据铁道部科技研究项目 95-F53、世界银行第七批贷款项目 ECTE-2“京沪高速铁路主要技术条件及成本效益分析”研究报告的成果，日本新干线板式轨道和有砟轨道的经济分析见表 1-4。

表 1-4　日本新干线轨道的经济分析（1990 年）

项　　目	有砟轨道①	板式轨道②	②−①
工程费/（千日元·km^{-1}）	122 200	155 000	+32 800
年度经费	17 687	15 298	−2 388
其中：维修费	9 622	5 068	−4 554
成本偿还	3 235	4 100	+865
利息支出 /（千日元·km^{-1}）	4 830	6 130	+1 300
不带利息的年度经费/（千日元·km^{-1}）	12 857	9 168	−3 689
增加投资的收益率			3.69÷32.8=0.113
增加投资的回收期/年			1÷0.113=8.8

由表 1-4 可以看出，板式轨道工程费约为有砟轨道工程费的 1.268 倍，养护维修费约为有砟轨道的 0.53 倍。由于节省年度经费，板式轨道中增加的投资约用 9 年可以偿还。

德国铁路于 1998 年对无砟轨道和有砟轨道的技术经济效益进行了系统的比较分

析。在“经济性比较”中指出，“过去，有碴轨道的工程投资明显低于无碴轨道。在研究开发初期，无碴轨道的工程造价是有碴轨道的好几倍，而目前的价格比值有利于无碴轨道，已减少到约 1.5 倍”，与上述日本 1994 年的 1.3～1.5 倍比较接近。

德国在经济分析中，引入了“生命周期成本分析”的概念。它考虑到无碴、有碴轨道结构的不同使用寿命，把工程费（加上利息）分摊到整个寿命周期，再加上每年的经常维修支出，计算不同结构的生命周期成本。生命周期成本最低的结构显然是经济最优的结构型式。分析结果见表 1-5、图 1-23。

表 1-5　不同轨道结构的工程费和生命周期成本

轨道结构型式		工程费/(欧元·m^{-1})	生命周期成本/〔欧元·(m·年)$^{-1}$〕
无碴轨道	与下部混凝土结构不联结的钢轨埋入式轨道（ERS，NI）	1 200	90
	经优化的与下部混凝土结构不联结的钢轨埋入式轨道（ERS，NI 优）[1]	860	70
	与下部混凝土结构联结的钢轨埋入式轨道（ERS，INT）	910	80
	雷达型轨道	1 270	100
有碴轨道	ERS 优化型轨道	800	60
	高速铁路有碴轨道	1 000	110
	普通铁路有碴轨道	590	70

注：与下部混凝土结构不联结的钢轨埋入式轨道在采用工业化施工方法及其他进一步优化之后，费用可降低 30%。

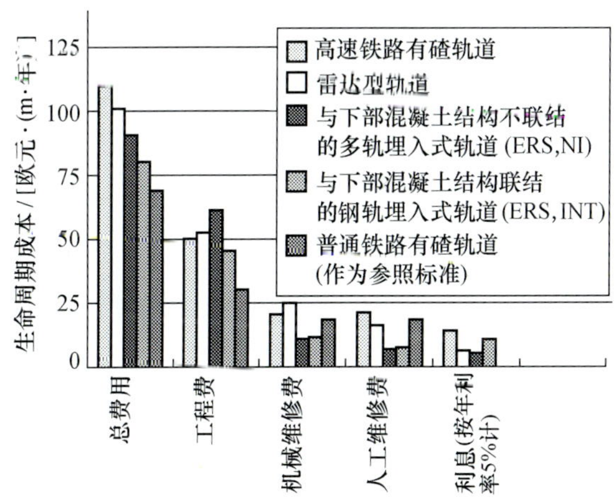

图 1-23　不同轨道结构的生命周期成本分析

表 1-5 中的资料还表明，德国高速铁路有碴轨道的工程费是 1 000 欧元·m^{-1}，普通铁路有碴轨道的工程费 590 欧元·m^{-1}，其差价是 410 欧元·m^{-1}，或者说高速铁路有碴轨道的工程费是普通铁路有碴轨道工程费的 1.7 倍。德国高速铁路和普通铁路有碴轨道都是 UIC900A 60 kg·m^{-1} 钢轨、长度 2.6 m 的 B70W 或 B90W 混凝土轨枕、轨枕间距600 mm，ω 型弹条扣件。即使上述轨道部件的性能有某些提高，其工程费也不会达到 1.7 倍。经详细分析，原来德国的轨道结构是包括钢轨、扣件、轨枕、道床和路基保护层。和我国轨道结构的差异，就是我国在普通铁路采用双层道床，包括道碴层和底碴层，在客运专线上采用单层道床，把普通铁路上的底碴层划归为基床表层。尽管基床表层材料在采用级配碎石时，其材质标准和普通铁路底碴层的材质标准相同，但我国客运专线把基床表层划归作为下部结构的路基，而德国铁路把作用与基床表层相同的路基保护层划归轨道。德国高速铁路有碴轨道工程费和普通铁路有碴轨道工程费的重大差异主要是由路基保护层（我国客运专线的基床表层）的不同所引起。在前面曾提到，在高速铁路线下工程的建设中，不论其上部结构是有碴轨道还是无碴轨道，都要按“工后零沉降”理念建设。也许正是由于在普通铁路和高速铁路的线下工程建设中这种建设理念的变化，才造成了作为

轨道组成部分的路基保护层的工程费用的重大变化，进而造成整个轨道工程费的重大变化。在我国把基床表层（相当于德国铁路的路基保护层）划归路基，因而高速铁路路基和普通铁路路基的工程费也一定会有显著的差异。

从表 1-5 和图 1-23 中还可看出，高速铁路有碴轨道结构的生命周期成本最高，达110 欧元·（m·年）$^{-1}$，其次是雷达型无碴轨道，达 100 欧元·（m·年）$^{-1}$，而普通铁路有碴轨道最低，仅 70 欧元·（m·年）$^{-1}$。可见德国高速铁路的有碴轨道是与普通铁路有碴轨道完全不同的"加强型"有碴轨道。

德国分析的结论是：传统的有碴轨道尽管有着悠久的使用历史，但在一些新的、主要的高速度及高密度运输通道上，要求延长其使用寿命，减少维修工作量，提高适应高速度、高密度的能力。经生命周期成本分析，采用无碴轨道有着明显的优越性。

在以上的经济分析中，还没有考虑由于无碴轨道（道床板）顶面宽度的减小，轨道结构高度的减小，轨道结构自重的降低在减小路基宽度、减小桥面宽度、减小隧道开挖面积、降低桥梁及高架结构的二期恒载所带来的效益。根据日本板式轨道的研究资料，二期恒载对高架桥建筑费用的影响如图 1-24 所示。

从图 1-24 中可以看出，在倒 L 型防音壁高架桥上采用有碴轨道时，其建筑费用比采用无碴轨道时的相应费用多 10 万日元·m^{-1}；在直立型防音壁高架桥的，其上述费用为 5 万日元·m^{-1}。

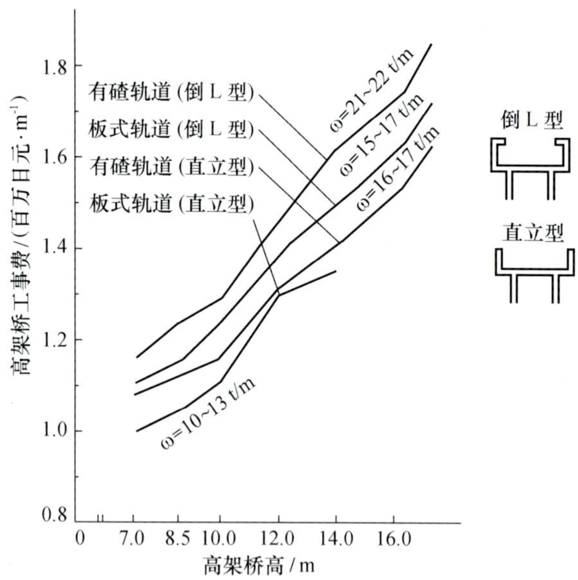

图 1-24　二期恒载对桥梁及高架结构工程费的影响

正如前面所提到，我国无碴轨道的研究和试验较早，但真正按客运专线性能要求，进行铺设和试验的无碴轨道始于 1999 年秦沈线的三座桥上。由于这几处无碴轨道尚属试验性工程，其有关轨道材料、轨道部件、施工机械、施工工艺远不够规范，离规模化、工业化、标准化、专业化生产和施工的要求还有一定的差距，因而其工程费用与轨道材料、轨道部件、施工机械和工艺都业已成熟的有碴轨道的工程费用之比值肯定要高得多。据秦沈线的统计分析，其有碴、无碴轨道的工程费用如表 1-6 所示。

表 1-6　秦沈客运专线轨道结构工程费

铺设地点	轨道型式	工程费	
		费用/（万元·km^{-1}）	比值
狗河桥	板式无碴轨道	524	3.10
沙河桥	长枕埋入式无碴轨道	448	2.65
其他混凝土桥	有碴轨道	169	1.00
非渗水土路基	有碴轨道	188	1.11

可以看出，秦沈线无碴轨道工程费与有碴轨道工程费之比高于国外。原因有以下三个方面。

(1) 无碴轨道的轨道材料、部件不规范，施工机械、工艺没有达到规模化、工业化的水平，因而大大提高了无碴轨道的工程费。秦沈线桥上无碴轨道属试验段性质，许多轨道部件是专门生产，如板式轨道的轨道板，就是专门分别由郑州和浦镇轨枕厂生产，再运到秦沈线，每块轨道板的运费就是1 000多元，每千米的运费就是20多万元。遂渝、武广线的投资估算与秦沈线相比，无碴轨道的工程费已有很大的下降，接近于有碴轨道工程费用的2倍，这和国外开发无碴轨道初期的数字“2”比较接近。

(2) 秦沈线作为比较基准的有碴轨道在道碴材质、道床结构和断面尺寸方面与高速铁路的有碴轨道有很大的差距。秦沈线的道床厚度为300 mm、碴肩宽度为450 mm、线间距为4 600 mm，单线每千米道碴用量为2 310 m^3；未来客运专线的道床厚度是350 mm、碴肩宽度是500 mm、线间距为5 000 mm，单线每千米道碴用量为2 649 m^3，比秦沈线道碴用量增加15%。未来客运专线的道碴材质是特级道碴，与秦沈线采用的一级道碴相比，在质量指标、粒径级配和清洁度要求方面都有很大提高。仅由于道碴级配的改变，采石场生产道碴的成品率就要降低15%～20%。再有一个显著不同是，未来客运专线在混凝土桥、隧道及石质路堑等刚性基础上的有碴轨道，都要求在刚性基础和道床之间铺设碴下弹性胶垫。由于胶垫在碴下基本上是通长、通宽铺设，故用量很大。根据初步估计，仅这层胶垫每千米的投资就是20万～30万元。故未来客运专线有碴轨道的工程投资肯定会大大高出秦沈线有碴轨道的工程投资。表1-6中有碴轨道工程费对于未来有碴轨道来说过低，这也是使表中的工程费比值增大的原因。

(3) 无碴轨道结构工程费的降低是一个随着轨道结构型式的改善，轨道部件及新型工程材料的开发和应用，施工作业的机械化、工业化、规模化以及完善的建设管理而逐渐变化的过程。日本铁路开始追求的目标是无碴轨道结构的工程费不高于有碴轨道工程费的2倍，通过近40年的经验积累已降低到1.3～1.5倍；德国开发无碴轨道结构的初期，无碴轨道工程费是有碴轨道工程费的好几倍，通过近30年的努力，到目前为止已降到1.5倍。

对于我国铁路无碴轨道工程造价的制定，建议可分下列三个时期来考虑。

(1) 铺设试验段时期。对于即将自行铺设或与国外协作铺设的“遂渝”、“武广”、“郑西”及“京津”等试验段，其工程造价往往随着试验目的、试验内容、无碴轨道的特殊设计和铺设要求、轨道部件及材料的来源等因素而发生很大的变化，并且其工程造价往往高出实际运营段很多。故试验段无碴轨道的工程造价对于将来规模铺设时的工程造价不具备参考对比的功能。

(2) 试验段技术、设备国产化后，在我国铁路上规模铺设初期无碴轨道的工程造价。这个造价对于指导我国当前无碴轨道的设计、施工、评估、审批乃至制定近期无碴轨道的开发推广计划都有重要的实际意义。根据国外的经验及国内秦沈、遂渝及武广等工程的建设和设计资料，如果能把无碴轨道的工程费控制在有碴轨道工程费2倍左右，则应当认为是达到了国际无碴轨道开发同期水平的、可以接受的合理经济指标。

(3) 经过长期使用，进一步完善轨道结构，开发轨道材料并使之商品化，轨道施工达到工业化之后的无砟轨道工程造价。这个造价就是国外已经取得的有砟轨道工程造价的 1.3～1.5 倍。经若干年的铺设、完善后，我国铁路也一定会取得同等的甚至更好的经济效果。

上述经济分析中，还没有考虑到由于无砟轨道维修作业工作量的减少和维修作业内容（项目）的变化，免去了专为进行道床作业而配置的起拨道捣固机、动力稳定车、配碴整形车、道床清筛机等大型作业机械，减少了综合维修中心、综合维修工区的数量所带来的经济效益。据京沪客运专线预设计资料及国外有关资料，有砟轨道一般每 400 km 左右要设置一个综合维修中心，每 40～80 km 要设置一个综合维修工区。为增加大型机组的有效作业时间，减少作业前后大型机组的走行距离，一般每个车站（工区）都需要设置大型机组的停放线；如果站间距过长，区间还要设置这样的停放线，甚至还要设置区间渡线。在采用无砟轨道之后，所有上述设施都会相应减少或免除。

通过国外有关无砟轨道工程投资的合理偿还期分析或“生命周期成本分析”，证明无砟轨道比有砟轨道具有更好的经济效益。国内无砟轨道工程费的初步分析和估算，证明可以达到国际无砟轨道开发同期的经济水平，无砟轨道是在当前我国客运专线建设中值得推荐的轨道结构型式。

四、无砟、有砟轨道维修天窗时间的对比分析

目前，有高速铁路的国家，由于国土面积较小，高速铁路尚未成网，高速列车的运行距离和时间都很短，夜间 0:00～6:00 没有客运需求，一般都作为线路维修“天窗”。

日本新干线的行车密度很大，虽然 0:00～6:00 都是线路维修作业时间，但实际用于养护维修作业的时间约为 4 h。法国 TGV 高速线的维修“天窗”一般也设在夜里的 6 h 内，实际维修作业时间也是 4 h。此外，白天利用列车运行间隔安排 1 h 左右的“小天窗”，用作徒步巡检及紧急处置突发性的故障。区间每 20～25 km 设置一组渡线，以便一线封锁时另一线可反向行车。德国高速铁路与既有线相互交织，高速铁路客货共线，列车密度较大。“天窗”时间安排在凌晨 3:30～6:00，城间160 km·h^{-1}的快速货车安排在 3:00以前，但有少量的较低速度的货车在维修时间内运行。对于需要长时间作业的维修工作，集中安排在周末夜间（星期六、日夜间不运行货物列车）进行。区间内平均约 6 km设一组渡线，以便一线维修一线组织反向行车。西班牙高速铁路的维修作业，大部分安排在夜间的 5 h 内进行；根据列车运行情况，巡检和某些维修作业在白天进行。

我国“四纵”、“四横”的客运专线建成后，将形成以客运专线为骨架，提速线路为网络，覆盖我国大部分大中城市，长达 3 万余 km 的快速客运网。高速和快速列车都将在较长的线路上和较长的时间内运行；且未来的客运市场，夕发朝至的旅客列车仍旧是乘客青睐的品牌。因此，长途旅客列车和夕发朝至旅客列车的开行是不可避免的。

有砟轨道线路的维修工作量主要（40％以上）是道床的养护与维修。由于工作量大，不但需要大量的人力，还需要采用起拨道捣固机、道床清筛机、配碴整形车和动力稳定车等大型养路机械。为保持客运专线线路的稳定与平顺性，提高大型养路机械的作业效率，经国内有关专家的认真论证，我国有砟轨道线路的客运专线其综合维修天窗的时间规定为 4 h 以上。为保证作业人员的安全，根据“维修不行车，行车不维

修”的原则，规定必须采用矩形天窗。

由于一般白天的行车量都较大，4 h的综合维修天窗只能安排在夜间。在0:00～6:00，设置4 h矩形天窗的活动余地很小，无论矩形天窗开设在0:00～4:00，还是2:00～6:00，都不便于长途旅客列车和夕发朝至旅客列车的开行。因此，长达4 h的矩形天窗为长途旅客列车，尤其是为需要在夜间运行的跨线旅客列车和夕发朝至旅客列车的开行，设置了障碍。因此，减少我国客运专线线路综合维修天窗的时间，是非常重要的现实问题。

无碴轨道没有有碴道床的养护与维修作业，其维修作业量及其作业人员大为减少，并免除了与道床养护和维修有关的大型养路机械上道作业。如果我国铁路客运专线采用无碴轨道，其综合维修天窗的设置时间可以大大压缩。在有碴轨道的条件下，综合维修天窗的设置时间决定于线路维修作业的需要。由于无碴轨道的维修作业时间很短，综合维修天窗的设置时间将决定于接触网维修作业的需要。根据有关研究，接触网维修作业的时间为2 h左右。

如果无碴轨道客运专线的综合维修天窗时间可压缩在2 h左右（见图1-25），综合维修天窗时间由0:00～4:00，变成0:00～2:00，由A站到B站长途旅客列车发车的有效时间带由4:00～20:00，扩大到2:00～20:00，增加2 h，相应扩大了长途旅客列车的发车能力，也就是扩大了区间通过能力约10%。

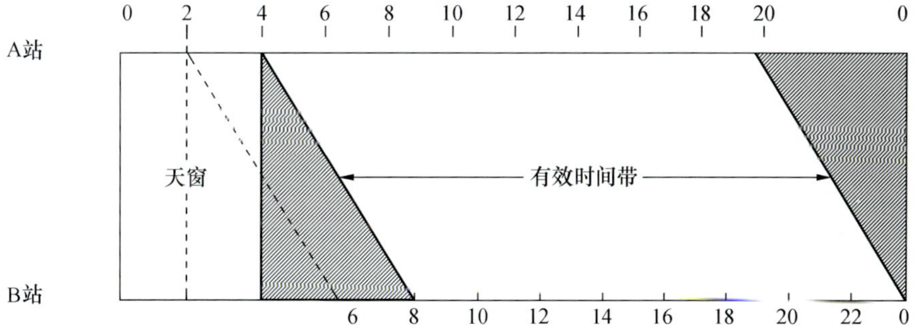

图1-25 有效时间带示意图

如果某一区段或某一条线路把2 h的矩形天窗设置在白天，长途旅客列车和夕发朝至旅客列车可集中在这些区段或线路的0:00～6:00间运行。这样，长途旅客列车和夕发朝至旅客列车的开行都将不再受维修天窗的严重制约。而有碴轨道4 h矩形天窗，却难以安排在白天。

综合维修天窗一般在列车运行图上都是固定的，每天都可用于线路及其他固定设施的养护与维修作业。为提高作业效率，尤其是采用大型养路机械后的作业效率，希望天窗时间能够长一些，而不希望每天都开设短天窗。我国客货混跑的既有线，在不是每天都有维修作业的条件下，天窗时间内一般都要铺画若干货物列车运行线；根据月、旬维修计划，在不施工的日子里，由日计划根据车流接续情况，安排若干货物列车在天窗时间内运行。这样，不但提高了维修作业效率，也减少了维修作业次数，从而减少了维修作业对通过能力的影响。但这样做的前提是货物列车每天开行的对数、开行的车次都可以是不一样的，具体开行方案由日计划指定。

客运专线上运行的都是旅客列车，为方便旅客，为便于客流组织，旅客列车的开行都采取固定的方式。凡列车运行图规定的列车，都要向社会公布，正常情况下每天都必须按点开行。即便是每周、甚至每月只维修几天，列车运行图上也必须按要求留出固定的综合维修天窗时间。正常情况下，不施工的日子里也没有列车运行，一切设备都处于闲置状态。因此，维修作业对客运专线通过能力的影响，是一次维修作业所需要时间的长短，而不是维修作业次数。此外，我国客运专线综合维修天窗大多安排在夜间 0:00～6:00 之间，天窗时间过长，客运专线成网后，运行距离较长的列车很难躲过天窗。基于上述原因，我国客运专线对综合维修天窗的短时性要求特别高。因此，无砟轨道客运专线的综合维修天窗时间不大于 2 h 是合理的。

第2章

国外无碴轨道类型及特点

无碴轨道是一种少维修的轨道结构，它利用成型的组合材料代替道碴，将轮轨力分布并传递到路基基础上。无碴轨道按照结构可以分为整体结构式和直接支承式。路基上的无碴轨道一般由基础防冻层、支承层、承载层、防排水系统、轨道扣件系统，以及其他附属设施共同构成。而桥梁和隧道中的无碴轨道，直接在结构的混凝土层上铺设。各国无碴轨道的系统构成具有不同的特点，本章介绍国外主型无碴轨道系统结构。

第一节　无碴轨道类型

无碴轨道从诞生、发展，到目前为止，其结构型式种类繁多，技术上也各有特点。

目前，国际上并没有对无碴轨道的统一分类法。按照无碴轨道结构进行分类，可分为整体结构式和直接支承结构式，如表 2-1 所示。整体结构式是指支承钢轨的混凝土块与混凝土基础浇注或预制成为一体，所以按照建造工艺又可再分为现浇混凝土式和预制板式。直接支承结构式是指在基础上直接铺设无碴轨道的一种结构。

表 2-1　按结构分类无碴轨道

整体结构式		直接支承结构
现浇混凝土式	预制板式	轨枕或支承块
雷达（Rheda）	博格板式	ATD
旭普林（Züblin）		GETRAC
HEITKAMP	日本板式	BTD
弹性支承块式（LVT）		SATO
PACT	梯子形	WALTER

按照钢轨支承方式还可以分为：间断支承式和连续支承式。

第二节　博格板式无碴轨道

一、概　　述

博格板式无碴轨道系统的前身是 1979 年铺设在德国卡尔斯费尔德—达豪的一种预制板式无碴轨道。通过对其进行包括预应力结构、结构尺寸、纵向连接等方面的优化改进；采用先进的数控磨床来加工预制轨道板上的承轨槽；使用快速方便的测量系统，使其精度容易满足高速铁路对轨道几何尺寸的高要求。高性能沥青水泥砂浆垫层可以为轨道提供适当的刚度和弹性。博格公司为轨道板施工研制生产了成套的设备，使得博格板式轨道机械化程度高于一般轨道结构。博格板式无碴轨道已获得了德国联邦铁路管理局颁发的许可证，可用于300 km·h^{-1}的高速铁路，目前正在德国纽伦堡至英戈尔施塔特的新建高速线上铺设。

二、系统组成

（一）系统构成

路基上博格板式轨道系统和构造见图 2-1 和图 2-2。其层次构成依次为：级配碎石构成的防冻层（FSS）、30 cm 厚的水硬性混凝土支承层（HGT）、3 cm 厚的沥青水泥砂浆层、20 cm 厚的轨道板，在轨道板上安装扣件。博格板式轨道系统轨顶至水硬性混凝土顶面的距离为 474 mm。

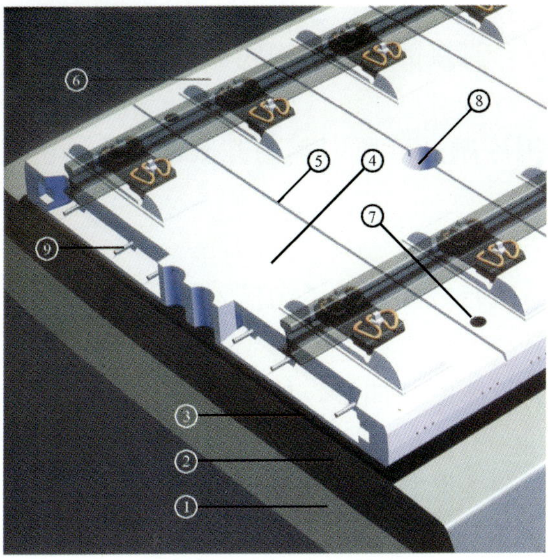

图 2-1 博格板式无碴轨道的结构图（1）

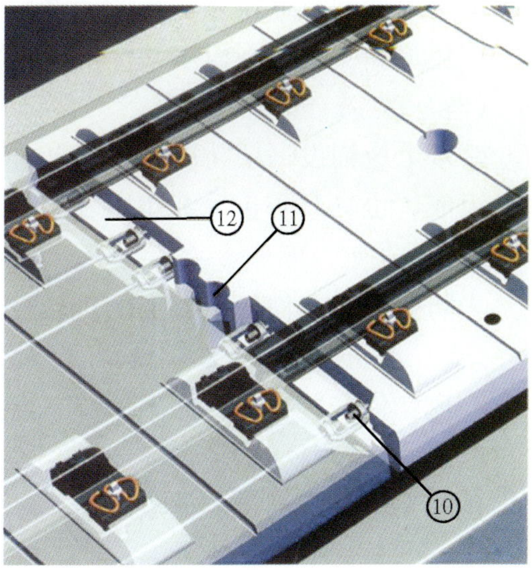

图 2-2 博格板式无碴轨道系统结构图（2）

① 防冻层（级配碎石层） ② 水硬性材料支承层厚度 $d=30$ cm ③ 灌浆层 ④ 预制轨道板 ⑤ 沟槽
⑥ 承轨台 ⑦ 调高装置 ⑧ 灌浆孔 ⑨ 螺纹钢筋 ⑩ 张拉锁件，螺母 ⑪ 窄接缝 ⑫ 宽接缝

（二）轨 道 板

预制轨道板是在预应力台座上生产出来的，混凝土强度等级为 C45/55，可以采用普通混凝土或钢纤维混凝土。预制轨道板的横向为预应力钢筋，纵向为普通钢筋，板与板之间在纵向通过伸出钢筋进行传力连接。采用这种预制轨道板的轨道均匀性好、耐久性强，横向及纵向的抗滑移阻力高。

在混凝土预制轨道板的收缩徐变完成后，使用数控磨床对承轨台进行机械加工（承轨台在生产时已留出了加工余量），可以达到极好的精度，大大减少了现场调试工作。轨道板进行安装定位时不需过渡轨，只需对承轨台上指定的测量点进行精确定位即可。

预制轨道板有以下 3 种形式。

1. 标准预制轨道板

标准预制板为长度 6.50 m，板厚 200 mm 的单向预应力混凝土板，板与板之间有纵向连接，适用于路基、桥长 25 m 及以下的桥梁和隧道。

2. 特殊预制轨道板

特殊预制轨道板为最大板长 4.50 m，板厚 300 mm 的钢筋混凝土板，可用在长度大于 25 m 的桥上。特殊预制轨道板设有减振系统（质量弹簧系统）。必要时还可在特殊预制轨道板里安装信号设备。

3. 其他补充型预制轨道板

由于存在着桥梁、隧道、道岔和新线与既有线路的连接处等控制点，必要时需对预制轨道板的长度进行调整，为此可生产长度从 0.60 m 到小于 6.50 m 不等的预制轨道板。

(三) 水硬性材料支承层(HGT)

该层厚度为 300 mm，由素混凝土构成。水硬性材料支承层的作用是保证系统刚度从防冻层经预制轨道板到钢轨的递增。

在隧道和明洞里不设水硬性混凝土支承层，直接铺设在结构底板上。

(四) 防 冻 层

路基上应铺设一层防冻层，以防止路基因冻融循环所引起的冻胀。防冻层由级配碎石组成，也具有防止毛细作用发生的功能。

(五) 沟　　槽

为防止轨道扣件处混凝土出现裂缝，在承轨台之间预设了沟槽。

(六) 承 轨 台

轨道扣件安装在承轨台上。承轨台用数控机床磨削加工，加工精度为 0.1 mm。

(七) 轨道扣件

预制轨道板磨削工序完成之后，在工厂里预安装轨道扣件。

三、博格板式轨道的特点

博格板式轨道除了完全满足德国铁路对于轨道的技术要求外，还具有以下特点。

1. 轨道板在工厂批量生产，进度不受施工现场条件制约。

2. 每块板上有 10 对承轨台，承轨台的精度用机械打磨并由计算机控制。工地安装时，不需对每个轨道支撑点进行调节，使工地测量工作可大大减少。

3. 预制轨道板可用汽车在普通施工便道上运输，并通过龙门吊直接在线路上铺设，无须二次搬运。

4. 现场的主要工作是沥青水泥砂浆层的灌注，灌浆层在灌注 5～6 h 后即可硬化。

5. 具有可修复性，除在每个钢轨支撑点处（轨道扣件）调高余量外，还可调整预制板本身的高程。

6. 博格板式轨道的缺点是制造工艺复杂，成本相对较高。

四、适应不同基础设施条件的博格板式无砟轨道

(一) 路　　基

博格板式无砟轨道在路基上的标准截面见图 2-3。为了将工后沉降控制在允许范围内，必要时应对地基进行加固处理。

在路基上铺设预制轨道板（间隙为 50 mm），首先使用调高装置对轨道板进行调整和精确定位，再将轨道板与水硬性材料支承层之间的间隙进行密封处理，灌浆后密封灌浆孔。接下来进行轨道板的连接。先在窄缝处灌浆，然后连接张拉预制轨道板两端露出的螺纹钢筋，使接缝处始终处于压应力状态下，最后在宽接缝处浇注混凝土，起到保护作用。

(二) 长度小于 25 m 的桥梁

对于长度小于 25 m 的短桥来说，气候变化对桥梁变形影响很小。因此，在短桥上

可使用博格板式轨道系统的标准预制轨道板。图 2-4 为短桥上的博格板式无碴轨道标准截面图。

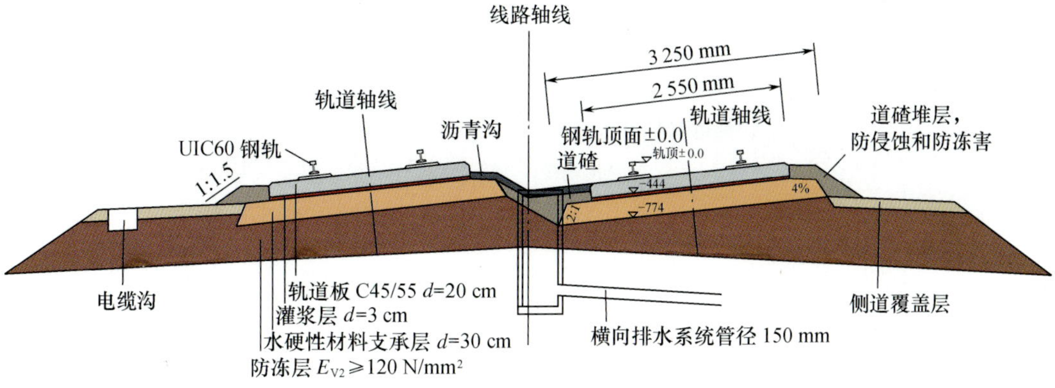

图 2-3 路基上的博格板式无碴轨道标准截面图

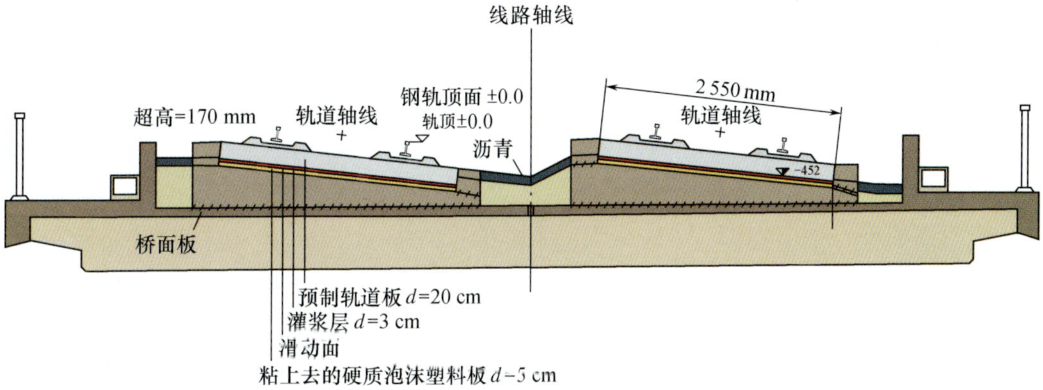

图 2-4 桥长≤25 m 的桥上博格板式无碴轨道标准截面

（三）长度大于 25 m 的桥梁

当桥梁长度超过 25 m 时，受温度变化和活载引起的桥梁挠度的影响，桥面在纵向和横向会发生位移。因此，桥上需使用特殊预制轨道板，设置限位块，以避免这种位移对轨道板产生不良影响。图 2-5 为长桥上的博格板式无碴轨道标准断面图。

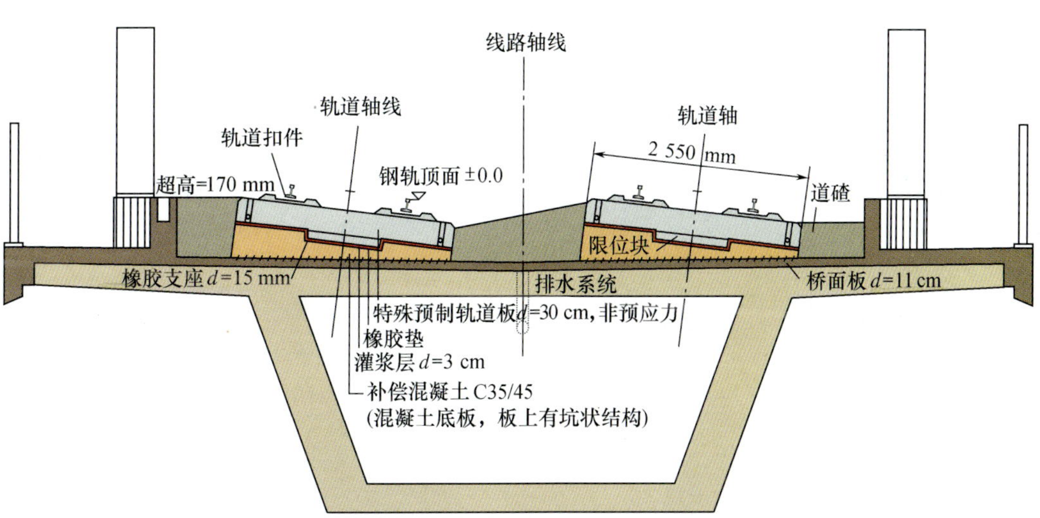

图 2-5 桥长＞25 m 桥上博格板式无碴轨道标准截面

(四) 隧　　道

隧道内的博格板式无碴轨道标准截面见图 2-6。

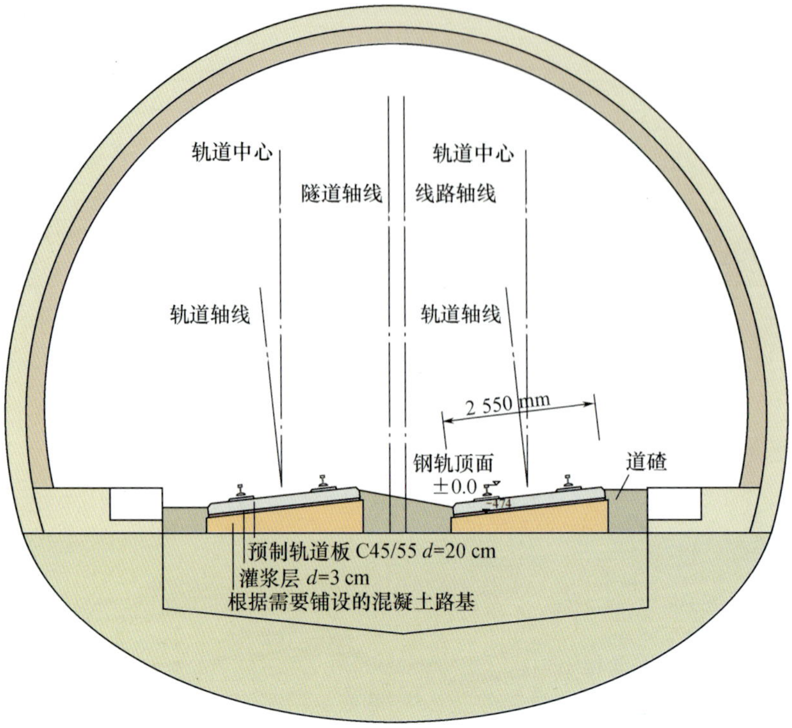

图 2-6　隧道内的博格板式无碴轨道截面

五、减振降噪措施

在对环境要求比较高的地段，无碴轨道需要降噪和防振处理。图 2-7 为减振降噪博格板式无碴轨道。

图 2-7　减振降噪博格板式无碴轨道

第三节 雷达型无碴轨道

一、概 述

雷达型无碴轨道于1972年铺设于德国比勒菲尔德至哈姆的一段线路上，以雷达车站而命名。在使用过程中不断优化，从最初的雷达普通型发展到现在的雷达2000型，并且针对路基、桥梁、隧道不同基础进行了部分修改。图2-8为最早的雷达普通型无碴轨道结构形式。图2-9为雷达2000型无碴轨道结构形式优化过程。

雷达型无碴轨道最初为整体轨枕埋入式轨道，到雷达柏林（READ-BERLIN）已经发展为钢筋桁梁支撑的双块埋入式无碴轨道，但承载层仍然是槽形。发展到雷达2000型时，成为由钢筋桁架连接的双块埋入式轨道，其混凝土承载层改成平板。图2-10为雷达2000型无碴轨道结构系统图，图2-11为标准支承块结构组装图。

图2-8 普通雷达无碴轨道结构

二、系统构成

雷达2000型无碴轨道系统结构如下：基础为水硬性混凝土支承层，厚度300 mm，强度不应低于15 N·mm^{-2}。B355W60M型双块式轨枕按照650 mm的间距排列，每组轨枕块下依靠两个钢筋桁架支撑，轨枕块精确定位后浇注混凝土，混凝土标号为B35。轨枕与轨道承载层整体相连，现浇轨道板厚240 mm，轨枕上安装IOARV高弹性胶垫，采用Vossloh 300型扣件系统。扣件螺栓锚在双块式轨枕内，使用UIC60钢轨。无碴轨道的混凝土板（B35）为钢筋混凝土结构。配筋率为0.8%～0.9%，从而将可能出现的裂缝宽度限制在0.5 mm范围内，可防止连接钢筋受到腐蚀。

三、雷达2000型无碴轨道的特点

雷达2000型无碴轨道具有如下特点。

(1) 与雷达普通型轨道相比，轨顶到水硬性混凝土上表面的距离减少到473 mm，轨道板各层的厚度累计减少了177 mm；在轨距不变的前提下，轨枕全长由2.6 m减少到2.3 m。所用混凝土量大大减少。

(2) 埋入长轨优化为短枕，后期浇注混凝土与轨枕之间的裂缝减少。

(3) 对土质路基、桥梁、高架桥、隧道、道岔区段以及减振要求区段，可以采用统一结构类型，技术要求、标准相对单一，施工质量容易控制，更适应于高速铁路。

(4) 槽形板的取消，使得轨道混凝土承载层的灌注混凝土的捣固作业质量易于保证。

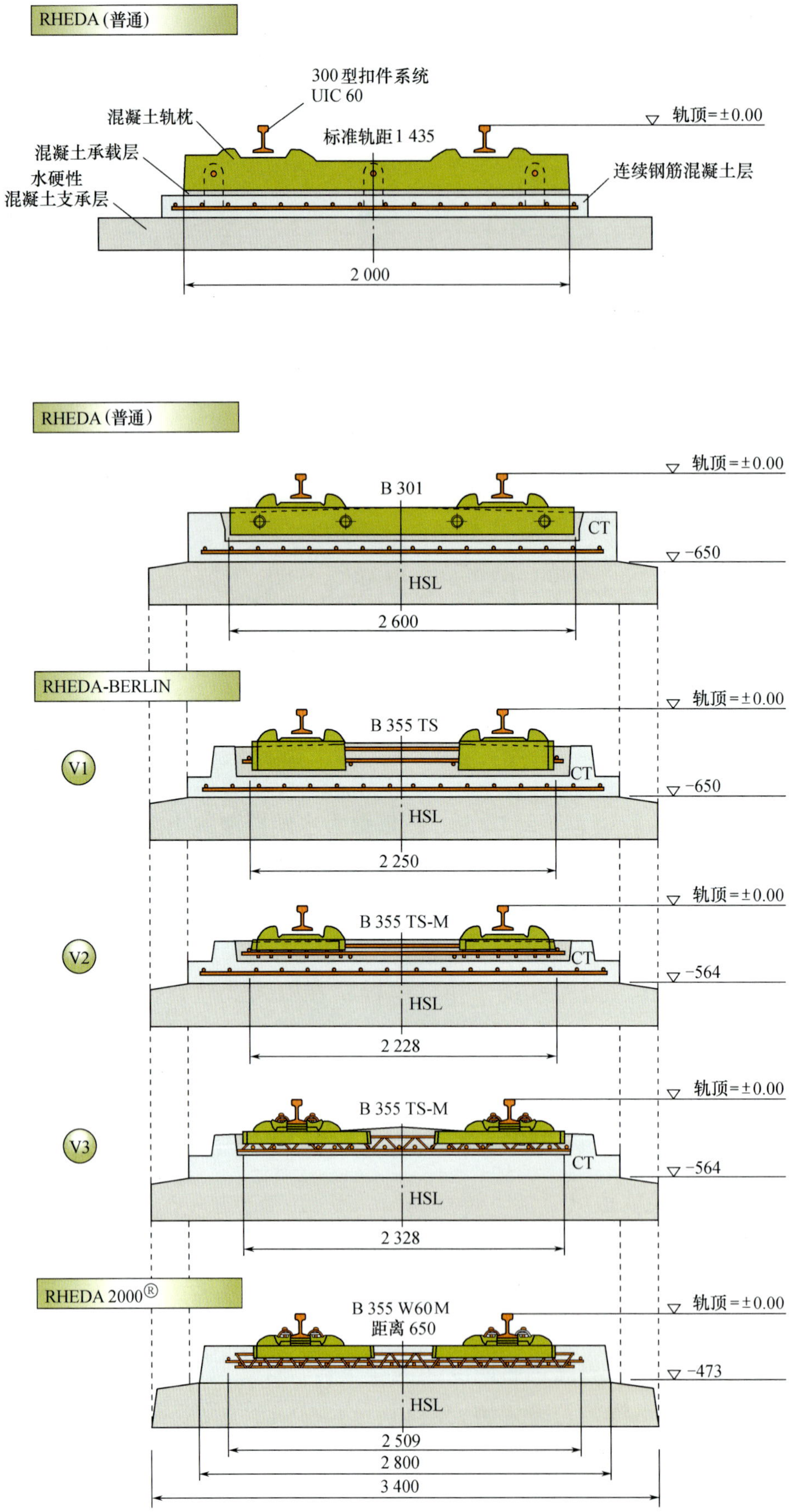

图 2-9　雷达无碴轨道结构优化过程（单位：mm）

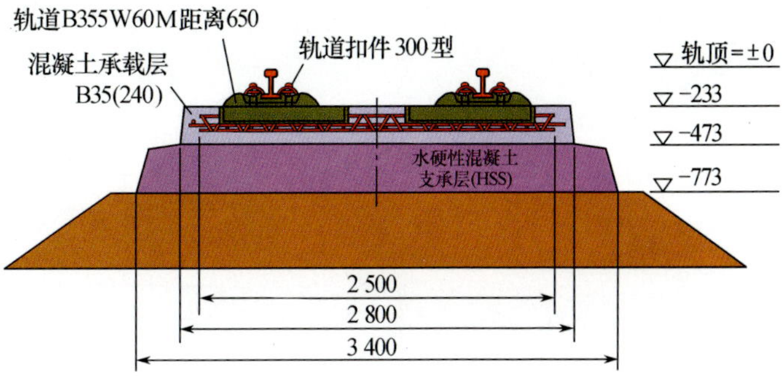

图 2-10 雷达 2000 型无碴轨道结构系统图（单位：mm）

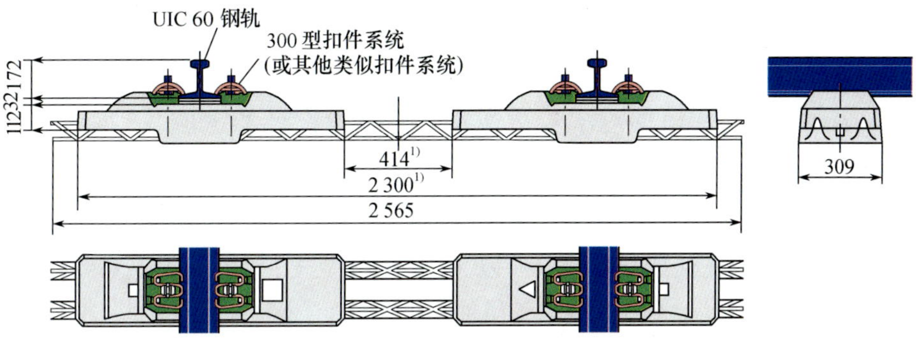

图 2-11 雷达 2000 型无碴轨道支承块组装图（单位：mm）

（5）两轨枕块之间用钢筋桁梁连接，轨距保持稳定。

（6）表面简洁、平整，美观漂亮。

四、适用不同基础设施条件的雷达 2000 型无碴轨道

（一）路　基

对于安装于土质路基上的无碴轨道，根据 ZTVT-StB 规定，在厚度为 30 cm 的水硬性混凝土支承层上铺设轨道承载层。水硬性混凝土支承层是一种拌合水泥加以稳定的支承层，该支承层在适用性试验中显示的最低强度应为15 N·mm^{-2}。该层每隔 5 m 设沟槽，以控制裂缝的形成。

在 ZTVT-StB 规定中，水硬性混凝土支承层下应铺设防冻层。防冻层位于土质路基之上，而土质路基的铺设应遵照 DS 836 中的要求。

（二）桥梁、隧道

图 2-12 为桥梁上和隧道中的雷达 2000 型结构图。

桥梁上的雷达 2000 型上部结构与路基上基本相同，主要差别是，由于要保持混凝土承载层与桥面混凝土板的横向稳定，两者纵向之间接触面设计成了凸凹结构。桥梁上的雷达 2000 型可以使二期恒载大大降低。

由于雷达 2000 型的结构高度较低，为减小隧道断面面积提供了有利条件。实例是德国科隆—法兰克福线双线高速铁路（300 km·h^{-1}），线间距 4.5 m，隧道断面 92 m^2。

（三）道 岔 区

为了整个轨道系统（用于干线和道岔区段）一致性，实现系统工程的相互衔接，调整了用于雷达 2000 型无碴轨道系统的道岔区段设计，以降低轨道高度。该项开发的核心

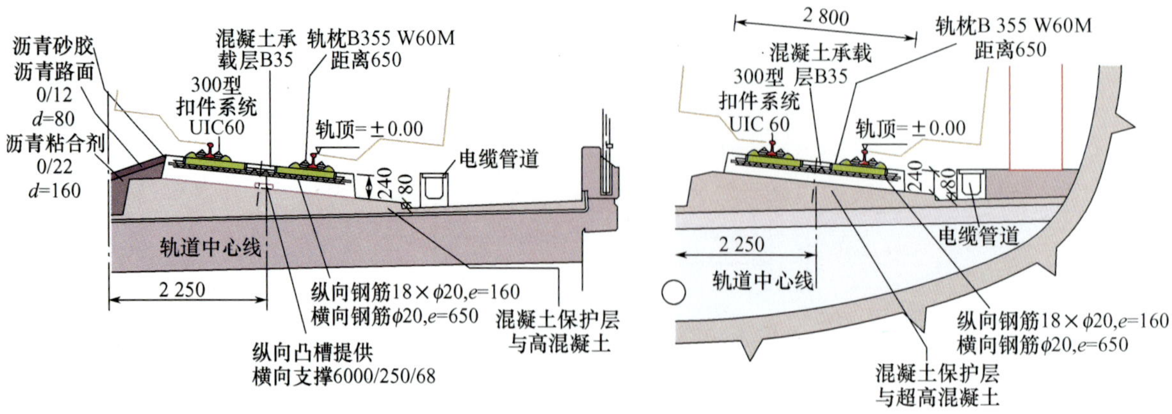

图 2-12　桥梁与隧道中的雷达 2000 的结构图（单位：mm）

是基于 B355 W60M 双块式轨枕对混凝土道岔轨枕进行设计和定位。

五、雷达型无砟轨道的应用情况

现在德国铺设的无砟轨道线路 50％以上为雷达型无砟轨道。这种无砟轨道除了在德国成规模地应用外，在世界其他国家和地区也得到认同并使用。

韩国高速铁路一期工程虽然以有砟轨道为主，但在新建段（汉城—大邱）的 3 座隧道和光明车站的 6 股站线（车站侧线）上也铺设了几段无砟轨道，采用的是德国雷达普通型无砟轨道结构型式（见图 2-13），单线延长里程 53.841 km。目前，韩国认为已充分掌握该项技术，计划在第二阶段大邱至釜山新建高速线上全部采用无砟轨道。

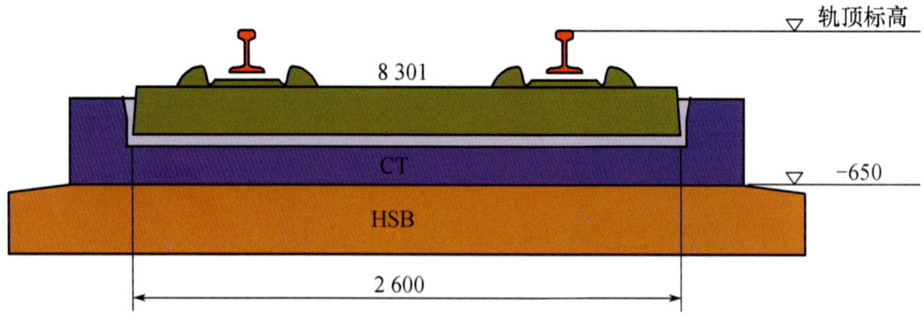

图 2-13　韩国高速铁路雷达普通型无砟轨道结构图（单位：mm）

印度（宽轨）和荷兰新建铁路中的无砟轨道也采用了德国雷达 2000 型（见图 2-14 和图 2-15）。

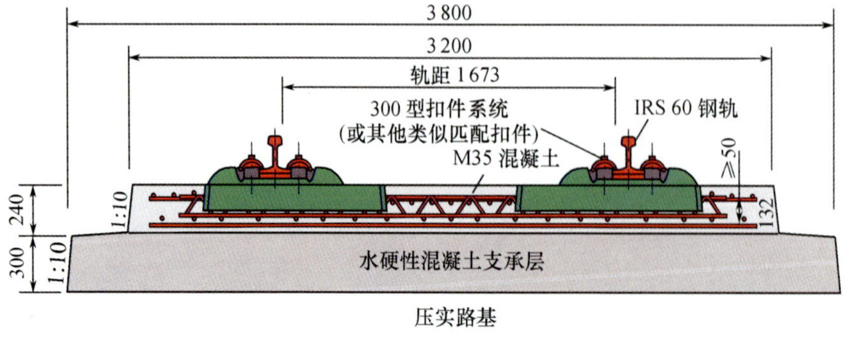

图 2-14　印度宽轨线路采用的雷达 2000 无砟轨道结构图（单位：mm）

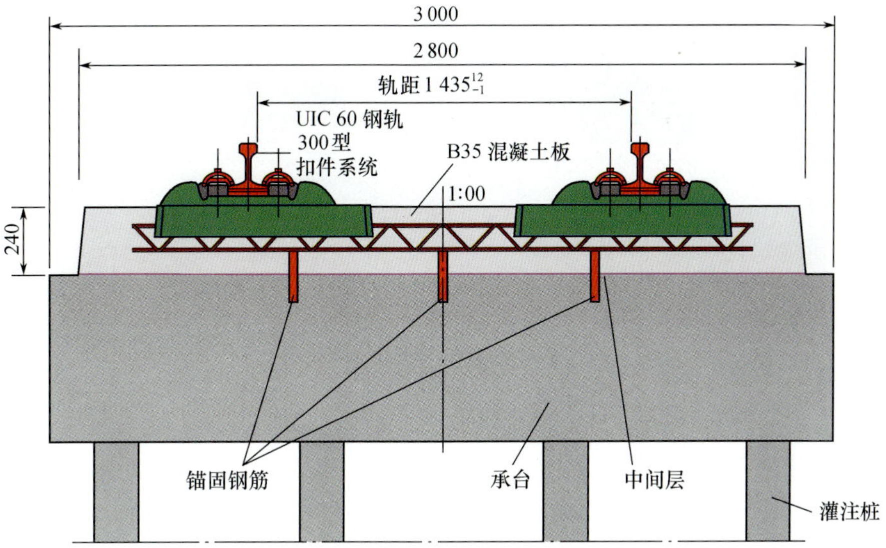

图 2-15 荷兰采用的雷达 2000 无碴轨道结构图（单位：mm）

我国在秦沈线的沙河桥和渝怀线鱼嘴 2 号隧道（曲线）分别铺设了长枕埋入式无碴轨道 692 m 和 710 m。正在建设的遂渝线无碴轨道综合试验段岔区（路基）也将采用轨枕埋入式无碴轨道。

我国台湾省的台北—高雄高速铁路的道岔区也部分采用了雷达型无碴轨道。

总之，雷达型无碴轨道在不同的国家和地区运用，还需要根据不同国家和地区的技术标准进行改进，以适应本国铁路的发展。

第四节 旭普林型无碴轨道

一、概　　述

旭普林型无碴轨道系统 1974 年开发，在科隆—法兰克福高速铁路上成功铺设了21 km。

旭普林无碴轨道系统与雷达型无碴轨道系统相似，都是在水硬性混凝土承载层上铺设双块埋入式无碴轨道，但采用的施工工艺不同。其特点是先灌注轨道板混凝土，然后将双块式轨枕安装就位，通过振动法将轨枕嵌入压实的混凝土中，直至到达精确的位置。

图 2-16 为旭普林无碴轨道结构图。旭普林无碴轨道的轨顶到水硬性混凝土上缘的距离为 588 mm。

二、适用不同基础设施条件的旭普林无碴轨道

（一）路　　基

混凝土板在路基上的厚度为 280 mm，宽度为 2. 80 m 或者 3. 20 m，根据德国铁路规定的荷载而定。在路基上铺设旭普林无碴轨道应注意以下几点：

（1）下层路基必须稳定，在 4 m 深度内不得出现软土或沙层。在必要情况下应作

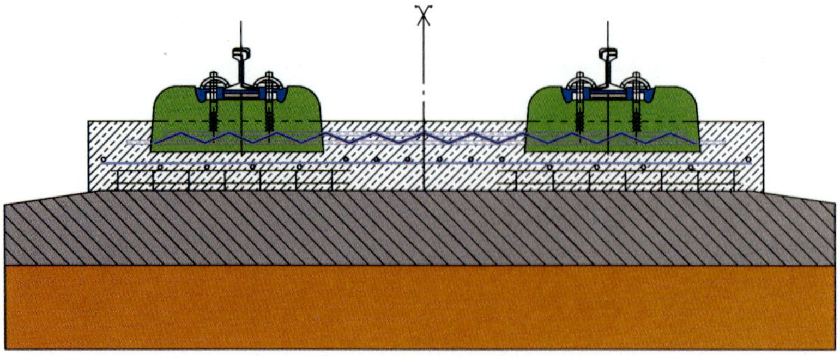

图 2-16　旭普林无砟轨道结构图

地基改良甚至换土。最小承载力应为地基承载力 E_{v2} 大于 45 MPa。

（2）上层路基最低应达到 95％的密度，最小承载力 E_{v2} 大于 60 MPa。

（3）在路基上加 400 mm 厚的基层防冻层，其密度必须达到 100％、渗透系数 10^{-5} m · s^{-1}、承载力 E_{v2} 大于 120 MPa。

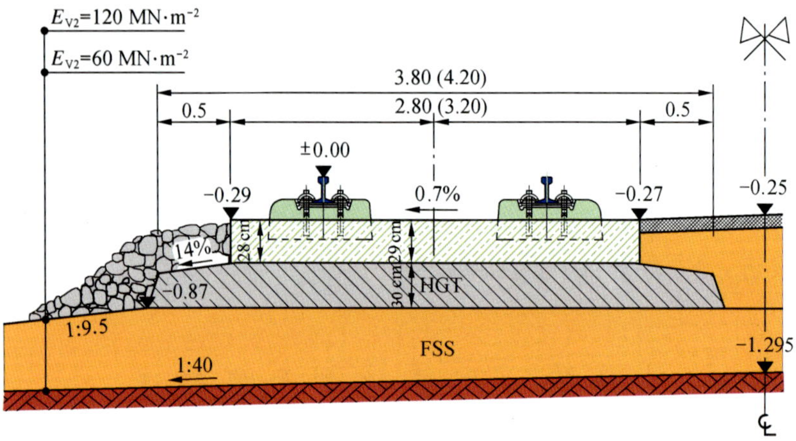

图 2-17　路基上的旭普林无砟轨道（单位：m）

（4）水硬性混凝土承载层厚度最少 300 mm，抗压强度约 12～15 MPa。

（5）轨道板为钢筋混凝土板，混凝土强度应达到 35 MPa。

承受荷载的钢筋混凝土板与垫层两者共同结合成为一复合板。其厚度与宽度的设计应使拉伸应力在 HGT 垫层的底部不大于 0.8 MPa，而在混凝土板底部不大于 0.85 MPa，以保证将开裂的风险降至最低。在水硬性混凝土承载层以下的压应力控制在 0.05 MPa 以下。

（二）桥上的旭普林无砟轨道

桥上的旭普林无砟轨道如图 2-18 所示。

一般情况下，桥面板受到防水层和钢筋混凝土保护层的保护。由于下部结构坚固，无弯矩，无砟轨道可以设计得更轻薄。因此，桥上旭普林无砟轨道一般设计成两层：下层与混凝土保护层永久连接；而上层与轨枕或与轨条扣件直接结为一体。两层混凝土板之间隔着人造橡胶或沥青涂层。纵向力通过限位块传递。这种设计的好处是，更换受损的无砟轨道更为方便。

轨道板可以通过预留梯形钢筋或形成勾连的接缝与混凝土保护层相连接。混凝土

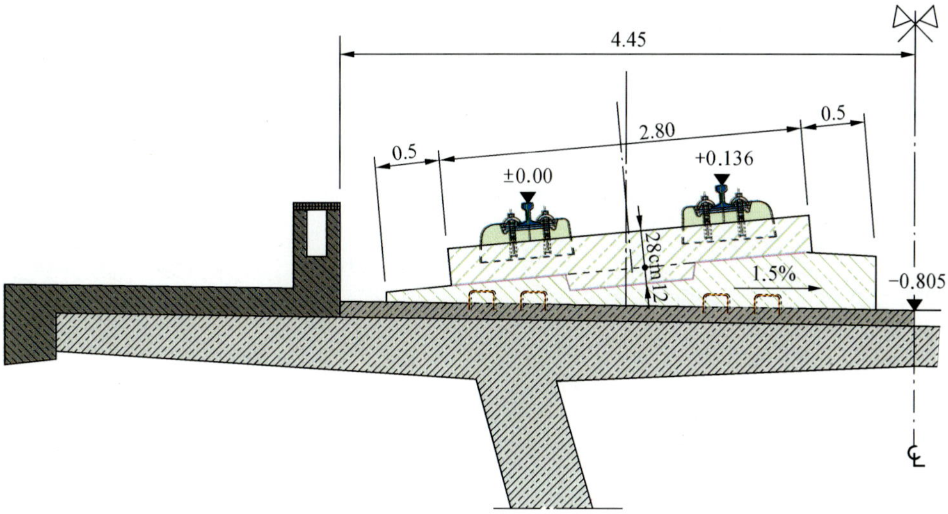

图 2-18　桥上旭普林无碴轨道（单位：m）

保护层通常在防护墙或管道沟处通过钢筋连接到桥面板。

在桥长为 20～30 m 的桥上，为避免由桥体结构挠曲而给无碴轨道带来的额外应力，并保持排水畅通，混凝土板应设计成分离的构件，而不是连续板。

（三）隧道旭普林无碴轨道

在隧道里，旭普林无碴轨道直接安装在隧道地基上。由于温度变化小，无碴轨道设计成连续性的。

三、旭普林无碴轨道的附属系统

1. 质量—弹簧减振系统

根据现场需要，旭普林公司可以提供数种质量—弹簧系统，例如：支承在连续的弹性垫或单个的橡胶支座上的混凝土承载板，在两端与板式轨道基础刚性连接的分开或者连续的混凝土承载板。

2. 降噪措施

可在钢轨之间安装吸音预制件。这些预制件单元由多孔隙的混凝土组成，根据需要还可以配上颜色。

3. 道　　岔

旭普林轨道基础可以很方便地与任何标准道岔进行搭配。道岔与质量—弹簧系统也可以进行组合。

第五节　日本板式无碴轨道

一、概　　述

日本无碴轨道技术主要以新干线板式轨道结构为代表。20 世纪 70 年代，板式轨道作为日本铁路建设的国家标准进行推广。因此，日本的板式轨道应用非常广泛，到目前为止，其板式轨道累计铺设里程已达到 2 700 多延长公里。目前常用的有普通 A 型轨道板（见图 2-19）、框架型轨道板（见图 2-20）、用于特殊减振区段上的防振 G 型轨道板（见图 2-21）及早期用于路基上的 RA 型轨道板（见图 2-22）等。

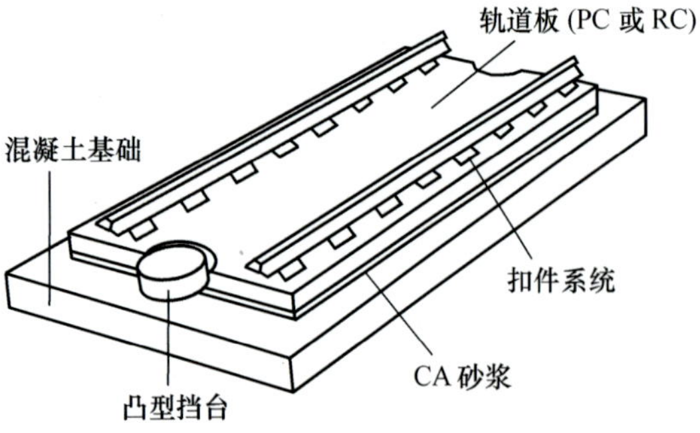

图 2-19　普通 A 型轨道板图

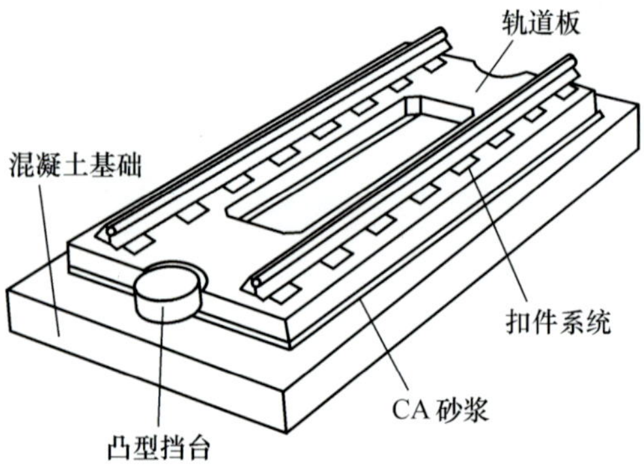

图 2-20　框架型轨道板图

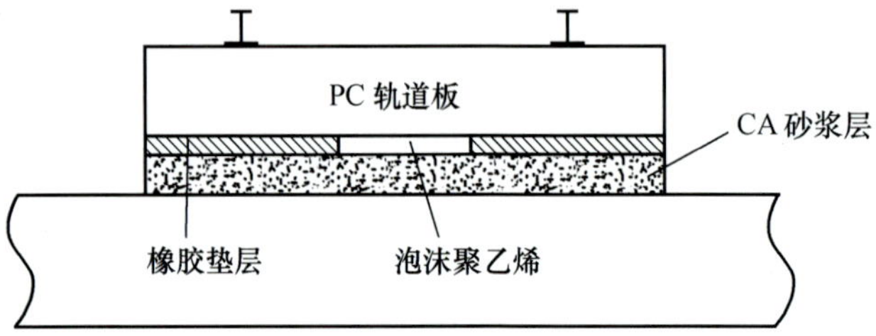

图 2-21　用于特殊减振区段上的防振 G 型轨道板图

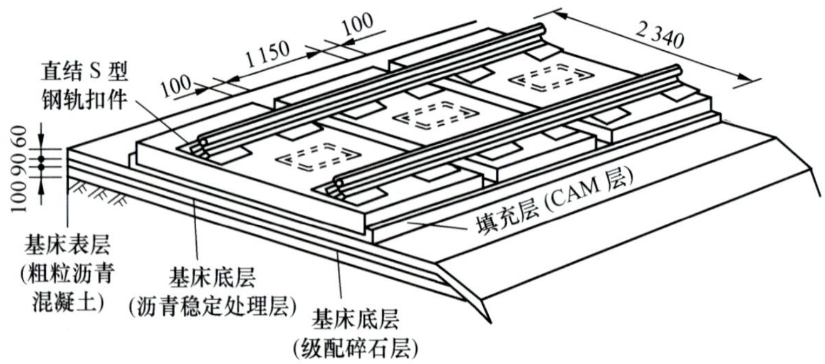

图 2-22　用于路基上的 RA 型轨道板图（单位：mm）

二、日本板式轨道型式及其基本特征

日本对各种型号的板式无砟轨道的开发是统一有序的。在多年的试验研究实践中，对不同等级的线路、不同自然条件、不同车速和不同要求开发出不同型号的板式无砟轨道。

为了区分各种型号的无砟轨道，日本规范了轨道板的型号表示方法，其中的板式无砟轨道板按照支承方式分类可以表示为××-×××（××）。横杠前为英文字母，表示板式轨道的结构形式，横杠后的阿拉伯数字如果是 2 位，表示在新干线上使用，3 位表示既有线上使用。十位数表示板的公称长度，个位数为扣件类型，最后一位英文字母表示适用范围（见表 2-2），括号内为钢轨类型。例如：A-152 表示 A 型轨道板，长5 m，在既有线上铺设。A-155NC 表示寒冷地区使用防振板。

表 2-2 日本无碴轨道分类代码

符　　号	适用地区
M（mild）	温暖地区
C（cold）	寒冷地区
T（tunnel）	隧道区
N（noiseless）	减振降噪区
E（E. J）	伸缩接头区

表 2-3 为日本各类轨道板基本特征。

表 2-3 日本轨道板基本特征一览表

轨道板形式	形 状 尺 寸（单位：mm）	注入材料	板下胶垫	基本特征
M	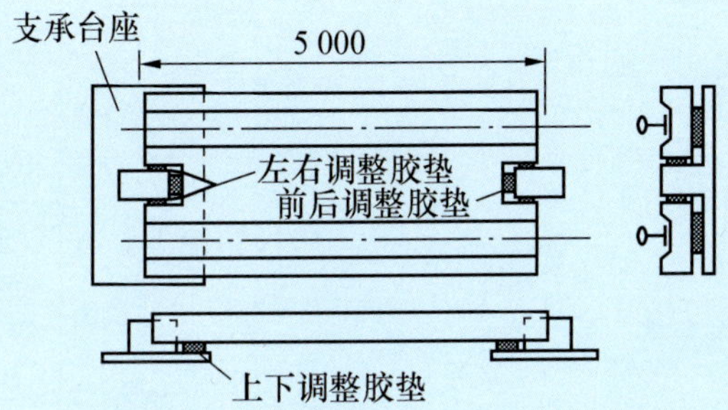	—	—	在间距 3～5 m 的轨道板支承台座上设置方柱形挡台，并通过上下和左右、前后的调整胶垫，把轨道板的四点支承在台座上
L	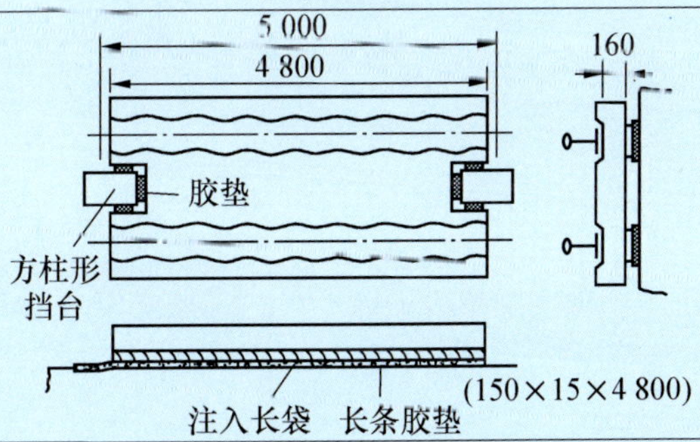	—	—	在轨道板的下面放置长条形胶垫，并在其下插入长袋，再向长袋中注入砂浆而构成的长带状支承的结构
RA	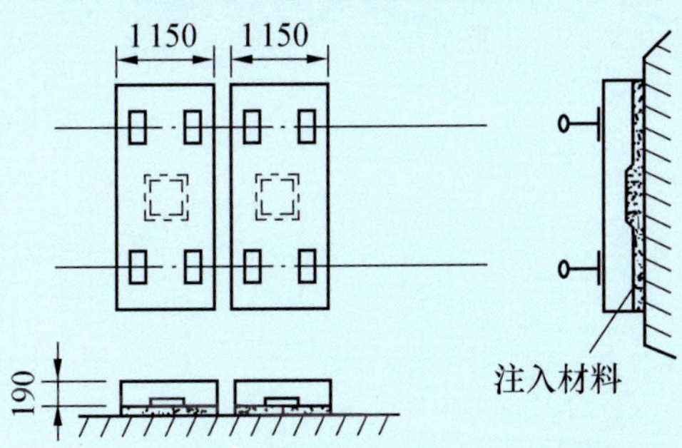	CA 砂浆	—	使用在土路基上，采用长度为 1 150 mm 的短轨道板。纵横向水平力是靠板下凹槽来抵抗的
A-51 或 151	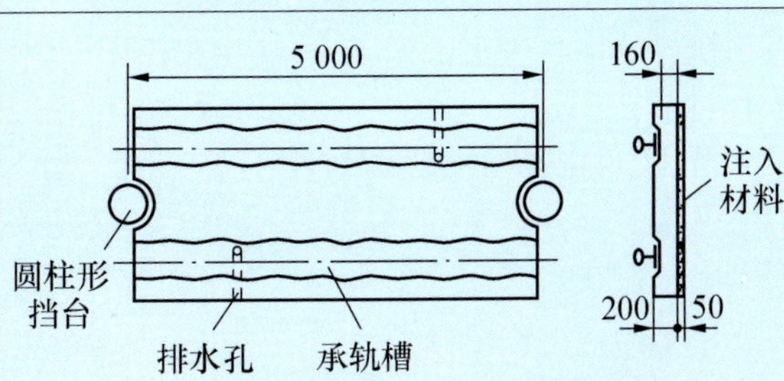	CA 砂浆	—	在板面上设有承轨槽，用挡肩承受横向力，称为承轨槽式轨道板

续上表

轨道板形式	形状尺寸（单位：mm）	注入材料	板下胶垫	基本特征
A-55 或 155	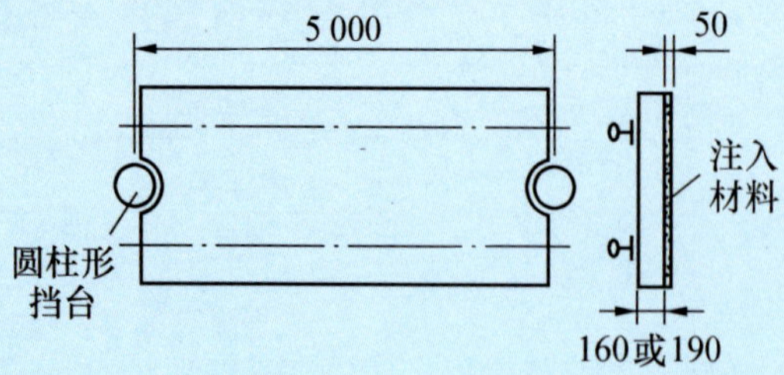	CA 砂浆	—	用铁垫板板肩承受横向力的一种结构，称为铁垫板式轨道板
防振 A-55 或 155	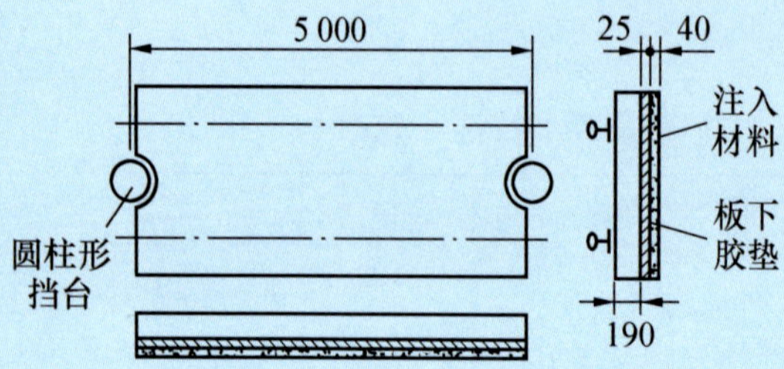	CA 砂浆	试件刚度 2.4 tf·cm^{-1} 每组扣件轨道支承刚度 300 tf·cm^{-1}	在铁垫板式轨道板的下面粘贴板下胶垫
防振 B	同防振 A 型但板厚 160 mm 板下胶垫厚 20 mm	CA 砂浆	试件刚度 6.5 tf·cm^{-1} 每组扣件轨道支承刚度 900 tf·cm^{-1}	采用高刚度（硬的）板下胶垫
防振 C	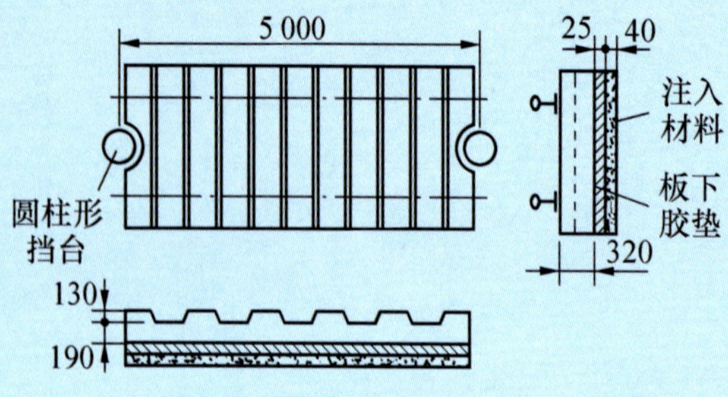	CA 砂浆	试件刚度 2.4 tf·cm^{-1} 每组扣件轨道支承刚度 300 tf·cm^{-1}	轨道板表面为凸凹肋状，板厚为 320 mm，板重为防振 A 型的 1.5 倍
防振 D	同防振 A 型	CA 砂浆	试件刚度 0.8 tf·cm^{-1} 每组扣件轨道支承刚度 100 tf·cm^{-1}	为进一步提高防振 A 型板式轨道的防振效果，特把板下胶垫的刚度值改为防振 A 型板的 1/3，即低刚度轨道板
防振 E	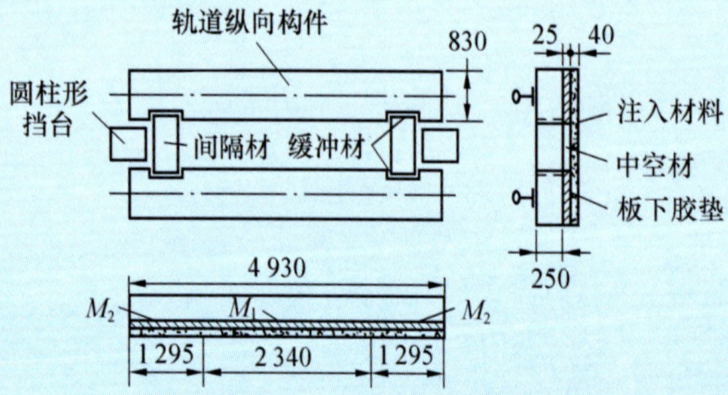	CA 砂浆	(1) 试件刚度 $M_1=2.4$ tf·cm^{-1} $M_2=4.2$ tf·cm^{-1} (2) 为防止板下胶垫被挤出而设置沟槽	(1) 用 PC 圆钢将纵向轨枕式的预制构件紧密联结成一整体的框架式组合轨道板，以简化轨道板的制造、搬运和铺设为主要目的；(2) 为使其重量与防振 A 型板一样，板厚应加厚

续上表

轨道板形式	形状尺寸（单位：mm）	注入材料	板下胶垫	基本特征
防振 F	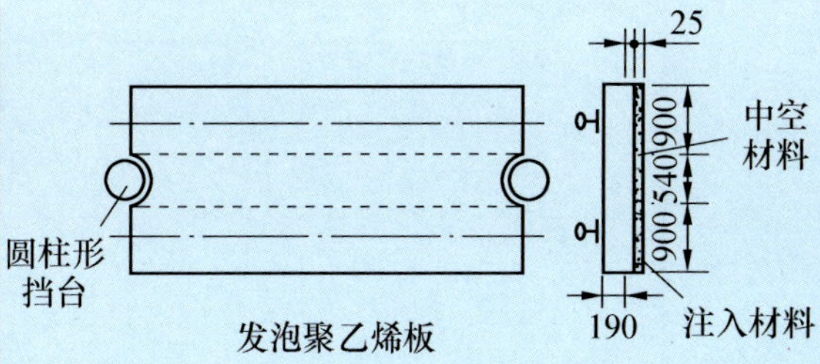		—	（1）注入合成树脂材料构成弹性填充垫层，以确保对轨道板和混凝土基床板之间的空隙填充充分，并保持轨道板具有必要的弹性。 （2）为提高注入材料的弹性效果和降低成本，仅在板的两端填充掺有30%增量缓冲材料的弹性树脂
防振 G	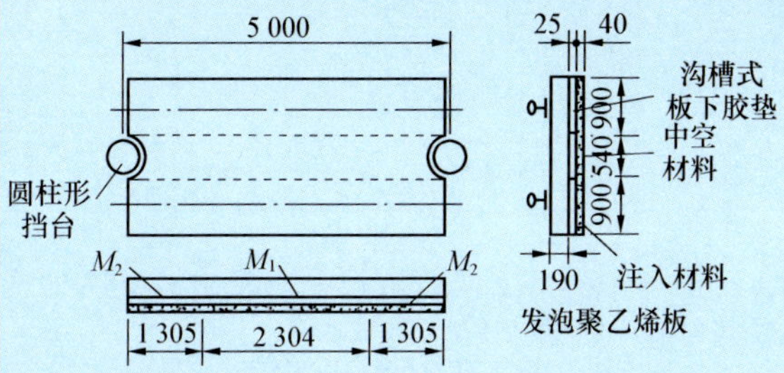	CA 砂浆	（1）沟槽式板下胶垫 （2）试件刚度 $M_1=M_2=2.4\ \mathrm{tf\cdot cm^{-1}}$	为提高弹性和降低成本，为防止板下胶垫被挤出，采用带沟槽式板下胶垫。同时为减轻对其自由变形的约束及改善应力分配而采用中空方式
防振 H	同防振 G 型	同防振 G 型	同防振 G 型	

注：板下胶垫刚度试件尺寸 100 mm×100 mm×25 mm。

三、日本板式轨道适用范围及几何尺寸

表 2-4 和表 2-5 分别列出了新干线高速铁路和既有线普速铁路轨道板使用的范围及其详细结构几何尺寸。

总体上说，日本板式轨道也是由轨道板（厚度 190～200 mm）、沥青砂浆垫层（30 mm）基础组成，在路基上轨道板的基础使用钢筋混凝土板。从表中尺寸可以看出，日本板式轨道的厚度在不同部位有较大的差别，设计时需要根据不同环境和功能需要进行选择。

表 2-4 在新干线不同环境下铺设的轨道板的几何尺寸

铺设地点			结构形式	形状尺寸/mm					挡台尺寸/mm		备注
				长	宽	厚度	缺口半径	保护层厚度	半径	高度	
普通轨道板	露天区间	温暖地区	RC A-55M	4 930	2 340	190	280	20	200	250	板下胶垫采用 A-T-43-新
		寒冷地区	PRC A-55C	4 930	2 340	190	280	30	200	250	
	隧道区间	直线	RC A-51C	4 950	2 340	*200	250	30	200	200	见注 1
		曲线及距洞口 200 m 内	RC A-51CT	4 950	2 340	160	280	30	200	200	
防振轨道板	温暖地区		RC A-55MN	4930	2 340	190	280	20	200	250	板下胶垫采用 A-30-24，A-T-43-新
	寒冷地区		RC A-55CN	4 930	2 340	190	280	30	200	250	

注：1. 距隧道洞口 200 m 的轨道板板下胶垫，采用 A-T-43-新；
2. * 表示 A-51 型轨道板的板厚虽为 200 mm，但在轨下截面的板厚为 160 mm。

表 2-5　既有线轨道板适用范围和几何尺寸

<table>
<tr><th colspan="4" rowspan="2">铺设地点</th><th rowspan="2">结构形式</th><th colspan="5">形状尺寸/mm</th><th colspan="2">挡台尺寸/mm</th></tr>
<tr><th>长</th><th>宽</th><th>厚度</th><th>缺口半径</th><th>保护层厚度</th><th>半径</th><th>高度</th></tr>
<tr><td rowspan="6">普通轨道板</td><td rowspan="3">温暖地区</td><td colspan="2">露天区间</td><td rowspan="2">RC A-155M</td><td rowspan="2">4 930</td><td rowspan="2">2 000</td><td rowspan="2">160</td><td rowspan="2">280</td><td rowspan="2">20</td><td rowspan="2">200
(220)</td><td rowspan="2">200</td></tr>
<tr><td rowspan="2">隧道</td><td>R<800 m 的曲线及距洞口 25 m 内</td></tr>
<tr><td>R≥800 m 的曲线及直线</td><td>RC A-151M</td><td>4 930</td><td>2 000</td><td>* 200</td><td>280</td><td>20</td><td>200
(220)</td><td>200</td></tr>
<tr><td rowspan="3">寒冷地区</td><td colspan="2">露天区间</td><td>PRC A-155C</td><td>4 930</td><td>2 000</td><td>190</td><td>280</td><td>30</td><td>200</td><td>230</td></tr>
<tr><td rowspan="2">隧道</td><td>R<800 m 的曲线及距洞口 25 m 内</td><td>RC A-155CT</td><td>4 930</td><td>2 000</td><td>160</td><td>280</td><td>30</td><td>200
(220)</td><td>200</td></tr>
<tr><td>R≥800 m 的曲线及直线</td><td>RC A-151C</td><td>4 930</td><td>2 000</td><td>* 200</td><td>280</td><td>30</td><td>200
(220)</td><td>200</td></tr>
<tr><td colspan="4">防振轨道板</td><td>PRC A-155N</td><td>4 930</td><td>2 000</td><td>190</td><td>280</td><td>30</td><td>200</td><td>250</td></tr>
</table>

注：1. 括号内挡台半径适用于距隧道洞口 200 m 及以上的地点；
2. 在露天区间和距隧道洞口 200 m 的轨道板缺口部，即使是普通板也贴板下胶垫（A-T-43-新）；
3. * 表示 A-151 型轨道板的板厚虽为 200 mm，但在轨下截面的板厚为 160 mm。

四、日本板式轨道特点

（一）结构整体性能

日本板式轨道具有无砟轨道所具有的线路稳定性、刚度均匀性好、线路平顺性、耐久性高的突出优点，并可显著减少线路的维修工作量。

从轨道结构每延米重量看，小于有砟轨道，而板式轨道结构高度低，道床宽度小，重量轻。框架式板式轨道为非预应力结构，便于制造。可节省钢筋和混凝土材料，降低桥梁的二期恒载，造价低廉，但没有降低轨道板实际承受列车荷载的有效强度、不影响列车荷载的传递。

在隧道内应用时可减小隧道的开挖断面。

与德国博格板式轨道相比，日本板式轨道在基础上设置了凸型挡台，因此，纵向与博格板的连接不同。凸型挡台与基础混凝土板一起建造，依靠凸型挡台对轨道板进行定位，施工更为简便。日本板式轨道用的轨道板，没有在工厂内机械磨削的工序，制造相对简单。

（二）制造和施工

板式轨道结构中的轨道板（RC 或 PRC）为工厂预制，其质量容易控制，现场混凝土施工量少，施工进度较快；道床外表美观；由于其采用“由下至上”的施工方法，施工过程中不需工具轨；在特殊减振及过渡段区域，通过在预制轨道板底粘贴弹性橡胶垫层，易于实现下部基础对轨道的减振要求（如日本板式轨道结构中的防振 G 型）。但在桥上铺设时，受桥梁不同跨度的影响，需要不同长度的轨道板配合使用，无形中增加了制造成本；曲线地段铺设时，线路超高顺坡、曲线矢度的实现对扣件系统的要求较高；板式轨道结构中 CA 砂浆调整层的施工质量直接影响轨道的耐久性；板式轨道的制造、运输和施工的专业性较强，包括：轨道板的制造、运输、吊装、铺设；CA

砂浆的现场搅拌、试验、运输和灌注；轨道状态整理过程中的充填式垫板树脂灌注等。

（三）线路维修

由于板式轨道水泥沥青（CA）砂浆调整层的存在，受自然环境因素的影响较大，在结构凸形挡台周围及轨道板底边缘的CA砂浆存在破损现象，特别是在线路纵向力较大的伸缩调节器附近。因此日本铁路除相应开发出了修补用的树脂砂浆外，在设计方面，用强度高、弹性和耐久性好的合成树脂材料替代凸形挡台周围的CA砂浆。对于轨道板底的CA砂浆调整层，以灌注袋的形式取代初期的设模式的直接灌注，以减少CA砂浆层的环境暴露面，从而显著提高了板式轨道结构的耐久性，以实现无碴轨道结构少维修的设计初衷。

五、日本板式轨道的应用

各种型式的板式轨道在山阳、东北、上越、北陆和九州新干线的桥梁、隧道和部分路基区段上广泛应用。至1997年为止，日本新干线铁路板式轨道应用情况见表2-6。

表2-6 日本新干线铁路板式轨道应用情况

线路名		线路总长度/km	板式轨道长度/km	板式轨道占线路总长度比例/%	开通时间
东海道（东京—大阪）		516	0	0	1964年10月
山阳	（大阪—冈山）	164	8	4.9	1972年3月
	（大阪—福冈）	398	273	68.6	1975年3月
东北（东京—盛冈）		501	411	82.0	1991年6月
上越（大宫—新泻）		270	243	90.0	1990年11月
北陆（高崎—长野）		124	105	87.5	1997年10月

路基上的板式轨道必须克服路基沉降、翻浆冒泥等问题。日本从1987年就开始进行对土质路基上的板式轨道正式研究，从1990年开始进行技术性研讨，开发以省力化为目的的新路基结构。这些研究结果在1993年9月编制成《路基结构设计、施工手册（草案）》。

为了解决路堤下沉、路堤翻浆冒泥等问题，通过各项试验研究，开发了RC路基板式轨道（见图2-23、图2-24），其结构型式较以往的结构更为简明，具有较好的荷载传递效果、较小的累积沉降、较少的材料损耗以及较好的耐久性。

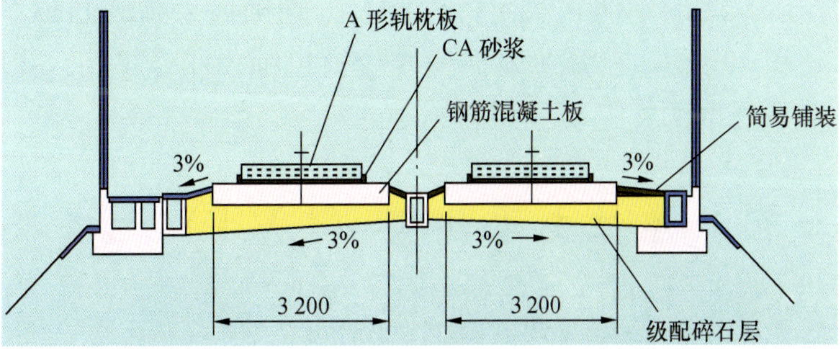

图2-23 RC路基板式轨道构造图（单位：mm）

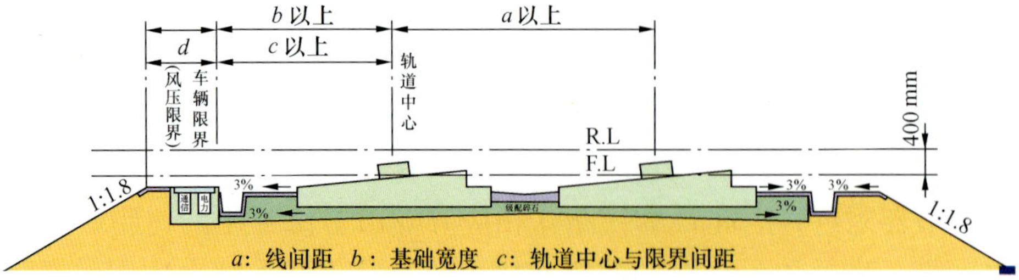

图 2-24 路堤上的曲线地段板式轨道横断面

图 2-25 为新干线线路上使用 CA 砂浆垫层的普通板式轨道，图 2-26 为型号较新的框架式轨道板，图 2-27 为框架式轨道板钢筋网，图 2-28 为日本板式无砟轨道的扣件及其充填式垫板。

图 2-25 新干线普通板式轨道

图 2-26 新干线框架式板式轨道

图 2-27 框架式板式轨道钢筋网

图 2-28 板式轨道扣件及其充填式垫板

我国在秦沈客运专线的狗河和双何特大桥上分别铺设了板式轨道结构的无砟轨道，长度分别为 741 m 和 740 m，在赣龙线枫树排隧道也铺设了 719 m。我国台湾高速铁路的部分区段也采用了日本的框架型板式轨道。

第六节 弹性支承块型（LVT）无砟轨道

弹性支承块型无砟轨道是在双块式轨枕（或两个独立支承块）的下部及周围设橡胶套靴，在块底与套靴间设橡胶弹性垫层，而在双块式轨枕周围及下部灌注混凝土而成型，为减振型轨道。其最初由 Roger Sonneville 提出并开发。瑞士国铁于 1966 年在隧道内首次试铺。法国开发的 VSB—STEDET 系轨道也属此类，在地铁内使用居多。1993 年开通运营的英吉利海峡两单线隧道内全部铺设独立支承块式 LVT 型轨道（见图 2-29）。目前，弹性支承块型轨道的铺设总长度约 360 km。

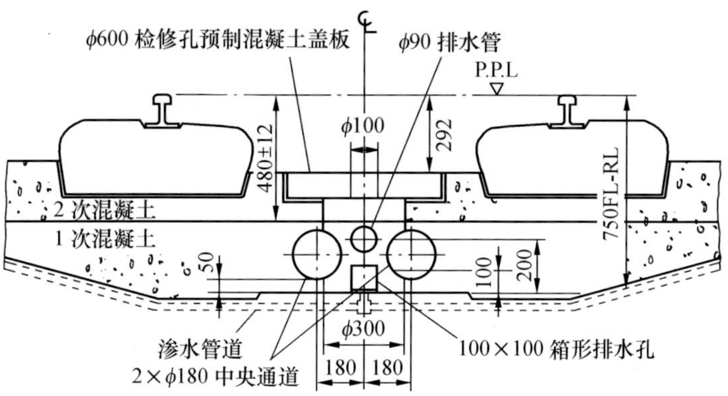

图 2-29 英吉利海峡 LVT 无砟轨道（单位：mm）

弹性支承块型无砟轨道在国外得到了推广应用，不仅在丹麦、葡萄牙、法国、委内瑞拉和英国的铁路得到发展，而且还在哥本哈根、亚特兰大等城市的地铁内推广应用。

我国西康线秦岭隧道一、二线（长度为 18.5 km）内采用了弹性支承块式无砟轨道，现在使用状况良好。

弹性支承块型（LVT）无砟轨道有以下特点。

（1）轨道结构的垂直弹性由轨下和块下双层弹性垫板提供，最大程度上模拟了弹性点支承传统碎石道床的结构承载特性，轨道纵向节点支承刚度趋于均匀一致，通过双层弹性垫板的刚度和阻尼的不同组合可获得优于有砟轨道的刚度和较好的减振效果。

（2）支承块外设橡胶套靴提供了轨道的纵横向弹性，使这种无砟轨道在水平方向的承载、动力传递和振动能量吸收方面更接近坚实均匀基础上碎石道床轨道，可以弥补无砟轨道侧向刚度过大的不足，有利于减缓钢轨的侧磨。

（3）通过双层弹性垫板的隔离，使轨道各部件的荷载传递频率得以降低，部件的损伤程度大大降低，几何形位可在长时间内得以保持，最大程度地减少了养护维修工作量。

（4）结构简单，施工相对容易，支承块为钢筋混凝土结构，可在工厂高精度预制，在现场只需将钢轨、扣件、带橡胶套靴的支承块加以组装、经各向准确定位后，就地灌注道床混凝土即可成型。

（5）可维修性比刚性整体道床大大提高，如果支承块、块下垫板或橡胶套靴出现损伤，在损伤点的左右一段距离内松开扣件，抬高钢轨即可取出损伤的部件。

（6）由于采用橡胶套靴和块下橡胶垫板，初期投资比有砟轨道大。但是在运营费方面，根据 SBB 的运营统计和国内前期应用的估计，总运营费用较有砟轨道可节省约 50%。

（7）如果用于露天，其缺点是雨水容易渗入套靴，列车经过时会有污水挤出，污染道床，必须采取相应的措施。

第七节　其他类型无砟轨道

一、GETRAC 直接支承式无砟轨道

图 2-30　GETRAC 型无砟轨道系统

（一）概　　述

GETRAC 型无砟轨道系统（见图 2-30）最主要特征是使用沥青承载层为混凝土轨枕提供直接支承。轨枕通过特殊的混凝土锚块弹性地连接到沥青层上，混凝土锚块将来自轨排的横向作用力传到沥青上。沥青承载层上的宽轨枕是这个系统中不可缺少的部分，能够大大降低轨道的结构高度。混凝土轨枕通过浇注的沥青固定到沥青支持层上并永久性地保持其安装位置。

GETRA 无砟轨道 1994 年得到 EBA 批准，1995 年在柏林郊区铺设 3.6 km，至今运营状态良好。

（二）系统构成

GETRAC 型无砟轨道由混凝土支承层、下部沥青承载层、上部沥青承载层和混凝土轨枕组成，其结构见图 2-31 所示。有 2 种结构形式，主要区别在于采用的轨枕不同。GETRAC A－1 型的轨枕为 B316 W60/54 预应力混凝土轨枕，长 2.6 m，底面支承面积为 6 780 cm^2，重 380 kg，从轨顶到混凝土支承层的高度为 721 mm。GETRAC A－3 型轨枕采用 BBS3 W60/54 预应力混凝土轨枕，长 2.4 m，底面支承面积约为 10 820 cm^2，重 560 kg，从轨顶到混凝土支承层高度为 580 mm。由于宽轨枕底面支承面积大，可以更均匀地传递列车荷载，减少轨枕和沥青层间接触面的单位压力。宽轨

枕的长度比较短，特别适合断面宽度较小的隧道铺设。

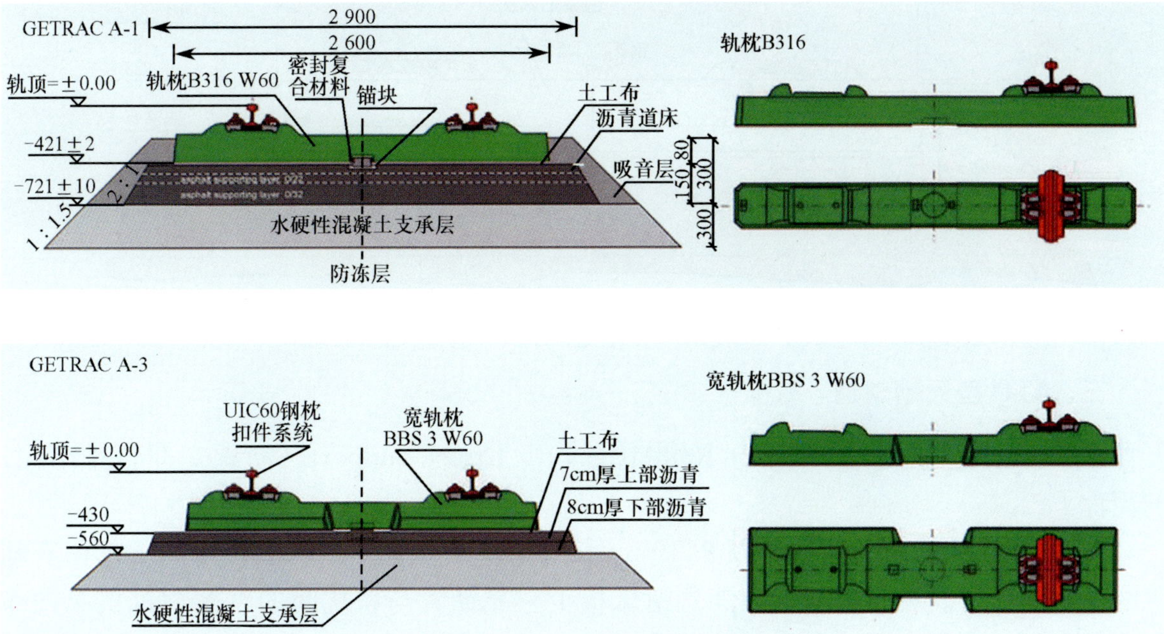

图 2-31 GETRAC 型无碴轨道结构图

锚块与轨枕间铺设氯丁橡胶弹性支承层，允许轨排与沥青支承层间发生垂向变形。弹性支承层还具有吸收动荷载能量的作用。观测表明，每隔 3 根轨枕，设置一个锚块就足够了。圆形锚块在工厂制作，并粘贴氯丁橡胶，与轨枕一起运到工地，轨枕放置到位后，锚块与沥青预留凹槽的空隙用防水快凝砂浆密封。

（三）GETRAC 型无碴轨道的优点

（1）通过轨道板与沥青层的弹性连接保持稳定的轨道形状；

（2）应用沥青做支承材料，施工方便，可以将超高做到 180 mm；

（3）可以通过锚块与轨枕间的弹性垫层对轨道几何状态进行调整和维修；

（4）施工工序少，进度快，不受气候影响；

（5）能够使用通用的筑路和铁路施工设备；

（6）轨道纵横向阻力大；

（7）受到破坏后，可以很快恢复；

（8）既适用于道岔也适用于线路；

（9）无障碍地排水；

（10）维修后可以尽快恢复运营。

二、BTD 型无碴轨道

BTD 型无碴轨道是德语 Betontragschicht mit Direktauflagerung（直接支撑在混凝土道床板的无碴轨道）的简称，轨枕为整体轨枕，用销钉与混凝土道床板联结（见图 2-32）。

德国 1993 年在 Breddin-Glowen 土质路基试验轨道上进行铺设，1997 年在汉诺威—柏林高速铁路土质路基上试铺 32 km。

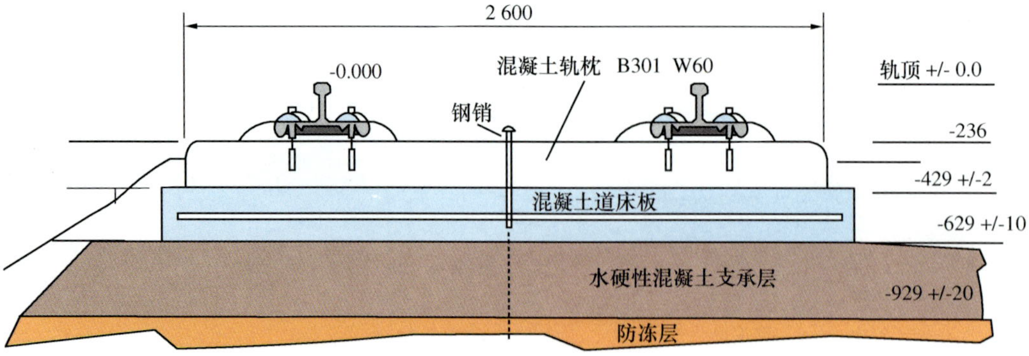

图 2-32 BTD 型无砟轨道断面（单位：mm）

三、ATD 型无砟轨道

ATD 型无砟轨道是 Asphalt Rail-span with Direct Support（沥青支撑轨排结构）的简称。

ATD 型无砟轨道的轨枕可以是 2.6 m 长的双块式轨枕，也可以是中间下部留有间隙的整体轨枕。轨枕直接放置在沥青道床板上，靠沥青与轨枕间的摩擦力抵抗纵向作用力。在轨排中间设置 60 cm 宽的抗横向力支座（见图 2-33），提供轨道横向阻力。在横向调整好轨排以后，支座与轨枕间用弹塑性材料充填。

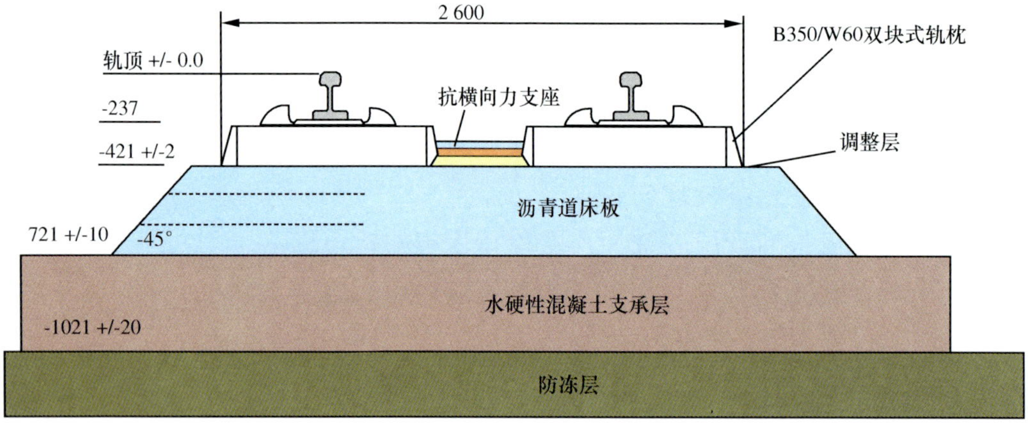

图 2-33 ATD 型无砟轨道（单位：mm）

在纵方向上，由于仅靠轨枕与沥青的摩擦力难以抵抗纵向作用力，需要在轨枕间充填道碴或采用重型轨枕。

抗横向力支座为纵向连续结构。沥青基础厚度平均为 250 mm 和 300 mm，一般是多层结构，德铁设计为 4 层。因为需要硬化，其密度应达到 97%。沥青材料经特殊处理后，可保证使用寿命 50～60 年。

德国 1993 年在高速铁路 Nantenbach 路基和隧道内铺设 14.48 km，1994 年在 Leinakanal 路基上铺设 2.8 km，1997 年在高速铁路 Staffelde 路基上铺设 10.2 km；法国 1996 年在 Strasbourg 铺设 150 m 的试验线路。

四、SATO 型无砟轨道

SATO 型无砟轨道是德国第一阶段出现的轨枕支撑式无砟轨道结构型式，是德语 Studiengesellschaft Asphalt-Oberbau（沥青道床研究协会）的缩写。轨枕为钢枕（见

图 2-34)。轨枕通过钢销与预制在沥青道床板中的钢板联结。

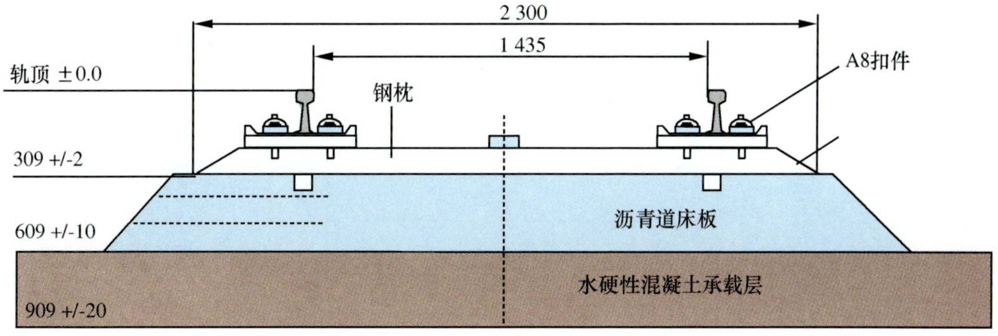

图 2-34　SATO 型无碴轨道（单位：mm）

五、FFYS 型无碴轨道

FFYS 型无碴轨道结构组成与 SATO 型无碴轨道相同（见图 2-35），区别是轨枕为 Y 型钢枕。

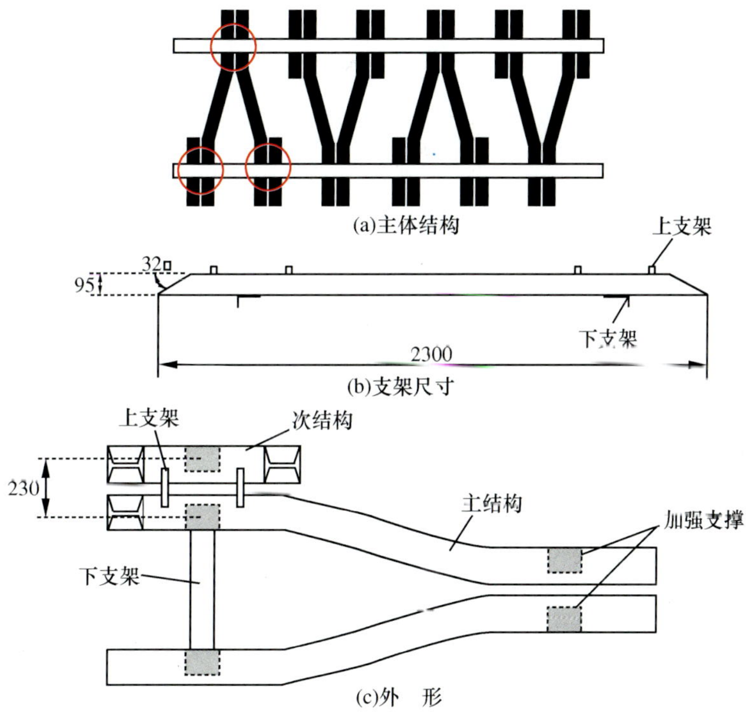

图 2-35　Y 型轨枕（单位：mm）

与传统截面轨枕相比，Y 型轨枕有下面 3 个主要特征：

① 主体结构为支撑梁结构；

② Y 形外形；

③ 每根轨枕支撑钢轨点有 3 处，每处 2 个断面。

轨枕轴向距离 60 cm，每公里需 803 根 Y 形钢枕。

采用 Y 型钢枕的优点是：能保持良好的轨道几何状态，提高轨道的稳定性，节省安装投资，并能够回收再利用；可以适用于新建线路、大修线路，以及标准轨距、窄轨距、宽轨距、道岔区等有碴或无碴轨道，通用性比较好。

从 1986 年到 1994 年，德国在路基上铺设 63 km、隧道内铺设 1.734 km。

六、Walter 型无碴轨道

Walter 型无碴轨道结构型式与 BTD 相似，只是将 BTD 的混凝土道床板代之以沥青道床板（见图 2-36）。1994 年德国在 Hohenthurm-Rabatz 路基上铺设 9.4 km。

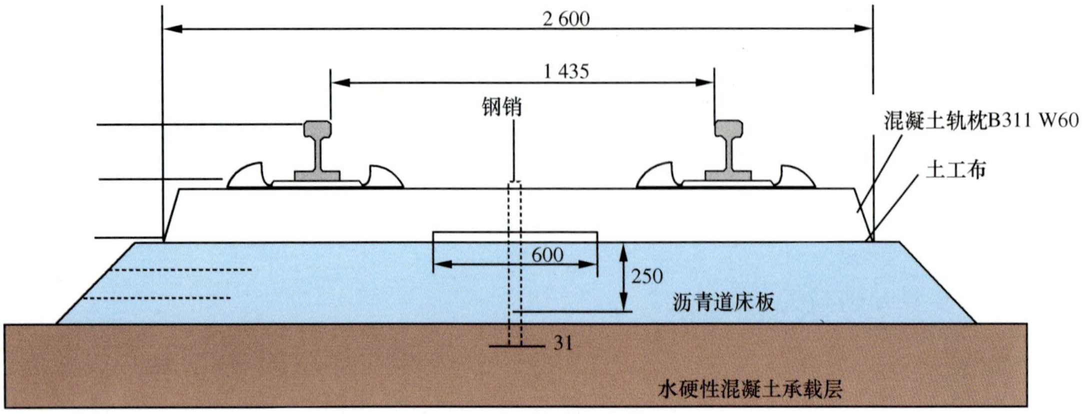

图 2-36　Walter 型无碴轨道（单位：mm）

七、DFST 型无碴轨道

如图 2-37 所示，道床板为整体浇注，扣件通过预埋件进行安装。

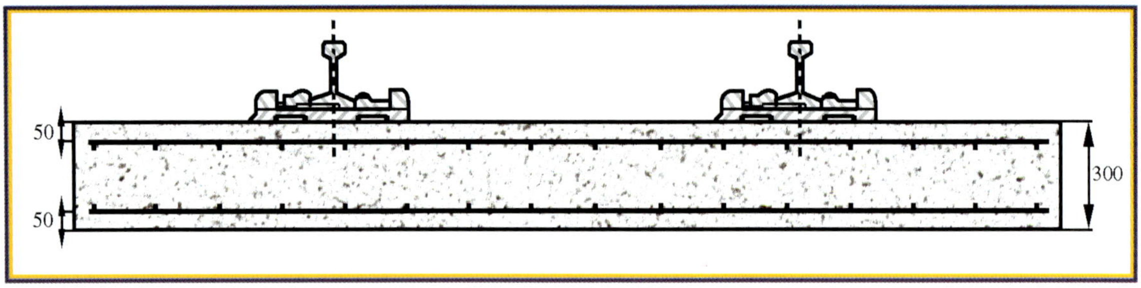

图 2-37　DFST 型无碴轨道（单位：mm）

八、Edilon 型无碴轨道

Edilon 为解决橡胶套靴与轨枕块间存在间隙的问题，将橡胶套靴代之以一种弹性复合材料（corkelast），可减少轨枕块与道床板间的间隙，从而应用于隧道和桥梁（见图 2-38）。

(a) 轨枕与钢轨支承方式

(b) 列车荷载作用下的Edilon型无碴轨道

图 2-38 Edilon 型无碴轨道

九、Heitkamp 型无碴轨道

Heitkamp 型无碴轨道结构设计原理与采用混凝土槽的雷达型无碴轨道相同（见图 2-39），只是将充填的混凝土代之以粘结处理的道碴。所谓粘结处理的道碴，一般是将道碴摊铺后，再灌注水泥灰浆。

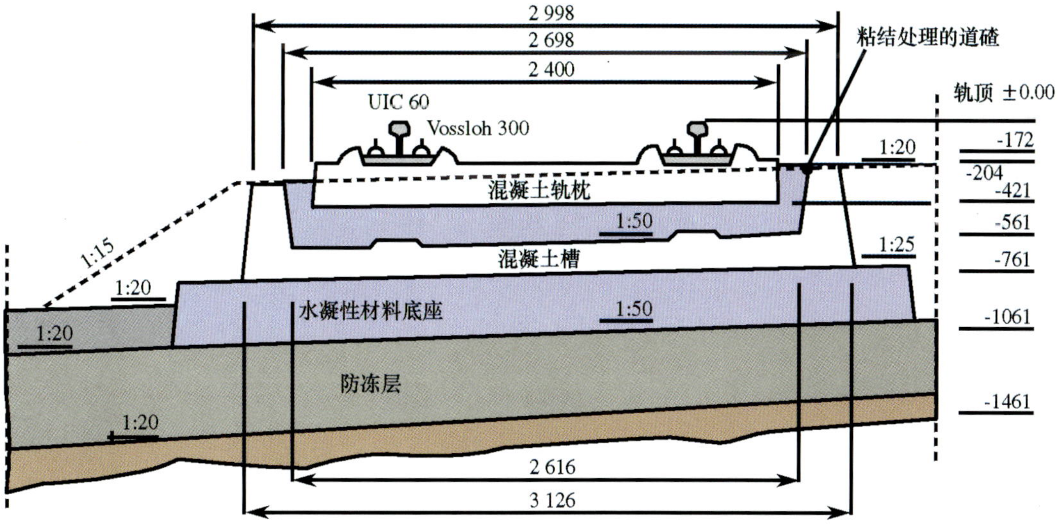

图 2-39 Heitkamp 型无碴轨道（单位：mm）

Heitkamp 型无碴轨道的优点是可以采用传统有碴轨道施工中的机械进行铺碴和捣固。

Heitkamp 型无碴轨道同样适用于道岔区。

德国 1996 年在 Waghausl 路基上铺设 390 m 试验轨道。

十、BALFOUR BEATTY 钢轨埋入式无碴轨道

如图 2-40 所示，与 Edilon 相比，主要是钢轨型式和埋入材料的不同。钢轨型式为顶部与底部对称型式，当顶部磨耗不能使用时，可以将底部换过来，继续使用。

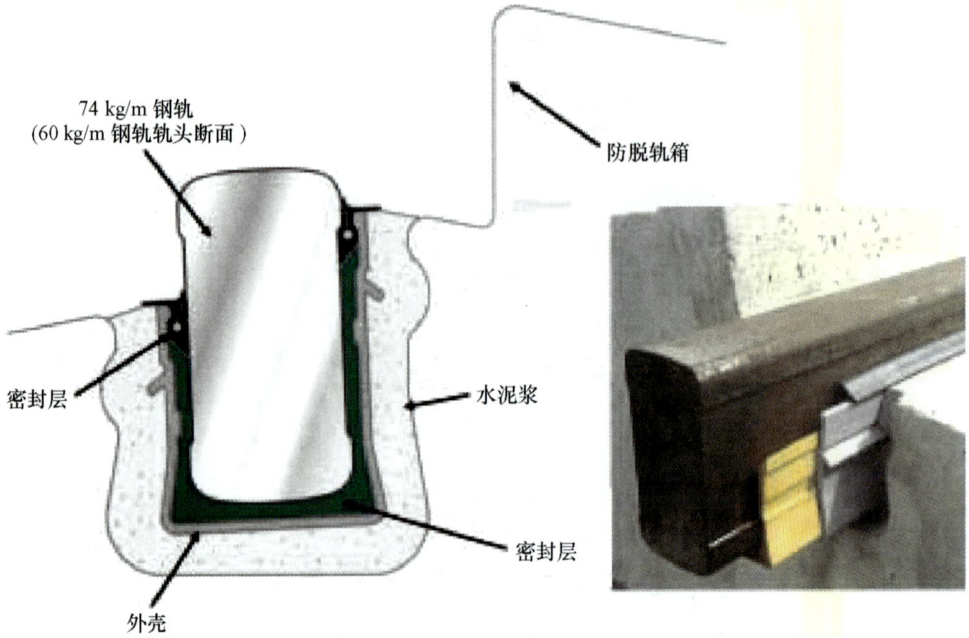

图 2-40　BALFOUR BEATTY 钢轨埋入式无碴轨道

十一、梯子形无碴轨道

梯子形无碴轨道是日本铁道综合技术研究所（RTRI）开发的，其结构基于普通的钢筋混凝土轨枕、法国式的双块式轨枕、普通板式轨道、框架式板式轨道 4 种轨下基础形式结合的原理，既能在有碴轨道上铺设，也能与基础结合在一起成为无碴轨道。这种结构曾经在美国的 FAST 线上进行了 36.2 t 大轴重考验试验，取得了成功，在日本的城市轨道交通也已经开始应用。

试验表明梯子型轨道具有很好的承载能力和横向、纵向稳定性。无碴梯子型轨道，特别是高架桥上无碴梯子型轨道具有自重轻、低振动、易维修、低造价、提高桥梁抗震能力等突出优点，是无碴轨道技术的重大突破，并有可能取代板式轨道。特别是浮置式减振型梯子形轨道（见图 2-41、图 2-42）具有自重轻、造价低廉、减振效果极佳的优点，其中在 500 Hz 频域附近降低振动最高能达到 30 dB。

十二、PACT 型无碴轨道（Paved Concrete Track）

PACT 型无碴轨道为就地灌筑的钢筋混凝土道床（见图 2-43），钢轨直接与道床相连接，轨底与混凝土道床之间设连续带状橡胶垫板，钢轨为连续支承。英国自 1969 年开始研究和试铺，到 1973 年正式推广，并在西班牙、南非、加拿大和荷兰等国重载和高速线的桥、隧结构上应用，铺设总长度约 80 km。

PACT 型无碴轨道有以下优点：

（1）一次投资比较低；

（2）维修费用低、维修时间短；

（3）为高速行车提供了一个平稳且低噪声的条件；

（4）可承受较大的轴重（可达 30 t）；

（5）与其他无碴轨道一样，对长钢轨的变形起到稳定作用。

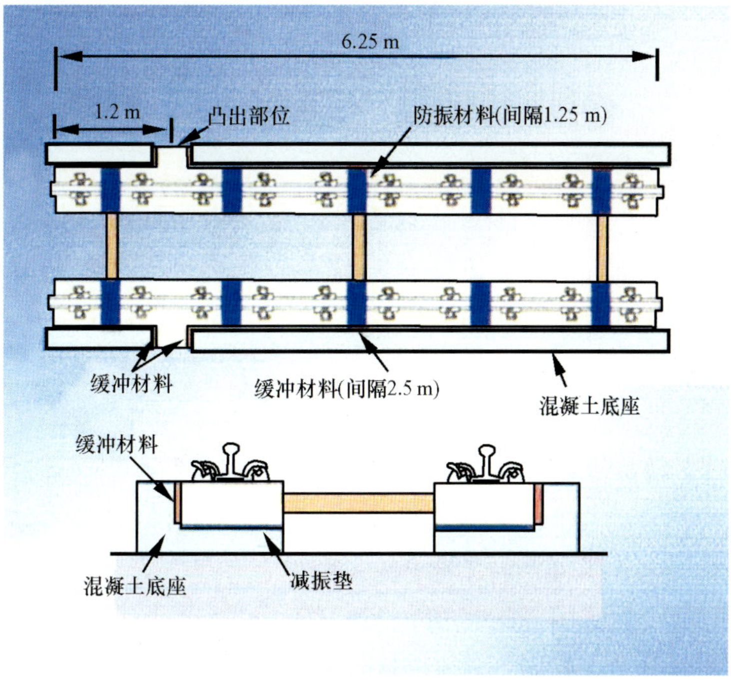

图 2-41　日本浮置式梯子形无碴轨道结构图

图 2-42　梯子形无碴轨道

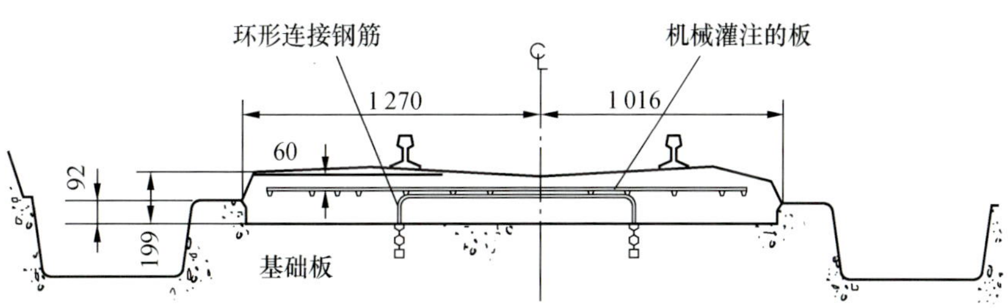

图 2-43　PACT 型无碴轨道（单位：mm）

第八节　国外无碴轨道扣件

一、概　　述

由于无碴轨道对扣件系统设计的特殊要求，各国铁路针对具体的运营条件与线路条件，采用不同的扣件型式。以下主要介绍日本、德国、英国、前苏联、荷兰等国家铁路在无碴轨道上所采用的扣件系统。

二、日　　本

随着山阳、东北和上越新干线越来越广泛地采用板式轨道。日本研制了多种用于板式轨道的钢轨扣件，主要型号有：直结 4 型、直结 5 型、直结 7 型和直结 8 型。

直结 4 型扣件（见图 2-44）为不带铁垫板的弹性不分开式扣件，适用于有挡肩轨下基础结构。采用弹片扣压件扣压钢轨，扣压件由螺栓紧固，钢轨轨底与基础间设置上表面粘贴不锈钢板的橡胶垫板以降低钢轨与胶垫的摩擦系数，钢轨高低位置通过轨下胶垫下的可调衬垫进行调整。

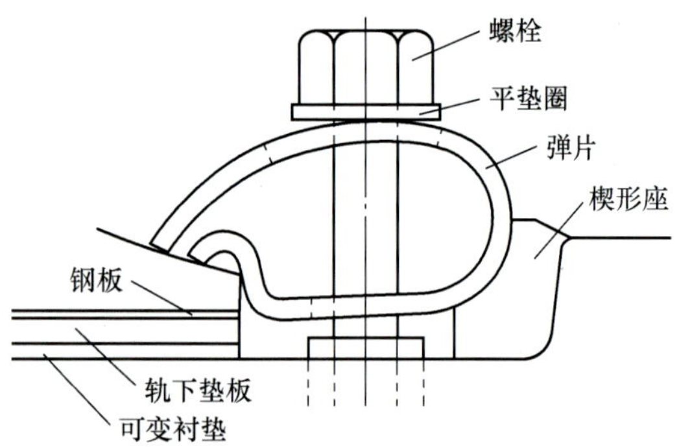

图 2-44　日本直结 4 型扣件

直结 5 型扣件（见图 2-45）为带铁垫板的弹性分开式扣件，其构造特点是铁垫板开设长圆状螺栓孔，以挪动铁垫板来调整钢轨的左右位置，即调整轨距和方向。轨道板中预先埋设用于卡固 T 型螺栓的固定铁件和绝缘套管，用于紧固铁垫板的 T 型螺栓紧固力达60～80 kN，靠摩擦力承受横向力。钢轨上下位置通过轨下胶垫下的可调衬垫进行调整。扣件调整量为：左右±10 mm，上下＋30 mm。由于相当多的板式轨道铺设在高架桥上，为减小无缝线路与桥梁的相互作用力，要求减小扣件阻力。该扣件设计初始扣压力较小，仅为 3 kN，同时在胶垫上表面粘贴 1.5 mm 厚的不锈钢板，以降低钢轨与胶垫的摩擦系数。

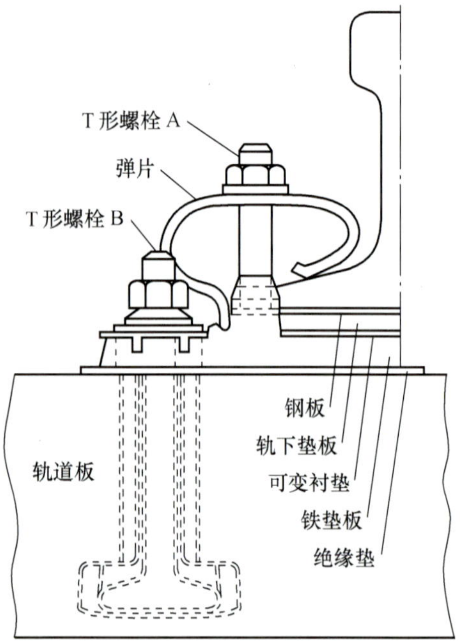

图 2-45　日本直结 5 型扣件

直结 7 型扣件（见图 2-46）与直结 5 型扣件基本类似，结构仍为带铁垫板的弹性分开式扣件，它与直结 5 型扣件的主要区别是扣压件做了改进。扣压件弹性增大，可减少由于弹性垫层变形、弹片松弛等造成的扣压力衰减。

直结8K型扣件（见图2-47）为最新研制的扣件，是直结8型扣件的改进型。其与直结8型扣件的差异是用锚固螺栓与预埋于轨道板的塑料套管配合紧固铁垫板，替代了T型锚固螺栓的固定铁件和套管，对紧固铁垫板的连接件做了改进。用这种方法紧固铁垫板更加牢靠。此外可调衬垫设在铁垫板下而不是在胶垫下。与直结5型扣件相比，扣压钢轨的弹片作了重大改进，在同样扣压力的情况下，大大增加了弹片扣压钢轨端的弹程，从而有效地防止轨卡螺栓的松弛，减小扣件养护维修工作量。

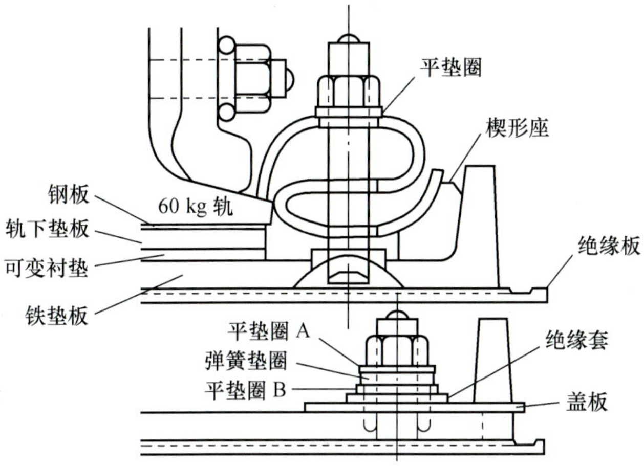

图2-46　日本直结7型扣件

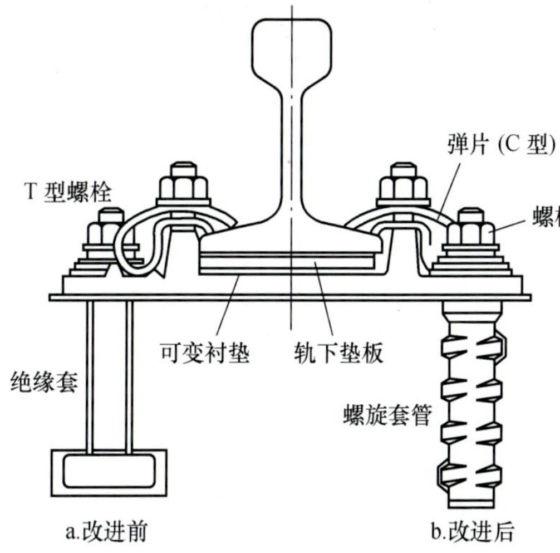

图2-47　日本直结8型扣件

针对桥上无碴轨道无缝线路而设计的扣件较早应用于日本山阳新干线上。为了减小桥梁墩台、板式轨道结构中凸型挡台所受的纵向力，在设计原则上明确要求每股钢轨的线路阻力控制在5 kN·m^{-1}的范围内，同时要求扣件具有一定的钢轨高低与左右位置调整能力。表2-7为日本铁路高架桥上板式轨道扣件主要设计参数。

表2-7　日本新干线扣件主要设计参数

扣件类型	扣压件螺母扭矩/（N·m）	锚固螺栓扭矩/（N·m）	单个扣压件扣压力/kN	钢轨位置调整量/mm	
				高低	左右
直结5型	60	350	3.1	+30	±20
直结7型	50	300	3.1	+50	±30
直结8型	60	350	3.1	+30	±10

三、德　　国

德国无碴轨道扣件主要有两种型式，即336型和300型扣件。336型扣件适用于无挡肩轨下基础，300型扣件适用于有挡肩轨下基础。

德国336型无碴轨道扣件结构属带铁垫板的弹性分开式扣件（见图2-48）。扣件采用圆形截面的ω型弹条扣压件扣压钢轨，铁垫板上设有T型螺栓座，通过拧紧T型螺栓螺母紧固弹条。钢轨轨底与铁垫板间及铁垫板与基础间均设置弹性垫板，铁垫板螺栓孔处为长圆孔用以无级调整轨距，紧固铁垫板的螺栓采用粘结剂固定在基础孔中。

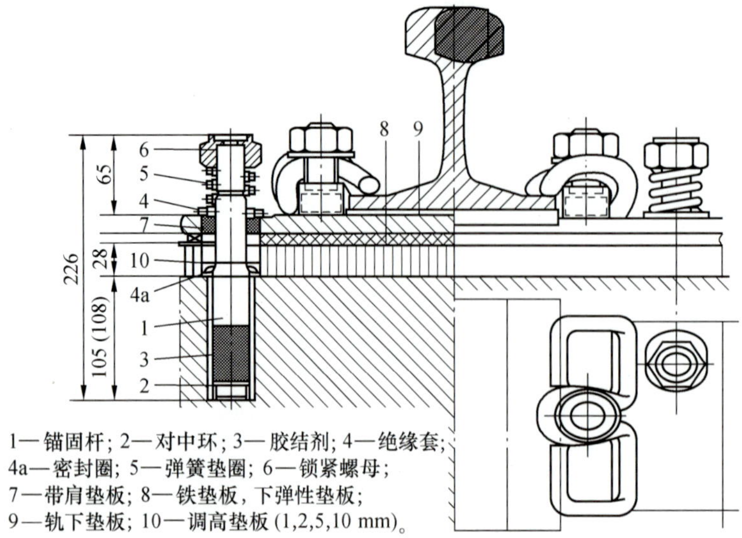

图 2-48　德国 336 型无砟轨道扣件（单位：mm）

图 2-49 所示为德国 300 型无砟轨道扣件系统，其属于带铁垫板的弹性不分开式扣件，混凝土轨枕带有挡肩。通过螺纹道钉与塑料套管配合紧固弹条，混凝土挡肩承受钢轨通过轨距挡板传来的轮轨横向力。用轨距挡板的置换调整钢轨左右位置，调整量为±5 mm。轨下和铁垫板下设弹性垫层，节点刚度为 20～25 kN·mm^{-1}。钢轨高低调整量为 30 mm（+26 mm/−4 mm）。为满足桥上无缝线路对线路阻力的要求，减小梁轨间的相互作用力，扣件可使用 SKL-13B 型弹条（路基上采用扣压力为 9 kN 的 SKL-15 型弹条）来减小其扣压力。扣件必须通过焊接长钢轨的断缝检算。韩国客运专线无砟轨道也采用这种扣件。

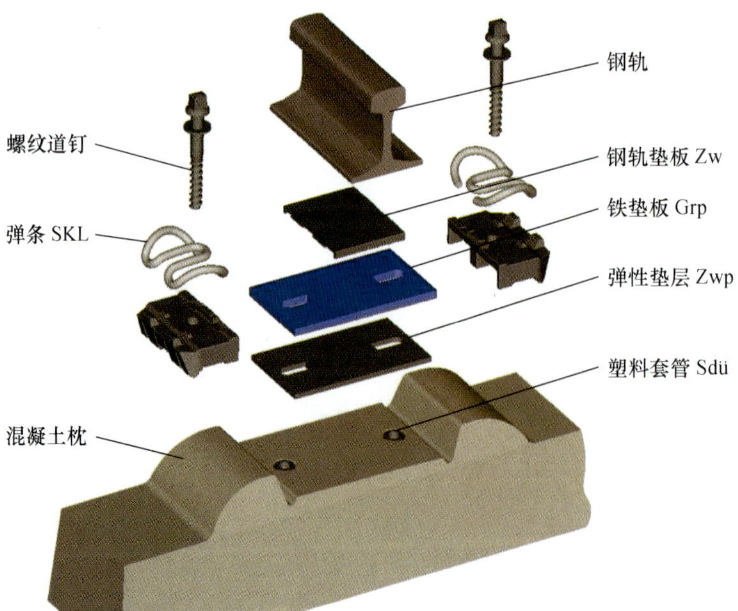

图 2-49　德国 300 型无砟轨道扣件

四、英　国

英国 PANDROL 公司开发了无碴轨道用的 PANDROL FAST 弹性分开式扣件系统（见图 2-50），其铁垫板上部结构与 PANDROL FAST CLIP 扣件结构相同，采用 FAST 弹条扣压钢轨，为无螺栓扣压方式，其单个弹条扣压力为 12 kN。钢轨轨底与铁垫板间及铁垫板与基础间均设置弹性垫板，铁垫板由 FAST 弹条紧固。

图 2-50　PANDROL FAST 无碴轨道扣件

五、前苏联

前苏联很早就曾研制开发了无碴轨道用扣件系统（见图 2-51），为双铁垫板分开式扣件系统。其铁垫板上部采用 K 形扣压件扣压钢轨，钢轨轨底与铁垫板间及铁垫板与基础间均设置弹性垫板。

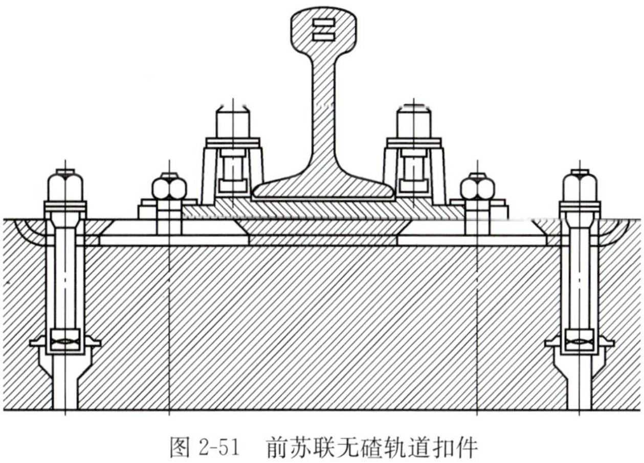

图 2-51　前苏联无碴轨道扣件

六、荷　兰

图 2-52 为荷兰无碴轨道采用的扣件系统，扣件结构属带铁垫板的弹性分开式扣件。采用方形截面的 DE 弹条扣压件扣压钢轨，扣压件无需螺栓紧固，钢轨轨底与铁垫板间及铁垫板与基础间均设置软木胶垫，采用螺栓紧固铁垫板，铁垫板螺栓孔处设置偏心环用以调整轨距，螺栓采用树脂胶粘结在基础上。

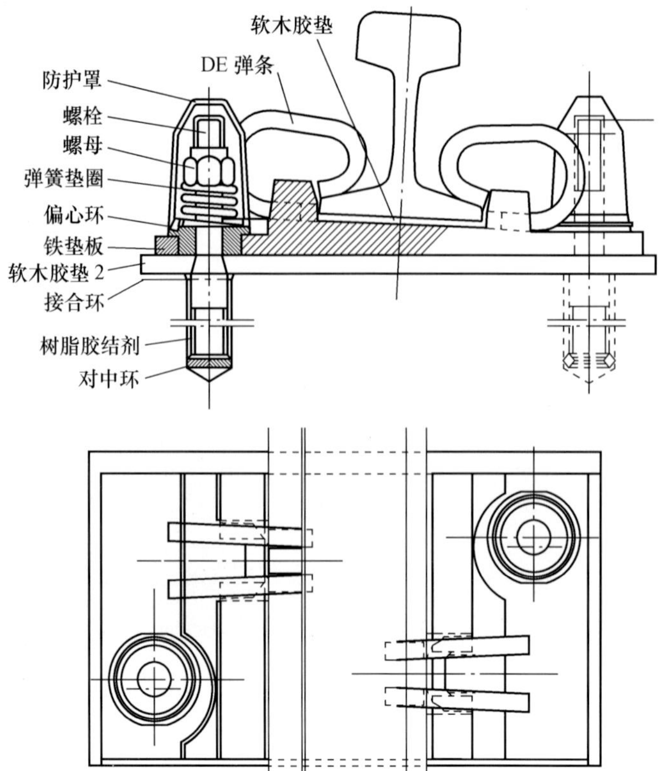

图 2-52　荷兰无碴轨道扣件系统

第九节　国外道岔区无碴轨道

一、无碴轨道道岔区刚度

道岔是 2 股（及以上）线路在平面上重合，有诸如尖轨—基本轨、心轨—翼轨、护轨—走行轨等的关联部件，而且道岔侧股轨道在岔枕上的位置不固定，因此道岔区轨道刚度沿线路方向是变化的。为使道岔区直接影响轨道动态平顺性的竖向变形在车轮荷载作用下大致相近，在对动态平顺性要求更高的高速铁路上，多通过轨下基础刚度的合理设置来解决。

迄今为止，道岔区的钢轨线形和结构，无论在德国、法国或日本，有碴或无碴轨道都是相同的。轨下基础刚度则有差异。有碴轨道道岔区的刚度依靠橡胶垫板和枕下碎石道床共同提供弹性，而无碴轨道道岔的刚度通过单层或多层橡胶垫板提供。

德国高速道岔早期曾试用刚性垫层，运营中出现钢轨件伤损，而且维修工作量较大。经过大量实验及理论分析，在有碴轨道轨下弹性垫板研究成果的基础上，通过调整轨下弹性基板（硫化橡胶垫板）的金属板底面刚性支承块形状、数量及位置，取得道岔不同部位弹性基板的不同静刚度，促使道岔区轨道竖向刚度均匀，达到各部位钢轨件的竖向弹性变形趋于一致。不同运行速度下道岔区轨道竖向刚度数值是不同的。高速铁路道岔区的弹性基板静刚度取为 17.5 kN・mm^{-1}，运行速度为 200～230 km・h^{-1}时，为 30 kN・mm^{-1}。弹性基板采用人造合成橡胶（见图 2-53，图 2-54），具有较长的使用寿命。据报道称已使用 15 年未曾更换。弹性基板在车轮荷载作用下动态轨距扩大量设计限定在 2 mm 以内，组装疲劳试验表明其值不超过 1 mm。竖向变形设计限定不超过 1.7 mm，实际控制下沉量与区间轨道相同为 1.3～1.5 mm。在尖轨和可动心轨范围内弹性基板静刚度为 10 kN · mm^{-1}。

图 2-53　无碴轨道高速道岔

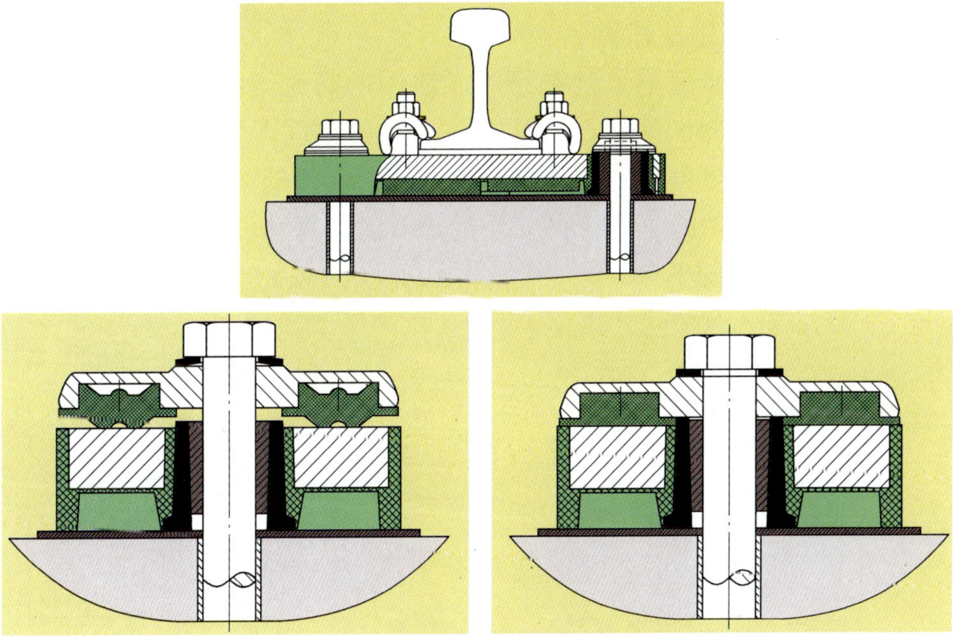

图 2-54　无碴轨道道岔弹性垫板

轨道弹性 e_g通过下式计算：

$$e_g = \sqrt[4]{\left[\frac{4c}{a}\right]^2 EI} \tag{2-1}$$

式中：a 为枕间距；c 为节点弹性；EI 为轨道刚度。

区间轨道垫层刚度为 22.5～50 kN · mm^{-1}。在道岔前后分级设置弹性过渡段，通常为 17.5，22.5，28，32 kN · mm^{-1}。过渡段长度随不同运行速度而有所差异，通常以运行时间 0.5 s 作为标准。过渡段轨道刚度的变化也通过不同刚度弹性基板实现。

法国铁路无碴轨道道岔区轨下基础刚度与有碴轨道道岔区相同，为 200～250 kN · mm^{-1}，枕下刚度则降低为 20～30 kN · mm^{-1}（有碴时为 40～60 kN · mm^{-1}）。

日本铁路板式轨道道岔铺设在板上，轨下基础刚度为 50～70 kN · mm^{-1}。

二、无砟轨道道岔的特点

1. 降低轮轨动力作用，延长部件使用寿命

德国道岔区轨道整体刚度小于区间线路，有利于降低轮载动附加力，减缓钢轨疲劳伤损，减轻轨枕及道床的受力与变形，减缓列车的振动。因轨道刚度较小，轮载影响范围较大，因而作用于轨枕上的支承力较小。

实践证明，轨下垫层刚度越大，列车走行部动力作用显著增大，设置高弹性垫层有利于提高列车走行部性能。因道岔钢轨位于弹性基板上，相当于板下设置弹簧，轨距扩大、扣件扣压力损失基本上不会影响基板的弹性。

2. 降低养护维修工作量

高速道岔采用无砟轨道基础，再配合高弹橡胶垫板，可以大大降低养护维修工作量。据介绍德国在高速道岔上使用了十几年，除钢轨打磨作业外，基本无其他作业量。而采用有砟轨道道岔的法国，使用 5 年后就需进行道床捣固作业。德国方面认为，整体道床的道岔可以满足 30 年不会有大的维修改造量要求。

3. 为电务设备安装提供良好的平台

我国秦沈客运专线有砟轨道道岔和日本、法国的高速道岔一样，都存在着在牵引点位置牵引杆件占用岔枕盒的问题，岔枕盒前后枕的捣固非常困难，而且状态也难以保持。根据试验结果，此处岔枕的振动加速度是普通岔枕的 2～4 倍。采用无砟轨道道岔基础后，牵引点处只需根据电务杆件安装的需要进行特殊设计即可（见图 2-55），可为电务设备安装提供良好的平台。

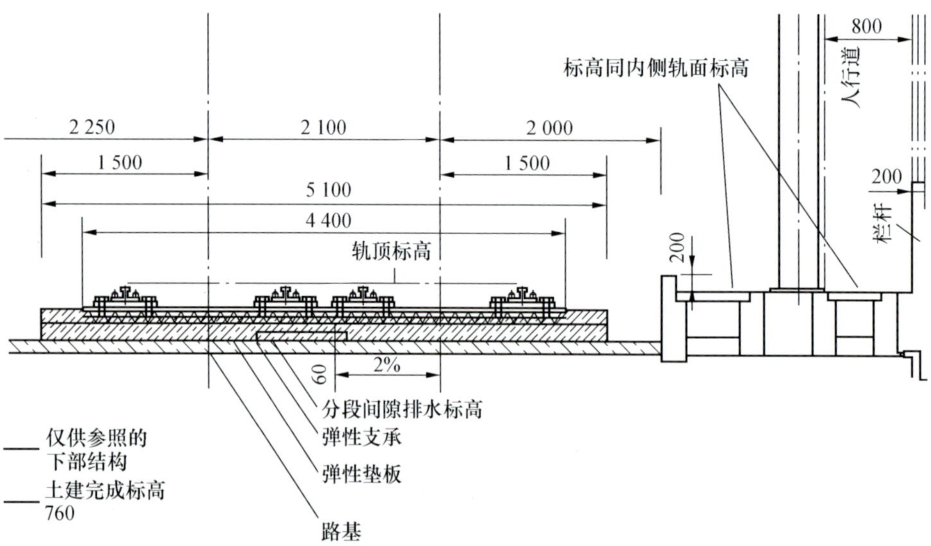

图 2-55　道岔区无砟轨道电缆槽位置（单位：mm）

三、德、法无砟轨道道岔

德国近年来除了在本国修建的高速铁路上大量采用无砟轨道道岔外，还为西班牙、中国台湾等高速铁路提供无砟轨道道岔技术（见图 2-56）。

图 2-56 正在铺设的我国台湾高速铁路道岔区无碴轨道

德国的无碴轨道道岔有长岔枕埋入式和雷达 2000 型无碴轨道长枕埋入式结构。两者的差别为前者采用普通钢筋混凝土岔枕（与有碴轨道相比，不同的是采用非预应力混凝土岔枕），后者的长岔枕断面与区间轨道相同，两端及枕下同样伸出钢筋，与基础一起灌注形成整体无碴轨道道岔（见图 2-57）。

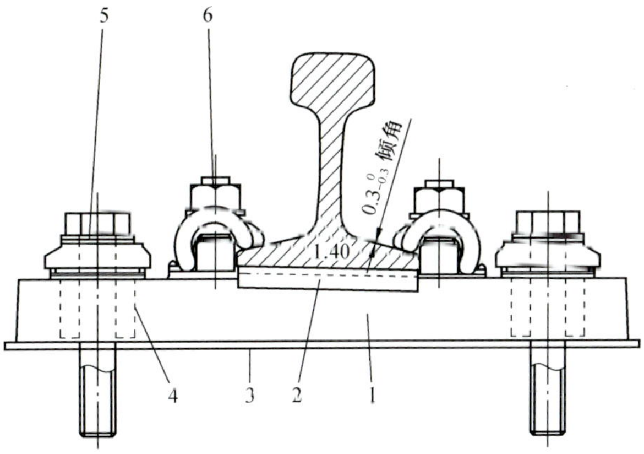

图 2-57 德国无碴轨道道岔断面

1—轨枕；2—轨下垫板；3—枕下垫板；4—调节螺栓孔；5—调节螺栓；6—扣件。

法国的无碴轨道道岔结构主要由 Vossloh-cogifer 公司研制，采用 Stedef 轨枕底座。与有碴轨道道岔相比，具有以下特点：

（1）采用同样的道岔金属件（钢轨件、垫板、扣件等）；

（2）垂直方向调整量为＋24 mm/－6 mm；

（3）横向调整量为＋4 mm/－4 mm；

（4）同样采用预应力混凝土岔枕；

（5）具有更换岔枕的可能性；

（6）可与雷达 2000 型无碴轨道兼容；

（7）与区间的连接不需刚度过渡段。

法国无碴轨道道岔保留了有碴轨道高速道岔的研究成果（扣件系统可以更换），包括一机多点的转换技术，达到有碴和无碴轨道道岔零部件设计和制造的标准化，但不排除道岔线型调整的可能性。

图 2-58 为带有 Stedef 轨枕底座的法国双块式无碴轨道。图 2-59 至图 2-63 为法国

道岔区不同部位长岔枕安装示意图。

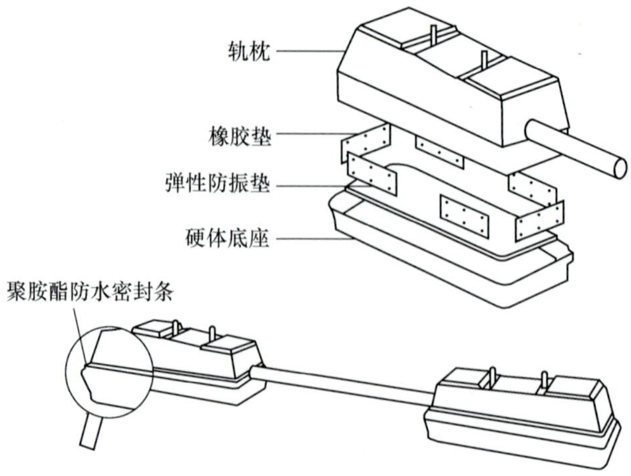

图 2-58　法国双块式轨枕结构

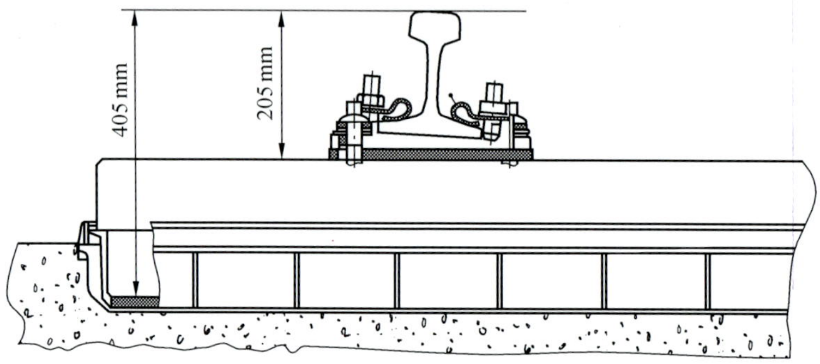

图 2-59　基本轨前端部位的长岔枕及钢轨件

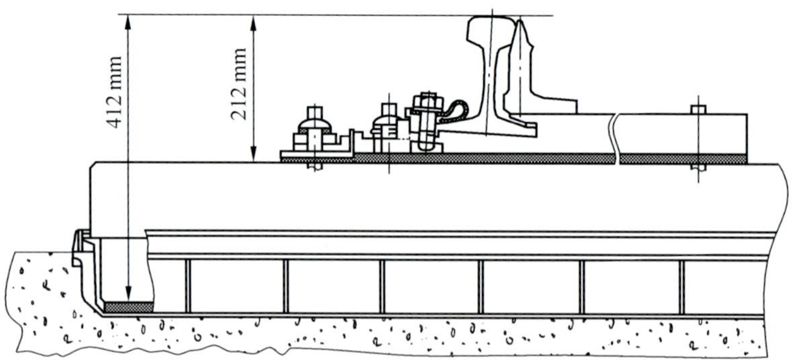

图 2-60　尖轨尖端处道岔与长岔枕

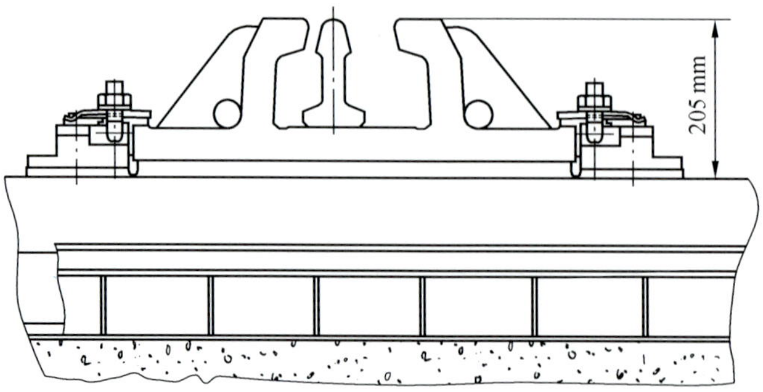

图 2-61　可动岔心与长岔枕

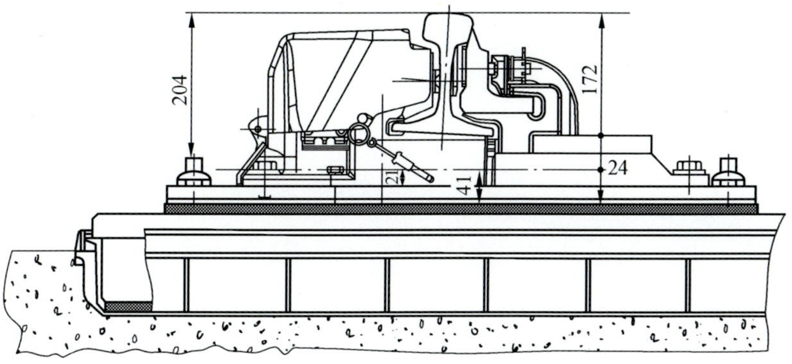

图 2-62 转辙器部分转换装置与长岔枕（单位：mm）

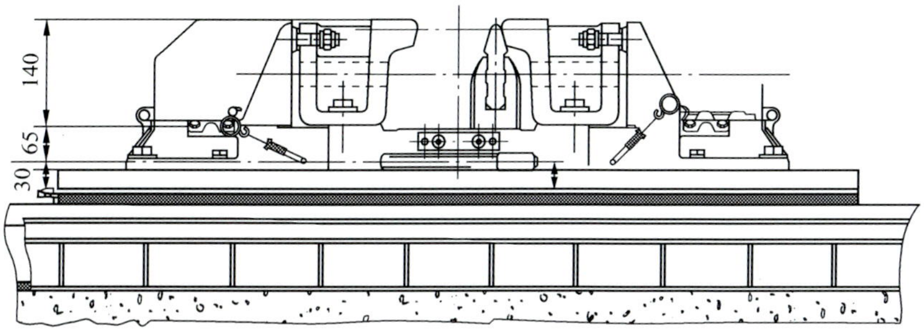

图 2-63 可动岔心辙叉转换装置与长岔枕（单位：mm）

四、道岔区岔枕埋入式无碴轨道技术要求

在道岔区铺设无碴轨道，宜采用长枕埋入式结构。

（一）道岔区无碴轨道分段长度

道岔区道床的宽度和厚度沿着道床是变化的，特别是道床宽度决定于道岔的上部结构的布置，变化较大，不利于配筋。正由于此原因，在道床长度的分段上，如果分段数越多（大部分道床长度不可能相等），配筋越复杂，施工工作量、模板投入越大；另外，由于道岔区受力复杂，加上扣件支点间的距离比正线轨枕的间距小，在留出同样宽度的横向排水槽后，最外边处的轨枕的混凝土保护层会变得很小，使此处混凝土保护层变成薄弱环节，在间距更小的地方，更是不利。经分析认为，分段长度一般可取为 4～6 m 左右。由于每一分段道床表面积较大，故排水措施应稍作加强，表面排水坡度应根据道床板在道岔区的具体位置确定。在每一个分段内，扣件节点间距由道岔上部结构的总布置图确定。

（二）转辙机区段设置要求

转辙机区段的道床由于转辙机拉杆净空的要求，必须在道床设计上预留出相应的空间，预留坑的宽度、该处的轨枕间距、轨枕宽度、最外层钢筋混凝土保护层的厚度等，根据转辙机拉杆的需要而定。同时还要满足相关规范的要求。

第3章

我国无碴轨道设计

根据世界各国对无碴轨道的运用经验，无碴轨道的结构设计应尽量考虑通用性，确保在不同运营条件下列车运行的安全性和舒适性。对于寒冷地区和温暖地区、新线建设和既有线改造、高速铁路客运专线和客货混运线路使用的无碴轨道需要根据不同的受力特性进行结构设计。并且需要对无碴轨道的层次结构和各部位的连接进行细致的试验研究，以确保设计的安全性和经济性。

第一节　无砟轨道选型原则与计算

一、无砟轨道的选型原则

根据我国前期对客运专线无砟轨道结构设计参数试验研究的成果，无砟轨道结构型式的选择应符合下列原则。

(1) 在列车长期动荷载作用下，轨道结构应保持安全可靠的几何状态，并具有足够的承载强度储备，以及与桥梁和隧道结构相当的使用耐久性。

(2) 轨道结构应具有较好的弹性，以改善高速客运列车旅客的乘坐舒适性，减缓轮轨间的冲击作用，减轻钢轨的磨耗。

(3) 结构简单，便于组织快速施工和安装，便于施工机械的使用。施工进度应满足铺轨要求，对于混凝土道床的局部损坏，应具有修复的可能性。

(4) 在确保无砟轨道基础坚实稳定的情况下，需考虑因施工误差、曲线超高变化，以及预应力混凝土桥梁徐变上拱等因素引起的轨面标高的改变，与其配套的扣件设计应有足够的调整量和可行的调整方法。

(5) 无砟轨道结构的造价应控制在有砟轨道的 2 倍以内。

在遵循无砟轨道选型原则的基础上，我国在无砟轨道的前期研究过程中，提出了 3 种无砟轨道结构型式，即：板式、长枕埋入式和弹性支承块式。板式和长枕埋入式无砟轨道，已经分别在秦沈客运专线桥上、赣龙线枫树排和渝怀线鱼嘴 2 号隧道内进行了试铺，取得了一定的设计和施工经验。弹性支承块式无砟轨道作为一种减振型无砟轨道，具有弹性好的特点，在我国隧道中已经成功应用，但由于没有在高速线上应用实践，而且在明区应用还存在一些问题，目前尚未列入我国客运专线无砟轨道的主型结构。

二、无砟轨道动力学分析

国外高速铁路列车运行的实践和研究表明，随着列车速度的提高，轨道的动力效应成为轨道结构设计的控制因素。我国既有的轨道准静态强度计算方法已不能适应高速运行条件。据此，在《高速铁路无砟轨道结构设计参数的研究》“九五”攻关项目中，借助于轮轨动力计算模型进行轨道振动特性的计算分析，得出当时所确定的在京沪高速铁路运行条件下的设计动轮重等参数。本节主要叙述该项课题研究的主要成果。

(一) 轮轨系统动力分析模型

随着列车速度的提高，轨道动力效应成为轨道结构设计的控制因素。因此，在进行高速铁路轨道参数的研究中，结合高速运行轨道参数测试，一般都使用各类轮轨动力计算模型，开展轨道振动特性的仿真研究，以揭示速度与轨道响应的关系和变化趋势。我国目前选择的无砟轨道型式主要为板式和长枕埋入式，因此，本章的理论分析以板式轨道为主，也适用于长枕埋入式轨道。

板式轨道的轮轨关系动力分析模型见图 3-1。

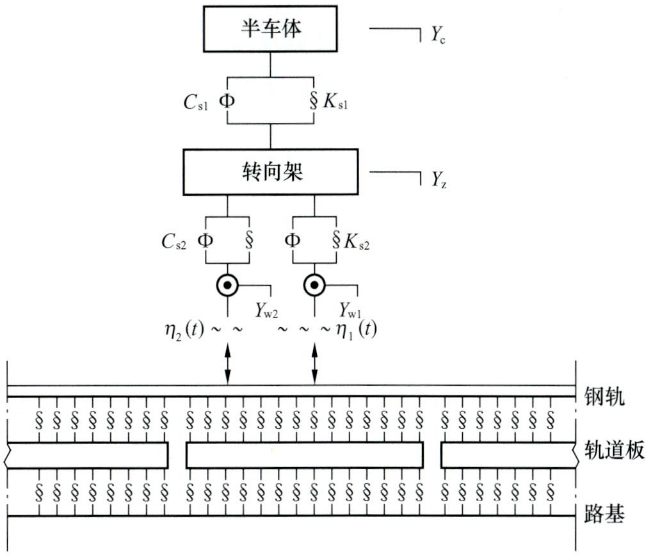

图 3-1　板式轨道轮轨系统动力分析模型

模型对轨道的简化：①将钢轨视为无限长连续弹性基础梁；②轨道板视为连续均布弹性基础上的短梁；③轨下橡胶垫板和板下沥青垫层的弹性和阻尼均以连续分布的线性弹簧和阻尼表示。

模型对车辆的简化：①取半个车体和转向架的簧上质量为集中块，来表示车辆，转向架簧下质量集中于车轮；②以线性弹簧和黏滞阻尼表示车辆悬挂系统，将非黏滞阻尼的减振器的阻尼换算成当量阻尼比，由确立的黏滞阻尼进行计算；③轮轨垂向作用力与接触变形之间的非线性关系简化为线性关系。

考虑 2 股钢轨的振动激扰和车辆振动的对称性，故模型的研究对象为 1/4 车辆和一股钢轨的对应轨道。

（二）轮轨垂向耦合系统的运动方程

动力分析模型是采用动力平衡方程（车辆）和振动微分方程（轨道），以轮轨相互作用的线性关系相耦合。

车辆动力平衡方程

$$[M]\{\ddot{y}\}+[C]\{\dot{y}\}+[K]\{y\}=\{f(t)\} \tag{3-1}$$

轨道振动微分方程

$$\begin{cases} E_1 I_1 \dfrac{d^4 y_1}{dx^4}+m_1 \dfrac{dy_1^2}{dt^2}+K_1(y_1-y_2)+C_1(\dot{y}_1-\dot{y}_2)=0 \\ E_2 I_2 \dfrac{d^4 y_2}{dx^4}+m_2 \dfrac{dy_2^2}{dt^2}+K_1(y_2-y_1)+C_1(\dot{y}_2-\dot{y}_2)+K_2 y_2+C_2 \dot{y}_2=0 \end{cases} \tag{3-2}$$

轮轨相互作用关系

$$P_i(t)=K_h(y_{wi}-y_{ii}-y_{ri})$$

轨道振动激扰采用不平顺功率谱（$S(\Omega)=\dfrac{A}{(B+\Omega)^n}$）。

以上力学模式及模拟计算方法见参考文献［25］中的有关章节。

（三）轨道刚度和轮轨作用力设计值

1. 轨下橡胶垫板和乳化沥青垫层刚度的比选

板式轨道的弹性主要由轨下垫板及轨道板下沥青垫层提供。其中，轨下垫板的刚度要考虑技术与经济两方面的因素。钢轨波磨调查分析表明，钢轨支点刚度在60 kN·mm^{-1}左右，钢轨波磨可有所改善，轮轨冲击效应也随之减小。沥青垫层刚度既要考虑其弹性，又要考虑满足强度要求，要根据试验得出。沥青垫层的弹性模量大，其相应的强度高，但刚度也就增大，因此要综合考虑这些因素加以选择。

根据弹性地基梁理论，60 kg·m^{-1}轨混凝土轨枕轨道的刚度范围为90～130 kN·mm^{-1}，板式轨道的刚度应尽可能接近此范围。为此，对不同轨下垫板刚度和不同沥青垫层弹性模量，按弹性地基上叠合梁模型，计算得出不同的轨道刚度值（见图3-2）。由此得出，当轨下垫板的刚度在40～60 kN·mm^{-1}，而沥青垫层的弹性模量在200～400 MPa时，板式轨道的刚度与有碴轨道的刚度比较接近。根据计算还得出，板下垫层刚度对板式轨道刚度的影响较小。

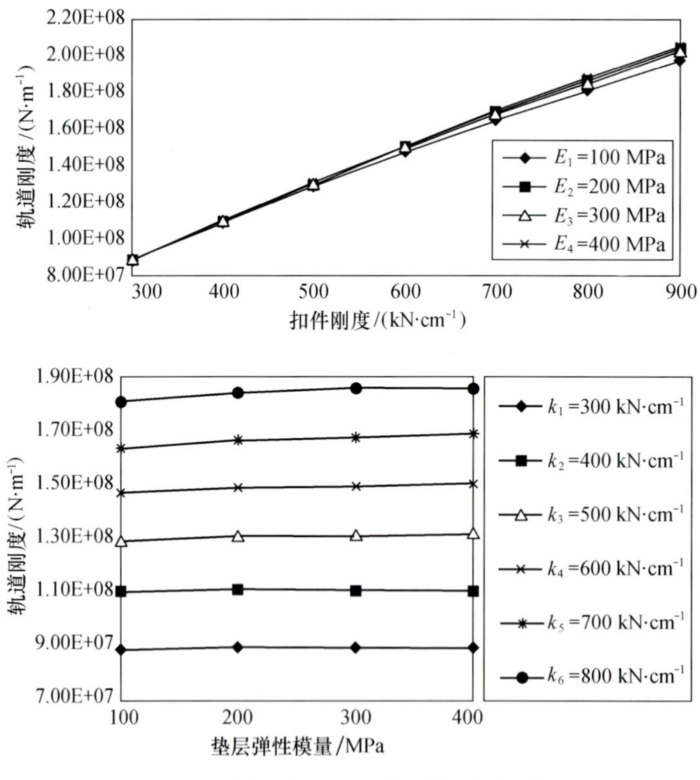

图3-2　轨下垫板刚度和板下垫层弹性模量与轨道刚度的关系

2. 轮轨作用力的设计值

根据已选定的轨下和板下垫层的刚度值，输入动力分析模型，可计算得出不同工况条件下轨道部件动力响应值。考虑轨道使用期内垫板刚度有可能增大的不利因素，故实际计算时将垫板刚度范围增加到80 kN·mm^{-1}。计算结果见表3-1。由计算得出轮轨附加荷载的均方差σ。表中的轮轨最大作用力是按概率分布$+3\sigma$可能出现的最大值考虑。由此可以看出，在高、中速混跑的情况下，ICE动车高速运行时将产生较大的轮轨力，对结构设计起控制作用。同时，与静轮载相比，轮轨最大作用力的动载系数为 3.1。

表 3-1　各类车在不同速度下轮轨最大作用力

机车类型	速度/（km·h^{-1}）	附加荷载均方差/kN	轮轨最大作用力/kN
ICE	300	58.5～68.0	272～301
SS_8	160	36.1～43.8	218～241
DF_{11}	160	33.4～40.5	215～237

采用上述轮轨系统动力模型进行高、中速运行条件下的模拟计算结果，动载系数取 3.0，轨道各部分刚度组成见表 3-2。

表 3-2　无碴轨道各部分刚度组成

轨道型式	组　件
长轨枕埋入式	轨下垫板 40～60 mm
板式轨道	轨下垫板 40～60 mm（沥青垫层弹性模量 200～400 MPa）

三、无碴轨道的结构静力计算及设计参数

（一）结构静力计算模型

板式轨道结构内力分析模式见图 3-3。将钢轨视作长梁，由轨下垫板提供钢轨支承刚度，假设每一扣件节点为一个线性弹簧；轨道板视作平板，板下垫层视作线性弹簧，组成计算模型。采用有限元计算，将钢轨设为梁单元、钢轨扣件节点设为伪单元、轨道板设为板单元，而板下垫层设为边界元进行计算。

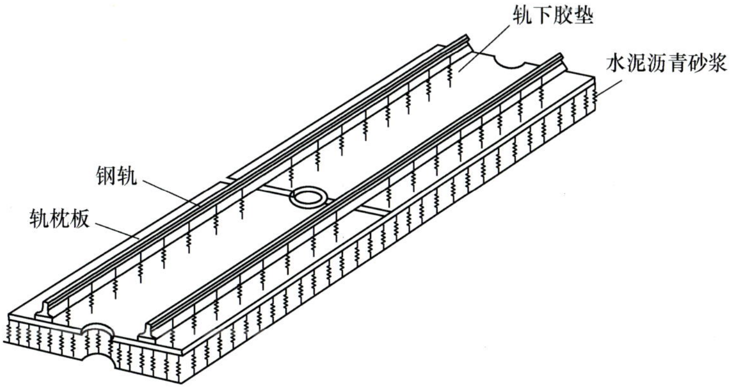

图 3-3　板式无碴轨道有限元分析模型

（二）设计荷载

无碴轨道应考虑的设计荷载有：①列车动轮重；②横向力。

1. 动轮重

由上述计算结果得出动载系数为 3.0，高速列车采用德国 ICE 型（轴重195 kN，速度 300 km·h^{-1}）的设计，动轮重为 300 kN（轴重/2×3.0）。

无碴轨道为少维修轨道，其结构或部件一旦损坏，修复比较困难。因此，在确定设计动轮载时，要计算最不利的荷载条件，选用较大的强度安全储备。同时，基于无碴轨道将会在我国客运专线上推广应用，确定统一的设计荷载，以利于无碴轨道的标准化设计。

我国对无碴轨道的设计规定：寿命为60年；疲劳荷载计算为轴重/2×1.45。

2. 横向力

横向力作用在钢轨轨头。横向力包括设计横向力和疲劳检算横向力，其值见表3-3。

表3-3　横向设计荷载

内　容	计算方法	取　值
设计横向力/kN	轴重/2×0.8	80

（三）板式轨道计算

1. 轨道板截面最大弯曲力矩及截面设计

由简化的力学模式和有限元计算分析，得出的截面设计荷载弯矩值叠加了由轮轨横向力作用产生的截面荷载弯矩，并考虑预制的轨道板在制造、运输和施工等不同阶段的承载弯矩，这样得出用于轨道板结构设计的截面最大弯矩（见表3-4）。

表3-4　轨道板截面设计弯矩值

截　面	单位长度/（kN·m·m^{-1}）		一块轨道板/（kN·m）	
	上侧	下侧	上侧	下侧
轨道纵向	−8.2	9.9	−19.7	23.8
轨道横向	−15.4	16.5	−67.6	72.6

根据表3-4的设计弯矩值，轨道板设计为双向预应力混凝土结构。长、宽、厚度分别为4 930，2 400和190 mm；板的两端中心部位设置半圆形缺口，半圆缺口的半径为300 mm，与基础板上圆柱凸形挡台相配合。根据轨道板试制工艺的初步研究确定，双向预应力轨道板采用先张工艺。一块轨道板截面的配筋设计及实际的承载能力见表3-5。

表3-5　一块轨道板的截面配筋

轨道板截面	配筋/mm		承载能力/（kN·m^{-1}）
	预应力筋	普通筋	
轨道纵向	16∅10	26∅10	±56.8
轨道横向	28∅10	46∅10	±95.8

2. 混凝土凸形挡台的设计参数

在板式轨道中，混凝土凸形挡台是限制轨道板纵横向位移的组件。控制凸形挡台强度设计的是非列车荷载的外力作用，主要有：沿线路方向的钢轨温度伸缩力F_r，轨

道板的温度伸缩力 F_p，轨道板底沥青垫层的摩擦阻力 $W \cdot u$；垂直线路方向的是横向作用力 F_c，其合力 F_1 为：

$$F_1 = \sqrt{(F_r + F_p - W \cdot u)^2 + F_c^2} \tag{3-3}$$

凸形挡台的高度与轨道板齐平为 230～290 mm，计算得出凸形挡台的设计弯矩为 11.5 kN·m。

与轨道板端部半圆形缺口相配合，凸形挡台的半径为 250 mm。

（四）长枕埋入式轨道计算

1. 结构内力计算模型

采用将钢轨和道床板视作双重弹性基础叠合梁的简化力学模型，进行钢轨纵向的内力计算（见图 3-4）。相应的挠曲微分方程列于式（3-4）。

$$\begin{cases} E_1 I_1 \dfrac{d^4 y_1}{dx^4} = -K_1(y_1 - y_2) \\ E_2 I_2 \dfrac{d^4 y_2}{dx^4} = K_1(y_1 - y_2) - K_2 y_2 \end{cases} \tag{3-4}$$

式中 $E_1 I_1$，$E_2 I_2$——分别为钢轨和道床板的抗弯刚度；

y_1，y_2——分别为钢轨和道床板的挠度；

K_1——单位长度钢轨的支承刚度系数；

K_2——单位长度基础抗力系数。

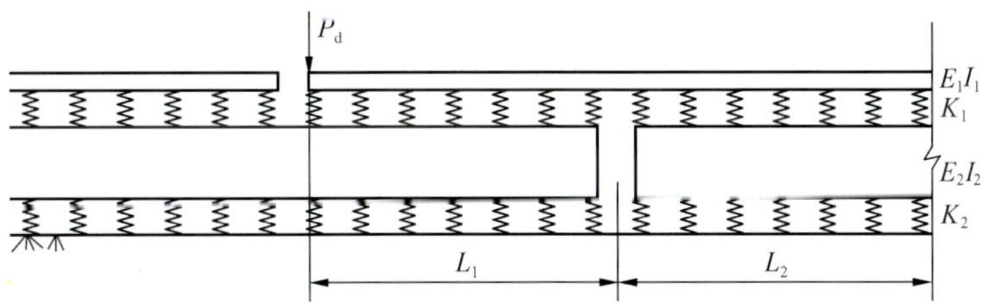

图 3-4 纵向弹性地基梁力学模型

采用弹性基础有限长梁为简化力学模型，进行垂直钢轨方向的内力计算（见图 3-5）。相应的挠曲微分方程列于式（3-5）。

$$\begin{cases} E_2 I_3 \dfrac{d^4 y_i}{dx_i^4} = -K_3 y_i \\ E_2 I_3 \dfrac{d^4 y_j}{dx_j^4} = q - K_3 y_j \end{cases} \tag{3-5}$$

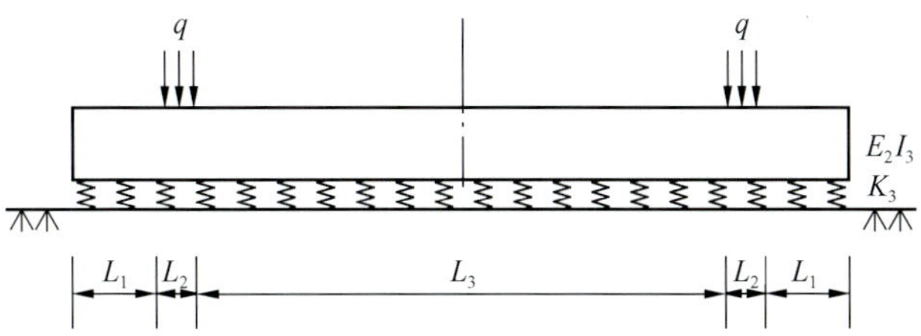

图 3-5 横向弹性地基梁力学模式

式中 $E_2 I_3$——1 个支承间距道床板的横向抗弯刚度；

K_3——横向单位长度基础抗力系数；

q——分布在轨底宽度的线荷载；

y_i，y_j——分别为 L_1，L_2 和 L_3 区段钢轨和道床板的挠度。

2. 道床板截面的最大弯曲力矩和配筋设计

求解微分方程式（3-4）和式（3-5），可以分别得出钢轨和道床板在纵向、横向不同点位的挠度、弯矩、剪力和基础反力等内力值。在高架结构上和隧道内，道床板的截面高度有所不同，因此，计算的内力值略有区别。表 3-6 列出有关道床板纵向、横向截面最大弯曲力矩的计算值。表 3-7 为截面配筋设计和承载力计算值。

表 3-6　道床板截面最大弯矩　　单位：kN·m

受力方向	高架结构		隧　道	
	上侧	下侧	上侧	下侧
纵向（1.55 m 宽）	−8.7	21.9	−11.8	29.2
横向（1 m 长）	−11.8	25.3	−9.7	27.6

表 3-7　截面配筋设计和承载力计算值

截面位置		高架结构				隧道内			
		设计值/（kN·m）	钢筋面积/cm^2	钢筋配置根数	承载弯矩/（kN·m）	设计值/（kN·m）	钢筋面积/cm^2	钢筋根数	承载弯矩/（kN·m）
纵向	上侧	−8.7	—	—	−12.10	−11.8	—	—	−17.8
	下侧	21.9	5∅14	5∅14	36.80	29.2	9.24	6∅14	55.3
横向	上侧	−11.3	—	—	−20.5	−9.7	—	—	−11.5
	下侧	25.3	6.16	4∅14	27.3	27.5	6.16	4∅14	34.7

完成上述计算后，还应对无砟轨道板的施工阶段和吊装阶段进行检算。

第二节　板式轨道

板式无砟轨道具有以下优点：①轨道建筑高度低，自重轻，综合评估工程建设投资更为经济；②板式轨道制造由工厂机械化生产，减少了现场施工中的工序和工作量。由于其制造精度高，生产效率高，可以加快施工进度。采用乳化沥青砂浆作为轨道板与混凝土基础板的隔离层和调整层，便于对轨道施工中产生的误差进行控制和调整，也便于修复。为此，板式无砟轨道被广泛应用于路基、桥梁、隧道和路桥过渡段。

一、板式无砟轨道的组成

板式轨道分为普通型和减振型。

普通型板式轨道由钢轨、扣件、预制混凝土轨道板（简称轨道板）、乳化沥青水泥砂浆调整层（简称 CA 砂浆调整层）、混凝土凸形挡台（简称凸形挡台）及混凝土底座（简称底座）等部分组成（见图 3-6）。凸形挡台周围采用树脂材料充填。扣件铁垫板上设置充填式垫板。

减振型板式轨道的结构组成除在轨道板底面设置橡胶垫层外，其余与普通型板式轨道相同（见图 3-7）。

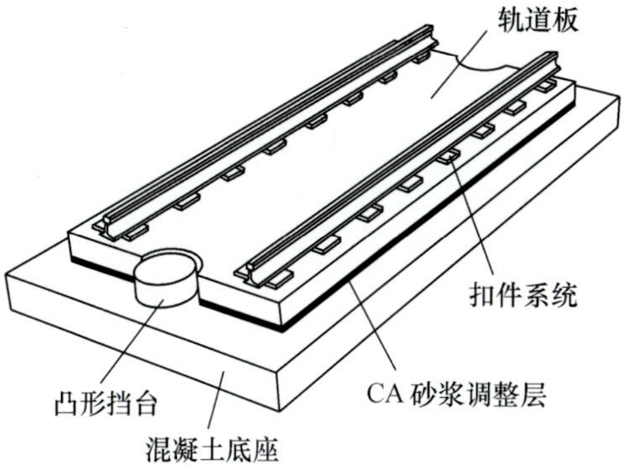

图 3-6 普通型板式轨道

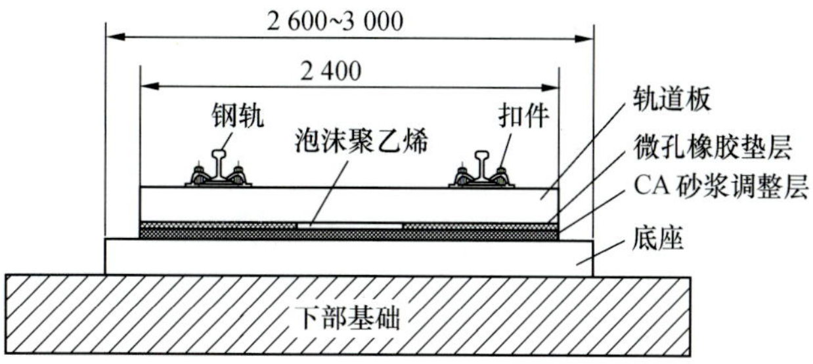

图 3-7 减振型板式轨道（单位：mm）

二、板式轨道的技术要求

（一）路基上板式轨道

（1）日本既有线铁路土质路基上的板式轨道道床结构，曾用沥青混凝土作为 RA 型板式轨道的承力层。由于沥青材料的温度敏感性高，耐久性相对较差，后用钢筋混凝土替代了沥青混凝土。借鉴国外成功经验，在路基面构筑的混凝土支承层上，直接构筑混凝土底座与凸形挡台（见图 3-8）。厚度与宽度范围应根据结构承载能力、荷载传递特性及道床厚度确定。经计算，路基上支承层宽度为 3 200～3 800 mm，厚度根据支承条件来计算确定，但不得小于 300 mm。每隔 2 个板单元设 1 个横向伸缩缝，宽度为 20 mm，用沥青板填充。

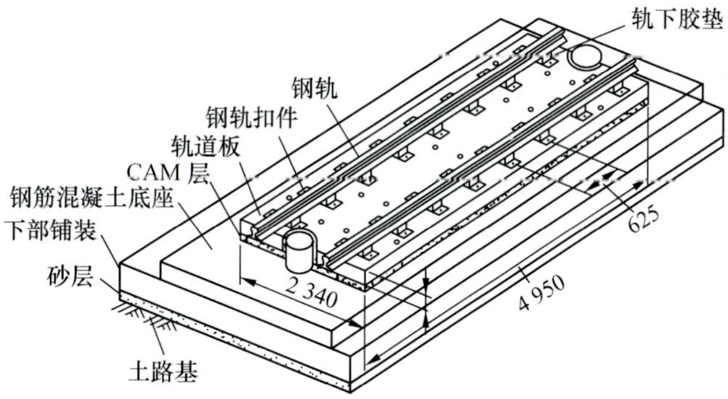

图 3-8 路基上板式轨道（单位：mm）

（2）由于板式轨道底座直接构筑在混凝土支承层上，因此在过渡段区域的混凝土支承层，应预埋与底座间连接的钢筋。

（3）为防止地面水渗入路基，对混凝土支承层两侧的路基面，应采取沥青混凝土封闭或其他防水措施。在施工过程中，还应注意支承层两侧与防水层搭接处的防水处理。

（二）隧道内板式轨道

与路基、桥梁相比，隧道基础为无碴轨道的应用提供了较好的承力层，除过渡段外，与路基上的无碴轨道相比要简单得多。此外，还具有隧道内温差小、紫外线强度弱的优点。借鉴日本板式轨道在隧道内的应用经验，以及我国赣龙线枫树排隧道板式轨道试验段的研究成果，可以得出隧道内无砟轨道底座与凸形挡台可直接在隧道基底回填层上构筑的结论。图 3-9 为隧道内板式轨道。

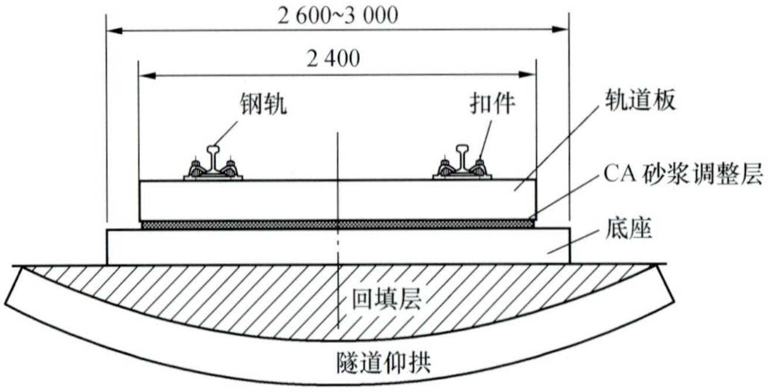

图 3-9 隧道内板式轨道横断面（单位：mm）

隧道内板式轨道底座混凝土伸缩缝的设置：洞内每 3 个轨道板单元处（约15 m）设置 1 个；洞口向内延伸 200 m 范围内，约每 5 m 处设置 1 个。为保证与隧道沉降缝变形协调，在沉降缝处，底座对应设置伸缩缝。

双线线路中心积水可通过底座内预埋横向排水管与外侧水沟相连来解决。排水管的直径及设置间隔则根据隧道具体水文情况确定。

（三）桥上板式轨道

轨道在路基纵向可以认为是不移动的，但是桥梁由于制动力、起动力和温度荷载会产生纵向位移。无砟轨道在与桥梁进行力的传递时，在桥梁上部结构和轨道上部结构的过渡区，会因为端部的扭转及下部的变形在轨道上出现向上的力。图 3-10 为桥上板式轨道。

秦沈线狗河、双何特大桥上板式轨道的底座直接在桥面上构筑。为保证无砟轨道结构与梁体的可靠连接，实现梁体与无砟轨道道床间结构变形的协调，在混凝土底座范围内的桥面，应设置一定数量的连接钢筋。连接钢筋的数量应根据无缝线路纵向力的大小及无砟道床与桥面间的摩擦力大小来确定。

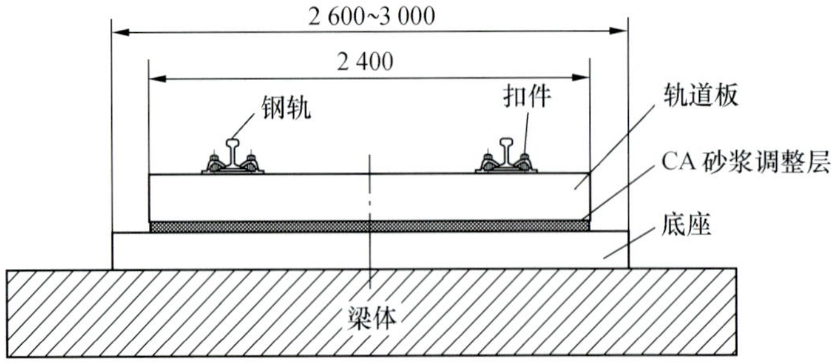

图 3-10 桥上板式轨道横断面（单位：mm）

（1）底座每隔 1 个板单元设 1 个横向伸缩缝。

（2）由于板式轨道的轨道板为平板，线路的竖曲线只能通过底座、CA 砂浆调整层的厚度，以及扣件垫板进行设置。设计中应根据竖曲线半径的大小，尽量通过底座和 CA 砂浆调整层进行设置，为扣件留出足够的调整量，以利于后期对轨道状态的调整。

根据桥上无砟轨道技术条件要求，应尽量减小梁端转角和变形对扣件系统的影响，轨道板/道床板结构端部距第一个扣件节点中心，必须控制在 250 mm 以上。

三、板式轨道设计

（一）轨 道 板

轨道板的型式尺寸既要考虑轨道受力均匀，又要兼顾在制造、装载运输及施工时的可操作性。轨道板的宽度首先要满足结构及制造工艺要求，其次要考虑传递列车荷载的有效范围，并尽可能减少传递到板下结构的荷载应力及作用在板上的弯矩。减少轨道板的宽度，则板的横向正弯矩减小，纵向弯矩及横向负弯矩将增大。综合考虑，取板的宽度为 2 400 mm。

轨道板的厚度主要由结构强度及配筋要求决定。在结构强度允许的范围内，综合方案比选结果取板厚度为 190 mm。

有限元计算分析结果表明，板的长度在 3～6 m 范围内时，轨道纵向、横向的外荷载弯矩变化较小。为了减少轨道板类型，桥上无碴轨道轨道板长度可确定为4 856 mm，相应的扣件节点间距为 617 mm。对于 24 m 梁可采用 1 种轨道板类型，32 m梁采用 2 种结构类型。在秦沈客运专线及赣龙线板式轨道试验段，轨道板标准长度为 4 930 mm，经试验验证是安全可靠的。因此在路基和隧道区段确定轨道板的标准长度为 4 930 mm。

考虑到方便铺设及维修，在板两端的中部设置半圆形缺口，以便配合设在底座上的凸形挡台。

（二）底 座

混凝土底座是板式轨道的支承基础，其主要功能有：①修正在无碴轨道施工前下部基础（如桥梁上拱、路基沉降）的变形与施工偏差；②实现曲线地段板式轨道的超高设置。底座宽度的设计应在保证结构强度的前提下，考虑板式轨道施工设备和机具的使用。其厚度和配筋应根据下部基础的变形（如桥梁的跨中挠度、路基承载力，以及不均匀沉降等）条件来确定。由于缓和曲线地段的超高是逐渐变化的，每个底座单元的高度应根据超高变化合理设置。底座宽度为 2 600～3 000 mm，厚度根据具体铺设区段的基础支承条件计算确定。底座伸缩缝对应凸形挡台中心位置，其宽度为 20 mm，用沥青板填充。

曲线超高在底座上设置，缓和曲线及圆曲线范围的底座厚度根据实设超高计算确定。

根据我国板式轨道的设计经验，要求底座的最小厚度为 100 mm，特别是曲线地段的内轨一侧，由于下部基础的施工偏差，为保证 CA 砂浆调整层的厚度，很容易造成底座厚度的不足，这一点除了在设计中给予考虑外，在下部基础施工过程中应严格控制顶面高程偏差。

（三）凸形挡台

凸形挡台作为板式轨道的一个重要组成部分，其主要功能是限制轨道板的纵、横向位移。设计采用圆形截面，外形必须与轨道板相匹配。

前期试验后凸形挡台的半径为 250 mm，对于不同运营条件，凸形挡台的半径加大为 260 mm。凸形挡台顶面应与大板顶面基本保持同一高度，既能保证板端面受力均匀，又不凸出过高，凸形挡台高度取 250 mm。凸形挡台周围采用弹性好、强度高的树脂材料替代 CA 砂浆。

底座内应预设与凸形挡台的连接钢筋。凸形挡台的结构配筋应考虑线路最大纵向力、横向力，以及与底座间的连接要求。

凸形挡台是板式轨道的限位装置，直接承受线路的纵向力和横向力。为便于现场施工，板式轨道底座与凸形挡台所用混凝土的强度等级一致。

（四）CA 砂浆调整层

CA 砂浆作为预制轨道板与现场灌注的混凝土底座间的调整层材料，需要具有良好的施工性，以满足充填轨道板与底座空隙的要求，同时还应保证在一定时间内的固化，并具有足够的强度、耐久性、稳定性及相应的弹性。

采用乳化沥青水泥（CA）砂浆作为填充调整层材料。该材料将水泥砂浆具有的强度、耐久性与沥青砂浆具有的弹性结合起来，成为一种合成材料。在满足结构受力的前提下，选用我国前期应用较成熟的材料，普通型和减振型板式轨道的板下 CA 砂浆调整层厚度分别取 50 mm 和 40 mm。

（五）板下橡胶垫层

在无碴与有碴轨道过渡段及特殊减振区段，应采用减振型板式轨道。减振型板式轨道采用在钢轨下部轨道板底粘贴橡胶垫层、线路中部轨道板底设泡沫聚乙烯中空材料的方式，其厚度均采用 20 mm 的。

四、CA 砂浆技术

CA 砂浆的配制与灌注技术是板式轨道关键技术之一。我国从 20 世纪 70 年代起就开始研制并在北京丰沙线的三家店试用。1981 年，在皖赣线溶口隧道铺设板式轨道试验段使用了所研制的 CA 砂浆，迄今运用状态良好。2002 年，在秦沈客运专线狗河桥和沙河桥所用的板式轨道中，采用了 CA 砂浆灌注技术。目前我国对 CA 砂浆的配制、施工、检验技术已经进行了系统研究，取得了比较完整的成果。

（一）CA 砂浆概述

CA 砂浆即水泥沥青砂浆，是由乳化沥青、水泥、砂、水及外加剂等拌和而成，固化后作为轨道板全面支承的垫层。其应具有足够的强度和必要的弹性，以及施工的可行性和保养的可维修性。

板式轨道要求垫层材料具有足够的强度和弹性，可以完全填满轨道板和混凝土基床板的间隙，并可对下部结构变形至某一限度内进行修补。同时，由于垫层材料用量较大，还要求垫层材料具有较好的技术经济性。将乳化沥青和水泥、细集料等按一定的配方混合在一起，注入轨道板与混凝土基床板之间的间隙，固化后形成兼具弹性和强度的连续垫层，这就是 CA 砂浆垫层。

CA 砂浆属于水泥系和沥青系中间领域的注入材料，是利用沥青的弹性和水泥的刚性而构成的半刚性的胶泥。CA 砂浆的强度主要由水泥砂浆体系提供，而弹性主要由沥青来提供，但从微观上说，CA 砂浆的性能绝不是两种材料性质的简单叠加，而是各组成成分之间相互作用、相互影响的结果。CA 砂浆的宏观形态和微观电子显微镜结构见图 3-11 和图 3-12。

(a) CA 砂浆的力学试样

(b) CA 砂浆的抗冻性试样

图 3-11 CA 砂浆的宏观结构

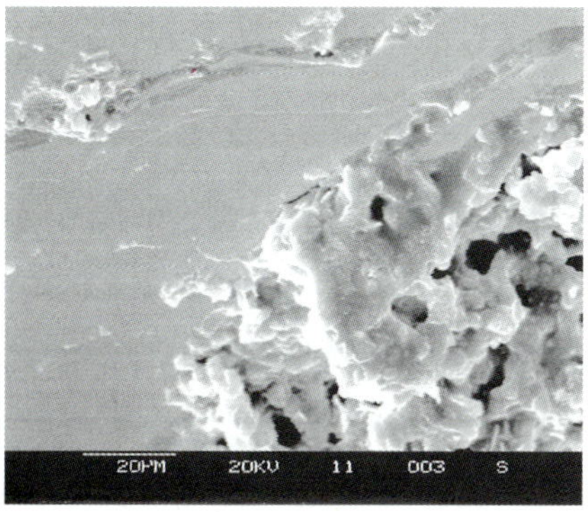

(a) CA 砂浆中细集料与其他组分的结合状态

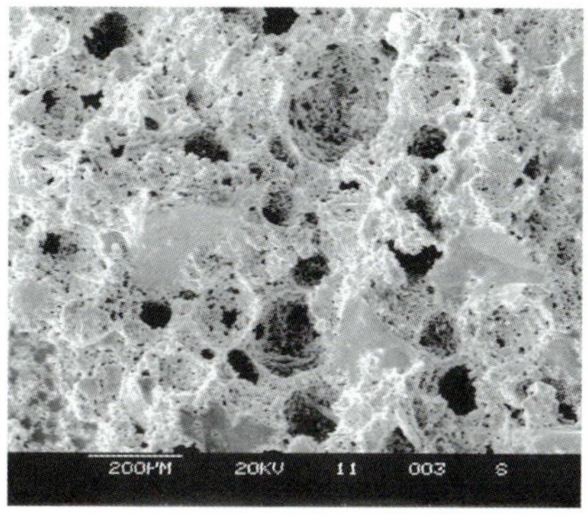

(b) CA 砂浆的网状多孔结构

图 3-12 CA 砂浆的微观电了显微镜断面结构图

（二）无碴轨道对 CA 砂浆的技术要求

CA 砂浆垫层是板式无碴轨道的中间垫层，必须具有一定的强度和适宜的弹性，还应具有良好的稳定性和耐久性。为了填充轨道板与混凝土基床板之间的间隙，要求 CA 砂浆具备适当的注入流动性。由于水泥和乳化沥青一经混合就起反应，致使黏度逐渐增大，因此 CA 砂浆的可使用时间有限。CA 砂浆的流动性受气温、配合比以及搅拌设备和工艺的影响，故 CA 砂浆必须在现场进行配合、搅拌、注入等作业。为保持已调整定位的轨道板不产生移动，一般采用自流式灌注，而不是压力注入。

为了满足灌注施工需要，CA 砂浆未固化物应有适当的黏度并可保持一定的时间，使其能够灌满板下的空间。CA 砂浆还应具有较好的施工环境适应性，以满足在不同季节气候环境下施工的要求。CA 砂浆固化速度应满足后续工作需要，从灌注到固化的不同时期应有不同的强度指标，固化后各组成成分应保持混合时的均匀状态，不能分离。初步固化后应有一定程度的膨胀，以完全充满所处的空间，同时提供一定的预应力，防止在四角的支承螺栓卸下后轨枕板的下沉。我国制定的 CA 砂浆技术指标见表 3-8。

（三）CA 砂浆的配制

1. 原材料

（1）水泥：为了获得较好的早期强度和对环境的适应性，应该使用高强和早强水泥，考虑到我国水泥的生产和供应情况，一般采用强度等级为 42.5R 的普通硅酸盐或快硬硫铝酸盐水泥。

表 3-8　CA 砂浆混合液和固化物的性能指标要求

序　号	内　　容			指标要求
1	混合液	砂浆温度/℃		5～30
2		流动速度/（s·m^{-1}）		16～26
3		可工作时间/min		≥30
4		含气量/%		8～12
5		单位容积质量/（kg·L^{-1}）		＞1.3
6	固化物	抗压强度/MPa	1 d	＞0.1
			7 d	＞0.7
			28 d	1.8～2.5
7		弹性模量/MPa		100～300
8		材料分离度/%		＜3
9		膨胀率/%		1～3
10		泛浆率/%		0
11		抗冻性		300 次冻融循环试验后，相对动弹模量不得小于 60%，质量损失率不得大于 5%
12		耐候性		外观无异常、相对抗折强度不低于 100%

（2）乳化沥青：乳化沥青是 CA 砂浆的关键原料，应具备较好的稳定性，在与水泥、砂子混合后有适宜的破乳速度，同时沥青乳化后不能过多地损失沥青的原有性能。根据国内乳化沥青使用的情况，我国提出的乳化沥青的技术指标见表 3-9。

表 3-9　乳化沥青的性能指标

项　目		指标要求	试验方法
外　观		浅褐色液体、均匀、无机械杂质	JC/T 797
颗粒电荷		＋	JTJ 052—T 0653
恩氏黏度（25 ℃）		5～15	JTJ 052—T 0622
筛余物（1.18 mm）/%		＜0.1	JTJ 052—T 0652
储存稳定性（1 d，25 ℃）/%		＜1.0	JTJ 052—T 0655
低温储存稳定性（－5 ℃）		无粗颗粒或块状物	JTJ 052—T 0656
水泥混合性/%		＜1.0	JTJ 052—T 0657
蒸发残留物	残留物含量/%	58～63	JTJ 052—T 0651
	针入度（25 ℃，100 g）/0.1 mm	60～120	JTJ 052—T 0604
	延度（15 ℃）/cm	＞100	JTJ 052—T 0605
	溶解度（三氯乙烯）/%	＞97	JTJ 052—T 0607

表中外观指标是考察乳化沥青的直观性质，颗粒电荷表明乳化沥青为阳离子型，

恩氏黏度、筛余物、储存稳定性和低温储存稳定性主要考察乳化沥青的黏度及稳定性，水泥混合性是表明乳化沥青属于慢裂乳化沥青。

(3) 聚合物乳液：聚合物乳液的加入是为了改善CA砂浆的耐久性等性能。聚合物乳液必须具有与乳化沥青、水泥的相容性，不能对CA砂浆的流动性产生过大的影响，其采用的乳化剂必须与乳化沥青所用的乳化剂相容，以防止产生凝聚、结块等现象。聚合物乳液应具有优良的综合性能和经济性，可起到改性、防水、粘结等作用。

(4) 细集料（砂）：砂的粒径分布对CA砂浆的分离度影响很大，细度模数过小，为获得合适的流动度所需的水量较大，细度模数过大，则砂子易产生沉降。细集料的最大粒径应小于2.5 mm，细度模数为1.4～2.2。砂子应保持洁净、坚硬、耐久，不应含有泥土和有机质等有害杂质，含水量也应控制在较小的范围内。

(5) 混合材：使用混合材的目的是防止砂浆材料分离，增加流动性，防止收缩。混合材是有一定膨胀性的水泥混合料。混合材应具有较好的分散性和膨胀性，主体成分为硫铝酸钙系矿物。

(6) 铝粉：铝粉作为CA砂浆尚未凝结前的膨胀剂，同水泥和水起膨胀反应而使CA砂浆完全充满所处的空间，并形成一定的膨胀应力，以克服拆除支撑后由于预制板的自重造成的轻微下沉，同时使CA砂浆与预制板结合更加紧密。铝粉以薄磷状粉末为好，铝的活性成分应较高，细度应较小，尽量减少大气泡产生的数量，以免对强度和抗冻融性产生不利的影响。

(7) 消泡剂：采用消泡剂的目的是消除搅拌过程中产生的大气泡。

(8) 引气剂等：加入引气剂是为了在CA砂浆中引入一定量均匀分布的微小独立气泡，提高尚未凝固CA砂浆的和易性，减少材料的分离。而且对固化后的CA砂浆也能增强它的抗冻性。

2. CA砂浆配制

根据使用环境的不同，CA砂浆配方可分为温暖地区配方和寒冷地区配方，二者的区别主要在对抗冻性的要求上，前者较少考虑产品的耐寒性，在配方中不添加或少添加聚合物乳液。对寒冷地区使用的CA砂浆，考虑到低温冻融的影响，添加聚合物乳液以提高产品的低温性能，同时通过添加引气剂和消泡剂、控制搅拌速度和时间，在CA砂浆中引入一定数量的微小气泡，提高砂浆的抗冻性能。

CA砂浆的配制应在精确计量的基础上，按基本配合比进行。现场配制时，应根据原材料、施工温度、施工机具设备、拌和工艺等具体条件，在基本配合比的基础上作相应调整。

(四) CA砂浆的检验

CA砂浆的检验分型式检验和现场检验。

1. 型式检验

型式检验项目包括：原材料检验报告、表3-8中的CA砂浆各项性能。

2. 现场检验

现场检验项目应符合表3-10的规定。

表 3-10　现场检验项目

序　号	检验项目	
1	混合液性能	砂浆温度
2		流动度
3		可工作时间
4		含气量
5		单位容积质量
6	固化物性能	抗压强度（1 d，7 d，28 d）
7		材料分离度
8		膨胀率
9		泛浆率

五、橡胶减振垫板技术

（一）轨道板下橡胶垫板应用

板式无砟轨道通常采用在轨道板下填充 CA 砂浆作为弹性支承，但在一些特殊地段，如人口稠密区或一些路—桥、桥—隧等的过渡段，需要在 CA 砂浆与轨道板之间加铺一层橡胶垫板，以进一步增加板式轨道的弹性，通常称之为板下垫板。图 3-13 是板下垫板在板式轨道中的安装示意图。

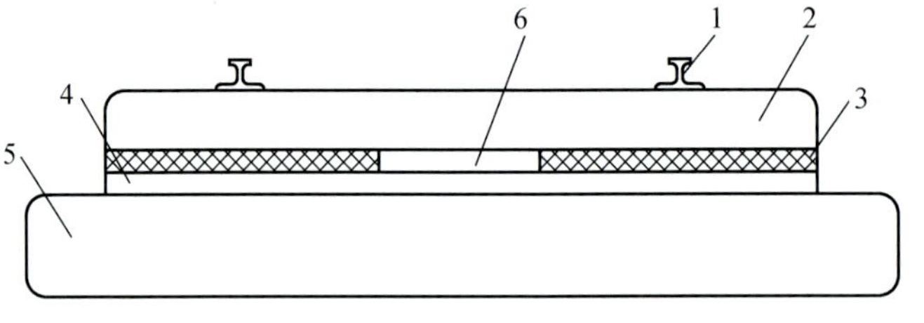

图 3-13　橡胶垫板安装示意图

1—钢轨；2—轨枕板；3—橡胶垫板；4—CA 砂浆；5—混凝土基础；6—泡沫聚苯乙烯。

为了衰减轮轨接触产生的振动，同时保持列车运行平稳，需要对橡胶垫板的刚度进行设计。日本最早采用的橡胶垫板刚度为 4.1 $kN \cdot mm^{-1}$，后来在东北、上越等新干线陆续采用过刚度为 6.4 $kN \cdot mm^{-1}$和 2.4 $kN \cdot mm^{-1}$的弹性垫板。日本使用的板下垫板是采用实芯橡胶制作的，橡胶垫板刚度的实现主要通过合理的结构和配方设计来完成。图 3-14 所示是日本板式轨道板下垫板的断面示意图。

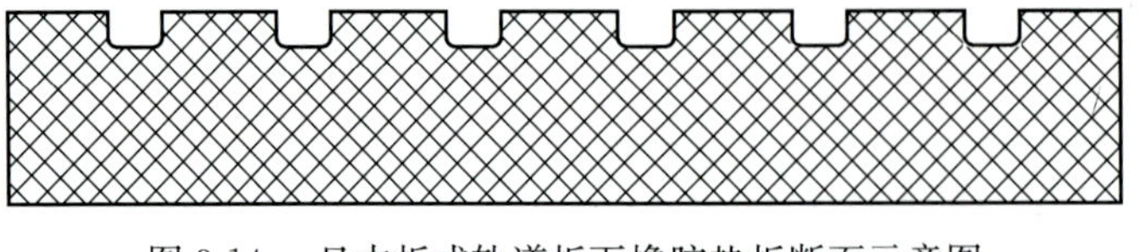

图 3-14　日本板式轨道板下橡胶垫板断面示意图

（二）板下垫板性能要求

橡胶垫板长期处在受压缩状态下，应具有很好的耐压缩永久变形性能、很好的耐水特性及疲劳特性。我国板式无砟轨道板下垫板采用发泡橡胶加工制作，表 3-11 列出的是遂渝试验段板下垫板的物理性能要求，供读者参考。

表 3-11　遂渝试验段板下垫板物理力学性能要求

<table>
<tr><th rowspan="2">序 号</th><th rowspan="2" colspan="2">项　目</th><th colspan="2">指标要求</th><th rowspan="2">试验方法</th></tr>
<tr><th>板中用</th><th>板端用</th></tr>
<tr><td>1</td><td colspan="2">静刚度/（kN·mm^{-1}）</td><td>3.0±0.5</td><td>5.0±0.5</td><td>附　录</td></tr>
<tr><td>2</td><td colspan="2">拉伸强度/MPa</td><td colspan="2">≥3.0</td><td rowspan="2">ISO 1798</td></tr>
<tr><td>3</td><td colspan="2">扯断伸长率/%</td><td colspan="2">≥150</td></tr>
<tr><td>4</td><td colspan="2">恒定压缩永久变形/%
（70±1 ℃、22 h，压缩 30%）</td><td colspan="2">≤23</td><td>ISO 1856</td></tr>
<tr><td>5</td><td colspan="2">橡胶成份定性分析</td><td colspan="2">EPDM</td><td>GB 7764</td></tr>
<tr><td rowspan="2">6</td><td rowspan="2">疲劳性能</td><td>外　观</td><td colspan="2">无异常黏着、碎裂现象</td><td rowspan="2">附　录</td></tr>
<tr><td>残余变形量/mm</td><td colspan="2">≤1.0</td></tr>
<tr><td rowspan="3">7</td><td rowspan="3">热空气老化
（100±1 ℃、72 h）</td><td>静刚度变化率/%</td><td colspan="2">≤15</td><td rowspan="3">GB 3512</td></tr>
<tr><td>拉伸强度/MPa</td><td colspan="2">≥2.8</td></tr>
<tr><td>扯断伸长率/%</td><td colspan="2">≥120</td></tr>
<tr><td rowspan="3">8</td><td rowspan="3">耐水性能</td><td>吸水率/%</td><td colspan="2">≤1.5</td><td rowspan="3">附　录</td></tr>
<tr><td>拉伸强度/MPa</td><td colspan="2">≥2.9</td></tr>
<tr><td>扯断伸长率/%</td><td colspan="2">≥130</td></tr>
</table>

（三）板下垫板制作原则

板下垫板采用发泡工艺来实现静刚度的调整，橡胶发泡过程中最重要的是控制气泡的生成和增长，考虑到橡胶垫板的耐水特性，橡胶垫板应形成细小、均匀而又相互独立的闭孔海绵结构。影响发泡结构的因素很多，主要包括发泡剂的种类、浓度、分解速度、混炼胶的粘度、硫化速度等，其中最关键的就是要控制好发泡速度和硫化速度的匹配。胶料在进行硫化时，发泡剂分解发泡和硫化剂分解硫化是同时进行的。如果硫化速度过快，胶料在发泡剂还没有分解之前就已经定型，产品内部就不会形成微孔结构；反之，如果发泡速度过快，气体已经完全释放，胶料还没有熟透，就会形成开孔海绵或者最后的产品严重变形甚至破裂。最好的匹配速度是发泡剂开始发泡形成闭孔结构时，胶料适时进行硫化定型。

橡胶材料在低频率下有较好的减振效果，如果频率太高，橡胶的变形跟不上交变载荷的变化，橡胶就失去了弹性，变成了刚性材料。动刚度反映了在一定频率下橡胶对交变载荷反应的速度，动刚度越小，说明橡胶的变形能够跟得上负荷的变化，减振效果就越好，动静刚度之比就是体现动刚度的一个指标。国外相关技术条件一般将动静刚度比控制在 1.30 以下。

配方的选择主要考虑各种材料对微孔橡胶垫板静刚度、动刚度等物理机械性能的影响。填料的种类、粒径，不同的硫化体系，发泡倍率的大小直接对橡胶垫板的静刚度和动刚度产生影响。疲劳特性是橡胶垫板的重要考核指标，我国试制的微孔橡胶垫板经过 200 万次疲劳试验后，其变形可以控制在 1.0 mm 以内，外观没有明显变化。

六、充填式调高垫板

当板式轨道应用于轨面标高渐变的缓和曲线与竖曲线地段时，最小厚度为 2 mm 的轨下调高垫板，难以实现对板长范围内轨道不平顺的精细调整，必须有与板式轨道相配套的充填式无级调高垫板，以实现对客运快速线路的高平顺性要求。因而研制出了充填式调高垫板。

充填式调高垫板在日本新干线板式轨道结构上得到广泛应用。在其所修建的山阳新干线中，由于大量采用板式轨道，因此研制出这种内腔充填树脂（PV101 型）的囊袋式无级调高垫板，用来精细调整轨面的高低。其安放位置：①直结 4 型不分开式扣件（见图 3-15），插入轨下垫板与轨道板之间；②直结 5、7、8 型分开式扣件，插入轨下垫板与铁垫板之间（见图 3-16）。

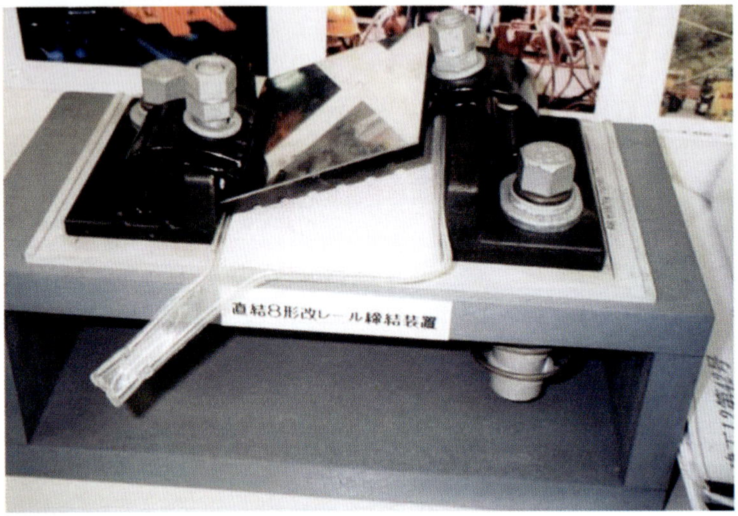

图 3-15　日本充填式垫板在直结 4 型扣件上的应用

图 3-16　充填式垫板在直结 8 型扣件上的应用

（一）材料的力学性能

充填式调整垫板所用的树脂材料为 A、B 两种液体混合而成。A 液体的主要成分为乙烯树脂，B液体为固化剂，其性能见表3-12。树脂固化物的机械性能要求见表3-13。

表3-12　填充树脂PV-401的一般性能

内　容	树脂液（A液）	固化剂（B液）
性　状	淡红色透明低黏度液态	无色透明液体
相对质量密度（25 ℃）	1.07	1.1～1.2
黏　度（25 ℃）	2.9泊	——

表3-13　固化物的机械性能

项　目	数　值
压缩强度/MPa	150以上
弯曲强度/MPa	50以上
拉伸强度/MPa	40以上
伸长率/%	7以上
冲击强度（单梁式）/（kJ·m^{-2}）	6以上

注：树脂固化条件为加固化剂（B液）1%，室温24 h+80 ℃ 3 h。

日本新干线对充填式垫板试件的力学性能要求如表3-14。

表3-14　充填式垫板试件的力学性能

铺设位置	压缩强度	弯曲强度	落球试验
轨　下	≥100 MPa	≥30 MPa	——
铁垫板底面	≥100 MPa	≥20 MPa	硬球重量1 kg，下落高度50 cm以上，不出现异常
备　注	试件龄期7 d		

（二）我国充填式调整垫板的研制

充填式调整垫板为扣件系统的一个组成部分。其结构由2大部分组成：注入袋与填充材料。注入袋内填充材料为聚氨酯系或环氧系乙烯树脂。

1. 充填式垫板注入袋

注入袋由尼龙聚苯乙烯塑料薄膜压制而成，在袋的对角分别设置注入口与排气口。对注入袋的技术要求如下。

(1) 注入袋的材料应采用尼龙聚乙烯薄膜，要耐高温。内置强化芯材为带十字网格的维尼纶织布。为提高充填式垫板的弯曲强度、冲击韧性等力学性能，在注入袋内设置一层强化芯材，并在注入口端与注入袋固定。

(2) 为保证垫板注入袋的铺设位置正确，在注入袋的四角应设位置标记。

(3) 注入口应设置止回阀门，避免施工注入时袋内进入空气。

(4) 当袋内存在水分时，树脂不能固化，为此，垫板所用的注入袋要防潮，在注入树脂前，将其切开确认袋内有无水分。

2. 充填式垫板树脂材料

选择邻苯型改性不饱和聚酯树脂作为垫板的填充材料，该树脂浇铸体具有良好的机械性能（尤其是抗冲击强度、抗拉强度与延伸率），同时通过添加促进剂、固化剂，来满足对施工性能的要求。

(1) 树脂材料的力学性能

为保证充填式垫板在列车荷载作用下不裂损，其注入袋内充填的树脂固化物必须具有足够的压缩、弯曲、拉伸与冲击强度。

① 压缩强度

根据日本新干线充填式垫板试件压缩强度的性能要求，我国对选用的树脂材料（聚氨酯系乙烯树脂），参照 JIS K—6911 的试验方法进行试样的压缩强度试验，试验结果：在满足弯曲、拉伸、冲击强度等项力学性能的前提下，压缩强度可达到 100 MPa以上。

② 弯曲强度

弯曲强度同样是板式轨道充填式垫板树脂材料现场质量管理的一项重要指标。弯曲强度试验借鉴日本新干线对充填式垫板试件弯曲强度的试验方法及相应标准值，确定为 50 MPa 以上。

③ 拉伸强度与延伸率

拉伸强度与延伸率试验主要是考察树脂材料本身的性能。从充填式垫板的铺设位置与受力条件看，拉伸强度与延伸率不是非常重要的指标。因此，日本在充填式垫板树脂材料的现场质量管理试验中，未列入此项指标，仅在材料的选型与研究阶段进行了相应的试验。我国试样的最小断面积较小，但拉伸强度均超过 50 MPa，延伸率均超过 7%。

④ 冲击强度

从试验结果看，尽管我国冲击试验条件较严格，但冲击强度$\geqslant 10.0\ kJ \cdot m^{-2}$。从充填式垫板的受力条件看，由于轮踏面、轨面的不平顺引起的冲击，要求充填式垫板具有一定的抗冲击韧性。

(2) 树脂材料的施工性能

① 可工作时间

充填式垫板充填的树脂材料的种类，固化剂的添加量，以及施工环境温度等因素，直接影响树脂充填的可工作时间。由于施工环境温度的不同，树脂反应会有所差异，因此根据不同的施工温度、不同的固化剂添加量，得出相应的可工作时间。

由于我国首次在秦沈客运专线双何特大桥板式轨道上使用充填式垫板，数量较少，其施工的机械化程度不高。尽管树脂充填速度可能较慢，但要保证在树脂的可工作时间范围内，必须控制树脂一次的拌和量。

从前期对充填式垫板的试验情况看，所用树脂与固化剂拌和完成后，其可工作时间均控制在 40～50 min 范围内。对固化剂的添加比例，其随施工温度的变化状况，以及相应的可工作时间等，须提供详细的使用说明。

② 可承载时间

日本铁路根据其充填式垫板树脂材料的性能，规定在垫板树脂充填作业完成后可承载时间以 6 h 以上为标准。尽管我国前期对垫板树脂材料的性能试验均达到日本相应的指标，但考虑到我国是首次使用，规定在充填式垫板树脂注入完成后，在不受载条件下应静置的时间，即可承载时间，为 6～10 h。

第三节　双块式无碴轨道

由于双块式无碴轨道道床为现场混凝土浇筑，且便于施工，道床板与底座的宽度设计一致，适合在各种环境条件下铺设。

一、双块式无碴轨道的组成

双块式无碴轨道由钢轨、扣件、双块式轨枕、道床板、底座（路基和隧道区段可不设）等部分组成（见图 3-17）。

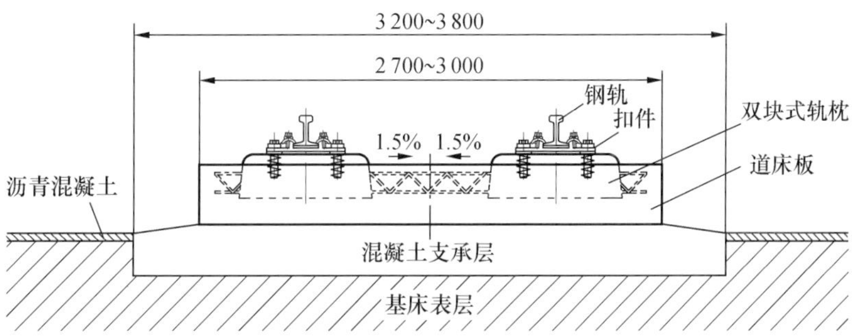

图 3-17　双块式无碴轨道结构组成（单位：mm）

二、双块式无碴轨道的技术要求

（一）路基上双块式无碴轨道

（1）在路基基床结构的表层（级配碎石层）上构筑混凝土支承层，混凝土支承层的宽度一般在 3 200～3 800 mm，其厚度一般不小于 300 mm。伸缩缝采用 20 mm 厚的沥青板进行填充，伸缩缝间距为 10 m 左右。

（2）道床板结构直接在混凝土支承层上构筑。在过渡段区域（如路桥、路隧等），混凝土支承层内应预埋与道床板间的连接钢筋，以增强结构的整体性。

（3）混凝土支承层两侧的路基面采用沥青混凝土封闭或其他防水措施。

（二）隧道内双块式无碴轨道（见图 3-18）

（1）隧道内道床板直接在隧道基底回填层上构筑。

（2）由于隧道内温度变化小，道床板混凝土伸缩缝的间距可适当增大，在洞口附近 200 m 范围内，温度变化较大，伸缩缝间距应缩小。隧道内的道床板每隔 3 个板单元设 1 个横向伸缩缝。距隧道洞口 200 m 范围内，每隔 1 个板单元设 1 个横向伸缩缝。伸缩缝位置应结合隧道内沉降缝设置。

（三）桥上双块式无碴轨道（见图 3-19）

（1）无碴轨道结构设有底座，直接在桥面上构筑，并通过梁体预埋钢筋与桥梁相连。

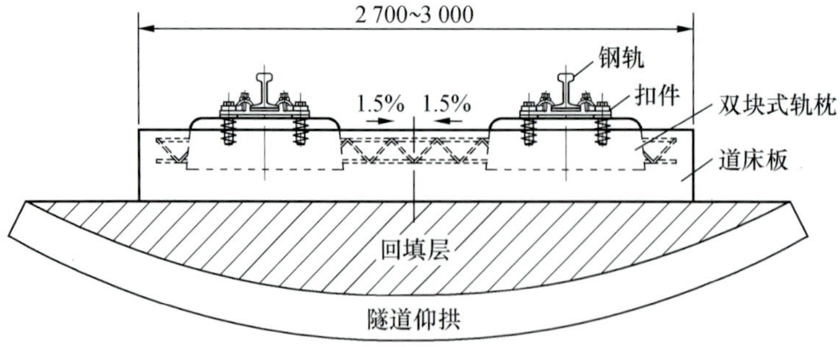

图 3-18　隧道内双块式无砟轨道横断面（单位：mm）

（2）对于桥上双块式无砟轨道的混凝土底座，应在每个底座单元的端部设置凹槽，以限制上部道床板的纵向、横向位移。凹槽尺寸应根据桥上无缝线路纵向力、横向力的最大值计算确定。支承层两侧的路基面上应采取沥青混凝土封闭或其他防水措施。

（3）底座与道床板之间应设置隔离层。

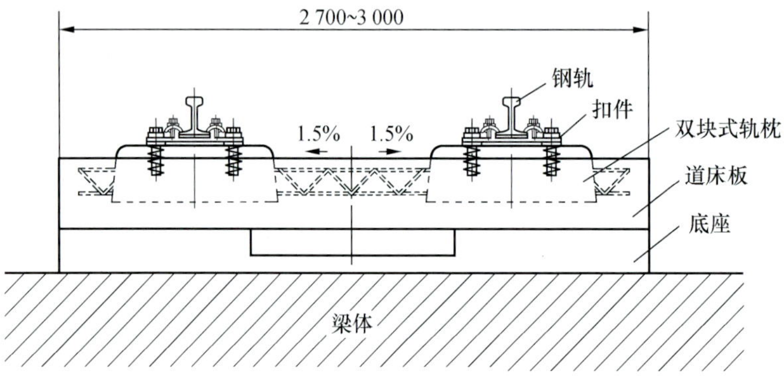

图 3-19　桥上双块式无砟轨道横断面（单位：mm）

三、双块式无砟轨道设计

道　床　板

由于双块式无砟轨道道床为现场混凝土浇注，且便于施工，道床板与底座的宽度设计一致。根据下部基础条件、外荷载的大小以及荷载传递情况确定道床板的宽度设计范围。为保证变形协调，底座与道床板伸缩缝位置应一致。

（1）双块式无砟轨道道床板长度相对板式轨道要灵活一些，其长度根据具体地段、扣件节点间距以及道床板端部距第一个扣件节点中心距离不小于 250 mm 等条件确定，路基和隧道区段一般在 4 000～6 000 mm，扣件节点间距为 625 mm，道床板宽度 2 700～3 000 mm。

桥上道床板与底座的标准长度为 4 856 mm，扣件节点间距为 617 mm。相邻道床板及相邻底座的间隔缝除梁跨端部外均为 80 mm。道床板宽度与路隧一致。

（2）在直线或曲线超高小的区段，道床板表面设横向人字坡，而在曲线超高较大的地段，道床板表面应设单面坡。一般区段道床板表面设 1.5%的横向人字坡。

（3）道床板的厚度和配筋应根据下部基础的支承条件（如桥梁的跨中挠度、路基承载力及不均匀沉降等）以及轨道电路设计中钢轨阻抗参数的设计要求确定。

第四节 长枕埋入式无碴轨道

一、长枕埋入式无碴轨道的组成

长枕埋入式无碴轨道适于在道岔区铺设。

长枕埋入式无碴轨道由钢轨、扣件、轨枕、道床板及混凝土支承层等部分组成(见图 3-20)。

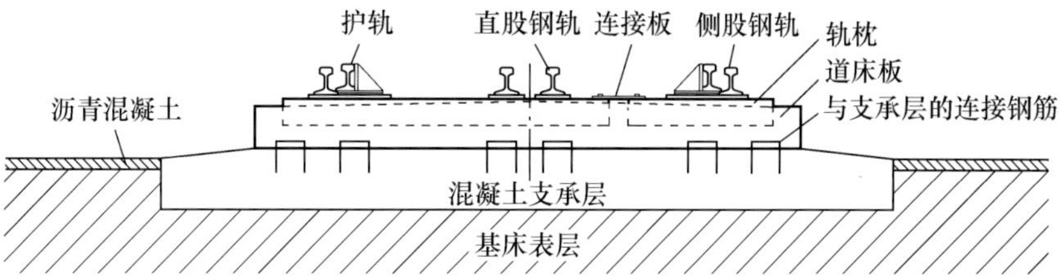

图 3-20 长枕埋入式无碴轨道结构组成

二、长枕埋入式无碴轨道的技术要求

(1) 在路基基床结构上构筑混凝土支承层,支承层内应预埋与道床板的连接钢筋。

(2) 道岔区道床板的宽度、钢轨支点间距根据上部道岔结构型式尺寸确定。

(3) 道床板表面应设横向排水坡。道岔区的混凝土道床宽度相对较大,表面排水坡度应根据道床板在道岔区的具体位置确定。

(4) 道床板混凝土强度等级不小于 C40。

(5) 道岔区范围内的轨道刚度应合理匹配。目前我国道岔区使用的轨下胶垫刚度较大($100\sim150\ kN\cdot mm^{-1}$),而区间无碴轨道线路使用的轨下胶垫刚度在 $30\sim50\ kN\cdot mm^{-1}$,两者差异较大。在目前我国道岔区使用的轨下胶垫刚度难以降低的情况下,必须设置轨道刚度过渡段。因此,道岔前后端与区间轨道之间应设置至少 30 m 的轨道刚度过渡段,分级过渡。

(6) 道床板扣件铁垫板与混凝土道床板的连接应稳定可靠。

(7) 无碴道床的结构设计应考虑电务设备的安装要求。在转辙机区段的道床由于转辙机拉杆净空的要求,必须在道床设计上预留出相应的空间,预留坑的宽度、该处的轨枕间距、轨枕宽度、最外层钢筋的混凝土保护层厚度等,根据转辙机拉杆的需要而定,同时要考虑满足相关规范的要求。

三、长枕埋入式无碴轨道设计

道 床 板

道床板长度宜在 4 000~6 000 mm 范围内,板间设 20 mm 伸缩缝,用沥青板填充。伸缩缝宜避开牵引点、钢轨接头处至少 1.2 m。道床板表面设置横向排水坡。混凝土强度为不小于 C40 级。道岔前后端轨道之间至少要设置 30 m 的钢轨过渡段。在每一个分段内，扣件节点间距由道岔上部结构的总布置图确定。

第五节 无碴轨道扣件设计

一、无碴轨道扣件类型

无碴轨道扣件按不同方式区分，可分为以下几种类型。

（一）按与道床的连接方式区分

1. 不分开式扣件

钢轨由扣件直接紧固连接于混凝土轨枕或无碴轨道，零部件少，连接牢固，但钢轨高低调整量较小，而且仅靠轨下弹性垫层提供弹性，这种扣件减振效果较差。

2. 分开式弹性扣件

通常为带铁垫板的扣件，钢轨由扣压件紧固于铁垫板上，铁垫板通过锚固螺栓与预先埋设于混凝土轨枕或无碴轨道的绝缘套管配合或其他方式直接紧固在基础上，钢轨高低调整量大，而且轨下和铁垫板下均设弹性垫层提供弹性，减振效果较好，但零部件较多，维修工作量相对较大。

（二）按承受水平力的方式区分

1. 有挡肩扣件

混凝土轨枕或混凝土无碴轨道上设承轨槽，由钢轨传来的轮轨横向荷载主要由混凝土承轨槽挡肩承受，横向承载能力较大，这种方式的扣件零部件承受的横向力较小，如采用分开式扣件，钢轨高低调整量更大。

2. 无挡肩扣件

混凝土轨枕或混凝土无碴轨道上不设承轨槽，由钢轨传来的轮轨横向荷载主要由埋设挡肩或紧固铁垫板的锚固螺栓承受和摩擦力克服，承载能力相对较小，由于不设挡肩，特别适合无碴轨道尤其是板式轨道使用。如采用分开式扣件，钢轨高低调整量较大。

二、无碴轨道扣件技术要求

（一）客运专线对钢轨扣件的技术要求

客运专线由于列车运行速度高、密度大，对钢轨扣件有更高的技术要求。客运专线使用的钢轨扣件应具有以下主要性能。

1. 保持轨距能力强

钢轨扣件应保持由钢轨和轨枕组成的轨道框架几何特征稳定，即保持轨距和防止轨距扩大，同时增强轨道框架的弯曲和扭转刚度，以保证轨道框架的稳定性。

2. 防爬阻力大

钢轨扣件应防止钢轨相对于轨枕的纵向位移，即防止钢轨爬行，这就需要扣压件有足够的扣压力，并且扣压力衰减要小。

3. 零部件和维修工作量少

客运专线轨道维修只能在很短的封锁点内进行，因而要求钢轨扣件零部件少和养护维修工作量小。这就要求扣件各部件有足够的强度，在期望的使用寿命周期内扣件各部件不产生疲劳伤损和显著的残余变形；同时要求扣件有更好的性能，当扣压件和轨下弹性垫层产生磨耗和残余变形时，扣件阻力减小不大，扣件螺栓无需经常进行复拧。

4. 平顺性好

钢轨扣件应保证钢轨具有更好的平顺性。良好的平顺性可以降低由于轨道不平顺引起的激振，减小列车通过时的振动，从而提高乘客舒适度。

5. 良好的减振性能

轨道的动力效应与行车速度有直接的关系，高速列车通过时，轨道动力效应将急剧增大。因而要求钢轨扣件有良好的减振性能，即要求采用弹性更好的缓冲垫板。美国东北走廊在开行高速列车初期，发现大量混凝土轨枕开裂，为解决这一问题，改用动刚度为 96 $kN \cdot mm^{-1}$ 的橡胶垫板。不少国家客运专线用钢轨扣件基本与普通线路用钢轨扣件相同，但均毫无例外地采用了高弹性的缓冲垫层。

6. 绝缘性能好

为保证行车绝对安全，要求钢轨扣件有良好的绝缘性能，可保证轨道电路的正常工作，并能满足信号系统要求。

（二）无碴轨道对钢轨扣件的特殊要求

1. 具有一定的钢轨高低与左右位置调整能力

由于无碴轨道结构中的扣件直接将钢轨与混凝土道床连接在一起，与传统的有碴轨道相比，可大大减少线路的养护维修工作量。但由于轨道结构中取消了道碴层，受施工误差和混凝土基础变化等因素的影响，钢轨高低和轨向的变化不能像有碴轨道那样进行起道和拨道作业，只能通过扣件进行调整，因此，无碴轨道结构要求其所用扣件要具有一定的调高和调整轨向（即钢轨左右位置）的能力。

对于客运专线桥上无碴轨道来说，受梁体收缩徐变、上拱、墩台沉降等因素的影响，钢轨高低的变化更大，因此要求其所用扣件具有较大的钢轨高低调整能力。

2. 具有良好的弹性与各节点刚度的均匀性

与有碴轨道相比，无碴轨道结构中由于取消了提供线路弹性的道碴层，这样就要求无碴轨道的扣件具有比有碴轨道更好的弹性，以最大限度地降低轨道的振动，减缓轮轨间的冲击。对于客运专线无碴轨道来说，要求扣件各节点刚度一致，以减小动力不平顺。

3. 满足桥上无缝线路对线路纵向阻力的要求

由于客运专线铺设跨区间无缝线路，因此桥上无碴轨道结构的设计，必须要考虑桥上无缝线路由于温度变化或在列车荷载等作用下，梁轨间发生相对位移而产生的相互作用力。而梁轨间相互作用力的大小与线路纵向阻力值密切相关，线路纵向阻力如果太大，将会相应增加线路传递到桥梁墩台的纵向力和钢轨本身的应力；如果太小，可能导致钢轨爬行或在冬季发生断轨时断缝过大而影响行车安全。对于有碴轨道桥梁，一般来说，由于扣件阻力大于道床阻力，线路的纵向阻力按轨枕在道床中的位移阻力取值；对于无碴轨道桥梁，由于扣件直接将长钢轨与桥面轨道结构相连，线路的纵向阻力按扣件阻力取值。

为减小无砟轨道桥梁与焊接长钢轨之间的相互作用力，比较有效的方法是减小扣件的纵向阻力。而扣件纵向阻力的大小与扣压件的扣压力、轨底与轨下垫层的摩擦系数密切相关。同时为保证扣件受力均匀，桥上扣件的布置不应采用松紧相间的形式，而应根据桥上无缝线路设计要求的线路纵向阻力，来调整扣件的扣压力值，以保证在全桥一定范围内扣件螺栓扭矩松紧程度一致。

三、无砟轨道扣件设计原则及主要参数

（一）无砟轨道扣件设计原则

结合无砟轨道的特点和无砟轨道对扣件的技术要求，无砟轨道扣件应遵循以下原则。

（1）采用弹性分开式扣件。

（2）隧道内和路基上无砟轨道用扣件应有足够的防爬阻力。

（3）桥上无砟轨道采用小阻力弹性扣件，扣件不采用松紧搭配方式，在一定范围内紧固扣压件螺栓松紧程度一致，使扣件均匀受力，扣件阻力满足铺设无缝线路的要求。

（4）扣件按 60 kg·m^{-1}钢轨设计。

（5）扣件应有较强的保持轨距的能力，满足运营条件的要求。

（6）扣件应有较大的调整钢轨高低和轨距的能力。

（7）铁垫板上设置 1∶40 轨底坡。

（8）扣件应有较好的减振性能，且弹性均匀。

（9）扣件具有较高的绝缘性能，满足无砟轨道的道床漏泄电阻的要求。

（二）无砟轨道扣件主要设计参数

根据无砟轨道扣件的设计原则，无砟轨道扣件主要设计参数如下。

（1）扣件按 60 kg·m^{-1}钢轨设计。

（2）钢轨左右位置调整量为每轨±5 mm，轨距±10 mm。

（3）钢轨高低位置调整量为 30 mm。

（4）扣件节点刚度为 30～50 kN·mm^{-1}。

（5）承受最大横向力（疲劳荷载）为 40～50 kN。

（6）轨底坡为 1∶40。

（7）预埋绝缘套管抗拔力大于 100 kN。

（8）绝缘性能满足无砟轨道的道床漏泄电阻的要求。

四、我国无砟轨道扣件系统

我国从 20 世纪 60 年代开始无砟轨道的研究。采用过多种扣件型式。如 TF-M 型扣件，TF-Y 型弹性扣件，64-Ⅲ型扣件，秦岭隧道无砟轨道用弹性扣件，弹条Ⅰ、Ⅱ型弹性分开式扣件，弹条Ⅲ型弹性分开式扣件，WJ-1 型扣件，WJ-2 型扣件等等。以下主要介绍常用的几种扣件型式。

（一）TF-Y 型弹性扣件

TF-Y 型弹性扣件（见图 3-21）主要适用于铺设 50 kg・m^{-1}钢轨、钢筋混凝土支承块式无碴轨道线路。该扣件属分开式弹性扣件，由预埋塑料套管与螺旋道钉配合紧固铁垫板，采用楔形轨距块调整轨距，铁垫板上设有 T 型螺栓插入座，由 T 型螺栓紧固弹条扣压钢轨，弹条由直径为 14 mm 的弹簧钢制造，扣压力较大。该扣件的主要优点是轨距调整量大（直线地段－16～＋12 mm，曲线地段增加了丙型楔形轨距块，调整量为－20～＋8 mm），扣压力大，铁垫板下设塑料垫板，可减小列车荷载对钢筋混凝土支承块的冲击。但使用中发现塑料套管与螺旋道钉配合出现问题，塑料套管不易养护，加之部件通用性差，给养护维修带来困难。

（二）秦岭隧道弹性支承块式无碴轨道用可调式弹性扣件

秦岭隧道弹性支承块式无碴轨道用弹性扣件见图 3-22。扣件结构为无挡肩不分开式弹性扣件，采用圆形截面的 ω 型弹条扣压件扣压钢轨，钢轨与混凝土支承块间设橡胶垫板，固定螺栓的预埋铁座预埋在混凝土支承块中，用 T 型螺栓紧固弹条，轨距挡板起到支承弹条和调整轨距作用，绝缘轨距块既起绝缘作用又可调整轨距，该扣件可承受横向力 60 kN，钢轨调高量 10 mm，轨距调整量为－12～＋8 mm。这种类型的扣件已经铺设在宝天线的白清隧道和西康线的秦岭特长隧道中的无碴轨道中，整体运营性能较好，其缺点是结构强度不足，预埋铁座有断裂现象。

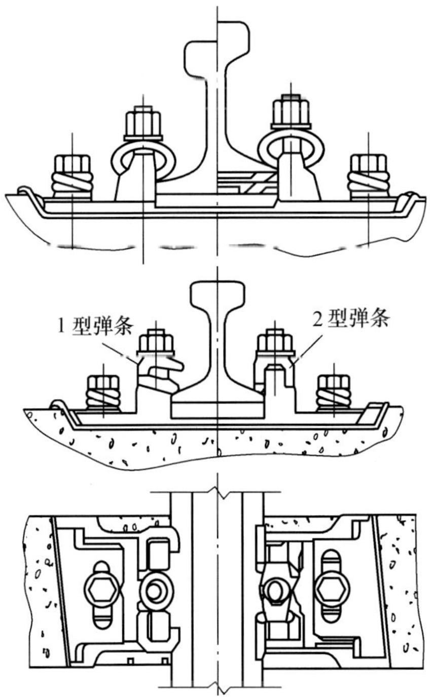

图 3-21　TF-Y 型弹性扣件

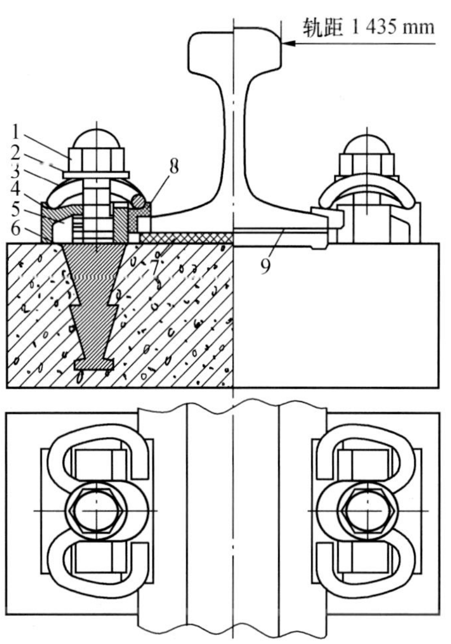

图 3-22　秦岭隧道弹性支承块用可调式弹性扣件

1—螺母；2—平垫圈；3—弹条；4—轨距挡板；5—T 型螺栓；6—预埋铁座；7—橡胶垫板；8—绝缘轨距块；9—调高垫板。

（三）弹条Ⅰ、Ⅱ型弹性分开式扣件

带铁垫板的弹性分开式扣件见图 3-23。其主要结构为：①钢轨与铁垫板间及铁垫板与基础间均设橡胶垫板，双层减振；②采用Ⅱ型弹条作为扣压件，扣压力10 kN，弹程 10 mm，也可安装Ⅰ型扣件B型弹条，扣压力 9 kN，弹程 8 mm；③铁垫板上设T型螺栓插入铁座，通过T型螺栓的螺母拧紧而紧固Ⅱ型弹条；④T型螺栓插入铁座与钢轨间设置轨距块用以调整轨距，轨距调整量为－8～＋4 mm；⑤铁垫板上开有螺栓孔，∅30 螺栓与预先埋设于混凝土基础中的绝缘套管配合紧固铁垫板，螺栓与铁垫板间设置弹簧垫圈；⑥钢轨高低调整通过在轨下及铁垫板下垫入调高垫板实现，轨下调整量 10 mm，铁垫板下调整量 15 mm，总计可调整 25 mm。

（四）弹条Ⅲ型弹性分开式扣件

与弹条Ⅰ、Ⅱ型弹性分开式扣件结构类似，为带铁垫板的弹性分开式扣件（见图 3-24）。其主要结构为：①钢轨与铁垫板间及铁垫板与基础间均设橡胶垫板，双层减振；②采用Ⅲ型无螺栓弹条作为扣压件，扣压力大于 11 kN，弹程 13 mm（也可安装∅18 mm的无螺栓弹条，扣压力 8 kN，弹程 10.5 mm)；③铁垫板上设无螺栓弹条插入铁座，用以安装弹条；④弹条插入铁座与钢轨间设置轨距块用以调整轨距，轨距调整量为－8～＋4 mm；⑤铁垫板上开有螺栓孔，∅30 螺栓与预先埋设于混凝土基础中的绝缘套管配合紧固铁垫板；⑥螺栓与铁垫板间设置弹簧垫圈。钢轨高低调整通过在轨下及铁垫板下垫入调高垫板实现，轨下调整量 10 mm，铁垫板下调整量 15 mm，总计可调整 25 mm。

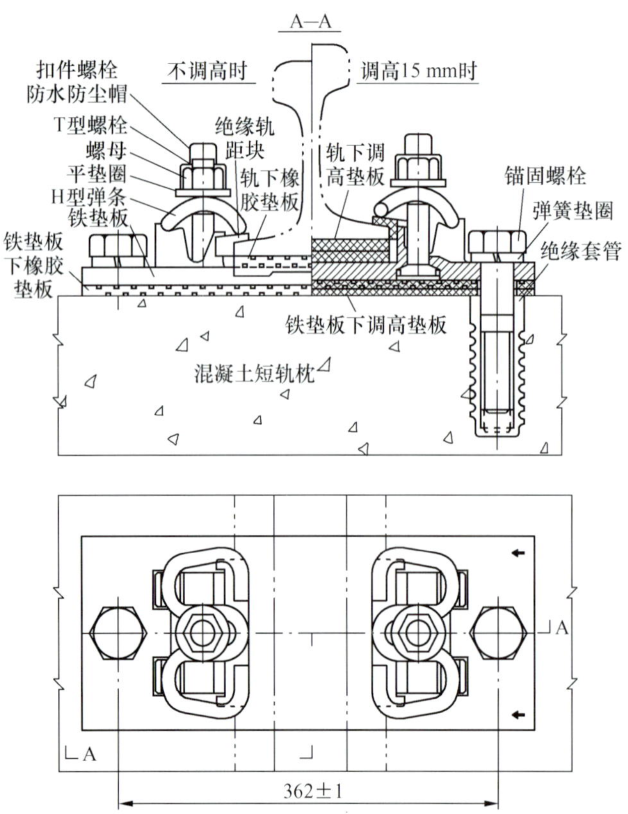

图 3-23 弹条Ⅰ、Ⅱ型弹性分开式扣件（单位：mm）

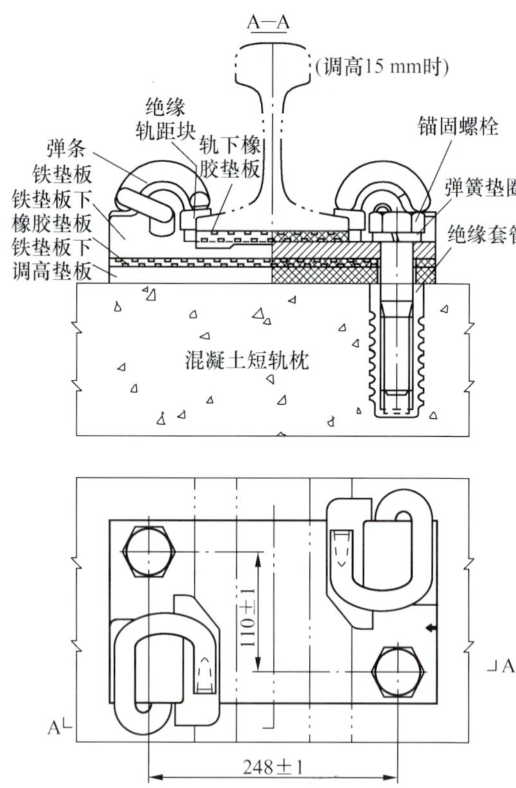

图 3-24 弹条Ⅲ型弹性分开式扣件（单位：mm）

（五）WJ-1 型扣件

针对九江长江大桥上在无砟无枕预应力混凝土梁上铺设无缝线路的工程特点，研制了 WJ-1 型小阻力弹性扣件（见图 3-25），以满足桥上无砟轨道铺设无缝线路的需要。

WJ-1 型扣件为带铁垫板的弹性分开式扣件，由预埋于混凝土支承块中的塑料套管和锚固螺栓配合紧固铁垫板，铁垫板上设有 T 型螺栓座，扣压件采用弹片形式，由 T 型螺栓紧固弹片扣压钢轨，轨下使用粘贴不锈钢板的复合胶垫，铁垫板与承轨台间设置 5 mm 厚的绝缘缓冲垫板。WJ-1 型扣件钢轨调高量 40 mm，通过在铁垫板下和轨下垫入调高垫板实现。单股钢轨左右位置调整量±10 mm，通过移动带有长圆孔的铁垫板来实现，为连续无级调整。弹片扣压件设计扣压力 4 kN，前端弹程 7 mm，T 型螺栓螺母扭矩 80 N·m。

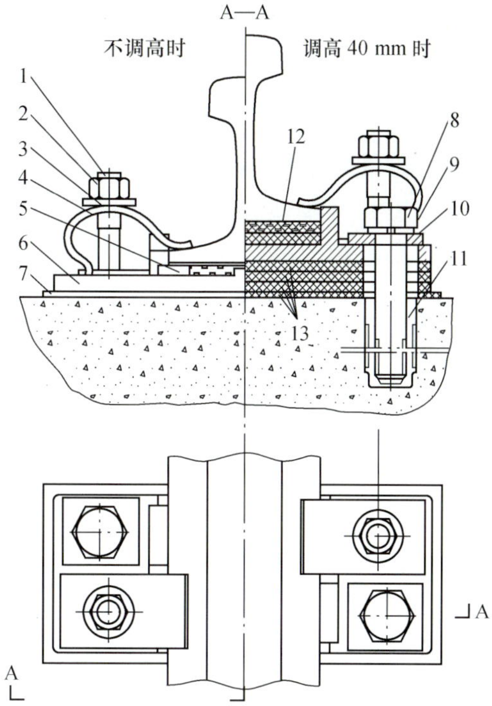

图 3-25 WJ-1 型扣件

1—T 型螺栓；2—螺母；3—平垫圈；4—弹片；5—轨下胶垫；6—铁垫板；7—绝缘缓冲垫板；8—锚固螺栓；9—弹簧垫圈；10—平垫块；11—绝缘套管；12—轨下调高垫板；13—板下调高垫板。

由于弹片扣压件工作时主要利用材料的弯曲变形性能，加工相对简易，造价也往往较低，但由于为螺栓紧固而开孔，在该部位容易出现应力集中，而且弯矩最大处恰恰是截面削弱最大处。在九江长江大桥上使用时也发现有弹片开裂现象，后来采取在弹片上附加一小弹片的措施以缓冲弹片扣压件螺栓孔处的应力。

（六）WJ-2 型扣件

针对上海市轨道交通明珠线和秦沈客运专线工程的需要，在 WJ-1 型小阻力弹性扣件基础上研制了 WJ-2 型小阻力弹性扣件（见图 3-26），WJ-2 型扣件按 60 kg·m^{-1}钢轨设计，适用于要求钢轨高低和左右位置调整量大，并铺设焊接长钢轨的预应力混凝土梁的无砟轨道结构。这种小阻力扣件已铺设在秦沈客运专线几座桥梁的长枕埋入式无砟轨道结构上，经受了速度为321 km·h^{-1}的高速列车试验，性能良好。

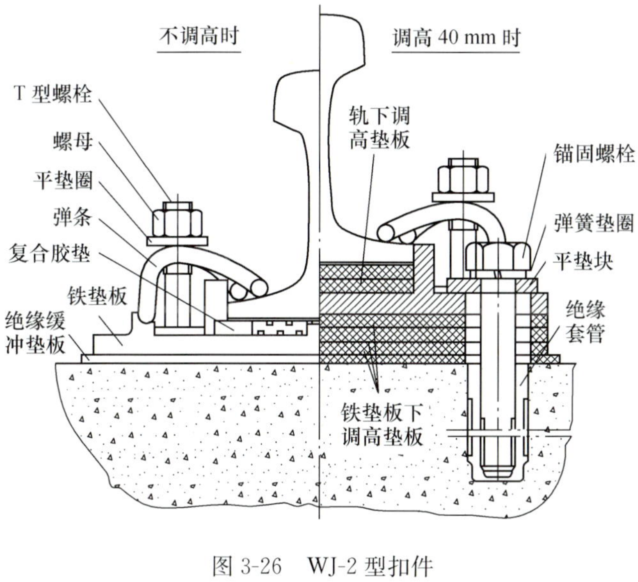

图 3-26 WJ-2 型扣件

该扣件结构与 WJ-1 型扣件相似，只是将弹片扣压件改用弹条扣压件，弹条扣压件工作时，既利用材料的弯曲变形性能又利用材料的扭转变形性能（尤其是圆形截面弹条），因而弹性一般较好，同时基本上无截面削弱，所以材料利用效率较高。该弹条设计扣压力 4 kN，前端弹程 11.5 mm。以下是 WJ-2 型扣件主要设计参数及特点。

（1）扣件调高量 40 mm，钢轨高低调整通过在轨下、铁垫板下垫入调高垫板实现，轨下调整量 10 mm，铁垫板下 30 mm。

（2）扣件左右位置调整量每轨±10 mm，调整轨距通过移动带有长圆孔的铁垫板来实现，为连续无级调整。

（3）扣件设计最大承受横向力为 50 kN（疲劳荷载），混凝土承轨台不设挡肩。

（4）铁垫板上设置 1∶40 轨底坡。

（5）扣件节点刚度为 40～60 $kN \cdot mm^{-1}$。

（6）扣件 T 型螺栓的螺母不采用松紧搭配方式布置，要求松紧程度一致，使扣件均匀受力，T 型螺栓的螺母扭矩为 80 N·m。

（7）锚固螺栓拧紧扭矩为 300 N·m。

（8）预埋绝缘套管抗拔力大于 100 kN。

第4章

无碴轨道相关工程

无碴轨道的设计是铁道工程设计的一部分，应该与线路的总体规划、线路的纵断面和横断面设计一起考虑，充分体现无碴轨道的良好性能。无碴轨道的设计是轨道结构、支承结构、排水、通信信号、地基基础、接触网等的系统设计，而不仅仅是轨道结构的设计。无碴轨道与相关铁道工程的过渡，需要考虑刚度的渐近过渡，从而避免刚度的突变引起跳车现象。本章主要介绍无碴轨道对相关铁道工程设计的影响。

第一节　无砟轨道线路设计参数

一、列车速度与线路设计参数的关系

列车速度的提高会影响线路的设计参数。表 4-1 给出了根据 SNCF（法国国营铁路）提供的资料，不同速度下线路设计参数的选择值。

表 4-1　不同速度下线路设计参数的选择

参　数		速　度/（km·h^{-1}）		
		270	300	350
最小曲线半径/m	推荐值	3 846	4 545	7 143
	一　般	3 226	4 000	6 250
	个　别	3 125	4 000	5 556
最大超高/mm	一　般	180	180	180
	个　别	180	180	180
欠超高/mm	一　般	100	85	65
	个　别	130	100	85
货物列车在一般条件下所承受的过超高/mm	一　般	100	100	—
	个　别	110	110	—
欠超高时变率/（mm·s^{-1}）	一　般	30	30	30
	个　别	50	50	50
三次抛物线缓和曲线的长度		R=3 125 m D=180 mm（超高） L=270 m	R=4 000 m D=180 mm L=300 m	R=5 556 m D=180 mm L=350 m
超高顺坡率/（mm·m^{-1}）	一　般	$0.30 \leqslant i \leqslant 0.67$	$0.30 \leqslant i \leqslant 0.60$	$0.30 \leqslant i \leqslant 0.52$
	个　别	$0.67 \leqslant i \leqslant 0.80$	$0.60 \leqslant i \leqslant 0.72$	$0.52 \leqslant i \leqslant 0.62$

表 4-2 为 2001 年 10 月国际铁路联盟（UIC）高速部在“对速度 300～350 km·h^{-1} 新线设计科技发展动态”研究报告（第一部分）中，列出的欧洲速度 300 km·h^{-1} 及以上高速铁路的线路参数。表 4-3 为搜集到的世界已建、在建和拟建的部分高速铁路的线路参数。

由表 4-1、表 4-2 和表 4-3 可见，列车的运行速度主要对线路的平面设计参数、标准以及竖曲线半径有直接影响。原因在于随着行车速度的提高，为保证列车运行的安全和旅客乘坐的舒适度，对线路的平顺性和稳定性要求明显提高，这必然要求提高相关的参数和标准。当地形、地物条件困难时，将给高速铁路线路的选线设计带来一定的难度。

表 4-2 线路类型、线路参数和轨道几何参数

参数	法国		德国			意大利		西班牙		比利时	实用技术标准（STI）
	300	350	300(1)	300(2)	350(3)	300	350(3)	300	350	300	350
运输类型	客	客	客/货	客	客	客/货	客/货	客	客	客	客
按最高速度运行时高速列车的最大轴重/t	17	17	17	17	≤16	17	17	17	18	17	17
机车最大轴重/t	无规定	无规定	20	无规定	无规定	22.5	22.5	22.5	22.5	22.5	无规定
货车最大轴重/t	无规定	无规定	22.5	无规定	无规定	22.5	22.5	无规定	无规定	22.5	无规定
线路最高设计速度/$(km \cdot h^{-1})$	300	350	300（隧道内 330）	300（隧道内 330）	350	250～300	350	270	250	320	＞300
线路最高运营速度/$(km \cdot h^{-1})$	300	320	300	300	330	300	350	270（300）	＞300	300	无规定
相对最高速度的最小曲线半径/m	4 000	6 250（特殊情况下 5 556）	4 000	3 250（无碴轨道）	5 120	5 450	7 000	40 00	6 500	4800	
最大超高/mm	180	180	130	170（有碴轨道） 180（无碴轨道）	170	105	130	150	150	150	200
最大坡度/‰	35	35	20	40	40	12	12	12.5	25	15～21	35（最大坡度＜6 km）
轨道超高时变率/$(mm \cdot s^{-1})$	50	50	34.7	34.7	34.7	27	37	32	30	37	—
最小竖曲线半径/m	16 000	21 000	14 000 12 000	14 000 12 000	20 000	25 000	25 000	24 000（17 000）	25 000	凸型 20 000 凹型 17 000	舒适 未给定指标
设计速度时的欠超高/mm	85	65（85）	105	130（有碴轨道） 150（无碴轨道）	112	90	75	100	65	100	80
最小曲线半径时的缓和曲线长度/m	300	350	384	403	476	330	330	360	460	420	舒适

注：（1）纽伦堡—英戈尔施塔特；（2）科隆—法兰克福；（3）假定的。

表 4-3　世界上已建、在建及筹建中的客运专线线路平、纵断面设计标准

参　数	日　本				法　国				德　国			澳大利亚	韩　国	中国台湾
	东海道	山阳	东北上越	北陆（长野）	东南	大西洋	北方	地中海	曼海姆—斯图加特	汉诺威—维尔茨堡	科隆—法兰克福	悉尼—墨尔本	汉城—釜山	台北—高雄
最高设计速度/$(km\cdot h^{-1})$	220	260	260	260	270	300	300	350	客 250 货 120	同左	300	350	350	350
最高运营速度/$(km\cdot h^{-1})$	270（提速后）	300（提速后）	275（提速后）	260	270	300	320（提速后）	350	客 280（提速） 货 120	同左	300	350	300	300
最小曲线半径/m	2 500	4 000	4 000	4 000	4 000（个别 3 250）	4 000	6 000（个别 4 000）	推荐 7 000～7 700（个别 6 140）	7 000（个别 5 100）	同左	3 500（3 348）	7 000（个别 6 000）	7 000	6 250
最大超高/mm	<200	180～200	180	180	180（个别 200）	180	180	180	150	同左	170	180	180	180
最大欠超高/mm	60（个别 100）	60	60	60	90（个别 130）	86	65	55	60	同左	150	40（个别 80）	30～40（个别 90）	60
缓和曲线线形	半波正弦	同左	同左	同左	三次抛物线改善形	同左	同左	同左	三次抛物线	同左	同左	三次抛物线	同左	三次抛物线改善形
允许超高时变率/$(mm\cdot s^{-1})$	42～45	同左	同左	同左	45（50）	25（50）	25（50）	29（50）	28～35	同左	34.7	35	28	42
夹直线、圆曲线最小长度/m	>100	同左	同左	同左	$0.5v_{max}$	$0.5v_{max}$	$0.5v_{max}$	$0.5v_{max}$	$0.6v_{max}$	$0.6v_{max}$	$0.6v_{max}$	200		$0.5v_{max}$
线间距/m	4.2	4.3	同左	同左	4.2	4.3	4.5	4.8	4.7	同左	4.5	5.2	5.0	4.5
最大坡度/‰	20	15（个别 18）	15	30	35	25	25	35	12.5	同左	40	35（个别 50）	25	35
竖曲线半径/m	10 000	15 000	同左	同左	25 000	25 000	25 000	25 000	$0.4v_{max}^2$	同左	14 000 12 000	22 200（个别 凸型 20 000 凹型 16 700）	20 000～40 000	25 000（个别 19 000）

注：1）日本东海道新干线提速后的最高运营速度不是在最小半径曲线上实现的；

2）西班牙正在修建的马德里—巴塞罗那高速铁路，全长 796 km，最高速度 350 km/h，最小曲线半径 6 615 m，最大坡度 25‰，最小竖曲线半径 25 000 m，计划 2004 年全线贯通。

二、无碴轨道对线路设计参数的改善

无碴轨道的纵、横向稳定性较有碴轨道大大增加，在提高线路的平顺性和稳定性方面，将发挥优势。

表 4-4 是德国三条线路在不同版本的规范条件下平面设计参数的比较。从表中可以看出，当列车速度 $v_{max}=300\ km\cdot h^{-1}$时，在充分考虑无碴轨道线路的稳定性以及满足安全和客运专线对旅客舒适度需求的前提下，按照德国铁路线路设计规范 DS800 02 新建线路设计规范，计算出的线路最小曲线半径可以达到 3 320 m（实际采用3 348 m），欠超高达到 150 mm 。这样的设计参数，为选线提供了方便，可以减少占地，缩短线路长度，具有较好的经济性。

表 4-4　德国铁路设计参数

线路名称	运输类型	最大设计速度 $v_{最大}$/(km·h^{-1})	超高/mm	欠超高 $U_{欠超高}$/mm	曲线半径/m
汉诺威—柏林 曼海姆—斯图加特	混合运输 货运繁忙	250/280	$U_{标准}=90^{(1)}$ $U_{标准}=90^{(1)}$ （有碴轨道）	≤80	$R_{最小}=5\ 100^{(3)}$ （$R_{标准}=7\ 000^{(2)}$）
汉诺威—柏林	混合运输 货运繁忙	250	$U\leqslant150^{(1)}$ （无碴轨道） $U\leqslant160^{(1)}$ （无碴轨道）	≤70 ≤100	$R_{最小}=3\ 352$ （$R_{标准}=4\ 400^{(4)}$） $R_{最小}=2\ 837$
科隆—法兰克福	客运专线	300	$U\leqslant170^{(1)}$ （无碴轨道）	≤150	$R_{最小}=3\ 320^{(4)}$

注.（1）德国铁路线路设计规范 DS800 02　新建线路，1987 年 1 月 1 日生效：
$U_{标准}=7.1\times v^2_{设计允许}/R_{最小}$ (mm)，
$R=11.8\times(v^2_{旅客}-v^2_{货物})/(U_{欠超高}+U_{过超高})$；
（2）$v_{旅客}=250\ km\cdot h^{-1}$，$v_{货物}=90\ km\cdot h^{-1}$，$U_{欠超高}+U_{过超高}=80\ mm$；
（3）$v_{旅客}=250\ km\cdot h^{-1}$，$v_{货物}=120\ km\cdot h^{-1}$，$U_{欠超高}+U_{过超高}=130\ mm$；
（4）德国铁路线路设计规范 DS800 02—新建线路，1991 年 7 月 1 日生效：$R_{标准}\geqslant0.07\times v^2_{设计}$ (m)。

线路的最大纵坡，主要由线路的运输性质、线路所经地区的地形以及经济因素决定。线路的运输性质是指客运专线还是客货共线。由于旅客列车可采用动力分散型列车，克服了黏着牵引力以及车钩强度的限制，牵引功率和制动功率都可以大大提高，因此客运专线的坡度可以用得比较大。如日本长野新干线，北陆新干线为 30‰（无碴轨道），法国 TGV—东南和 TGV—地中海为 35‰（有碴轨道），德国科隆—法兰克福为 40‰（无碴轨道）。其中德国科隆—法兰克福线路纵向最大坡度由 25‰提高到 40‰，减少了征地费用和隧道的长度，使设计造价降低约 5 亿欧元，相当于当时该段铁路建设总费用的 15%。

线路允许欠超高值的增加，对无碴轨道线路的断面设计参数也有影响。图 4-1 给出了德国科隆—法兰克福新建线土质路基上标准双线横断面。其线间距采用 4.5 m，路基顶宽度为 12.1 m。

三、高速铁路线路设计参数的选取

我国《京沪高速铁路设计暂行规定》中规定设计速度为高速列车 350 km·h^{-1}、中速列车 200 km·h^{-1} 及以上，线路平、纵断面及基础设施的设计标准应满足最高行车速度

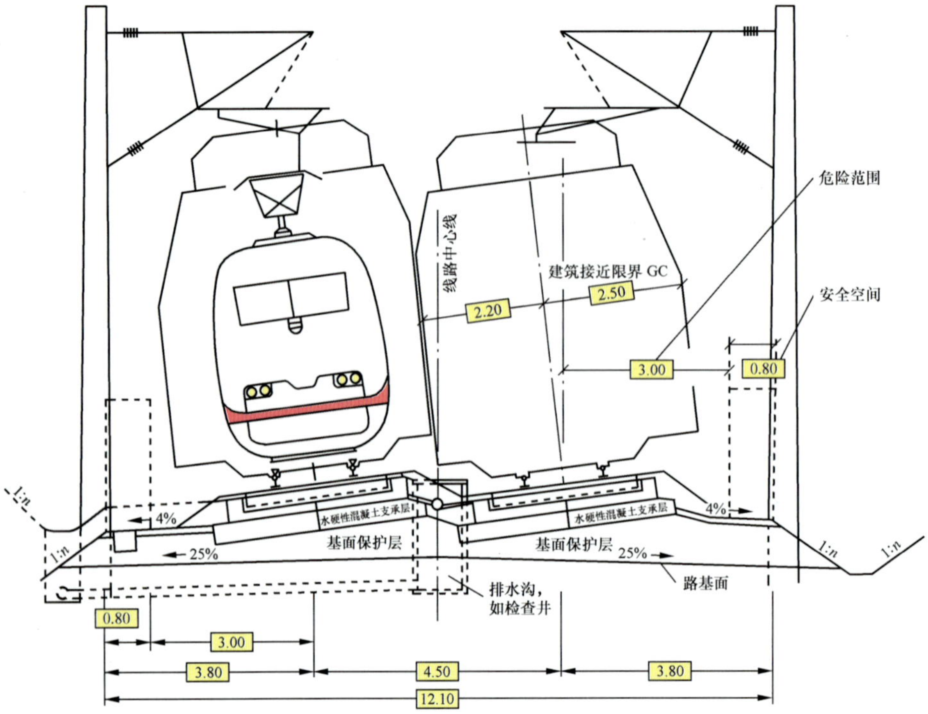

图 4-1　科隆—法兰克福新建线土质路基上标准横断面（无碴轨道）（单位：m）

350 km·h^{-1}的要求，主要技术标准如下。

正线数目：双线。

正线线间距：5.0 m。

最小曲线半径：7 000 m。

最大坡度：12‰，困难条件下不大于20‰。

到发线有效长度：700 m。

牵引种类：电力。

列车运行控制方式：自动控制。

行车指挥方式：综合调度集中。

上述设计参数完全按照有碴轨道选取。图 4-2 是京沪高速铁路建筑限界基本尺寸及轮廓。由于我国无碴轨道仅在桥上和隧道中试铺，还没有用于大面积铺设路基型无碴轨道的经验和标准，线路设计参数的优化还需要进行深入的试验研究与论证。

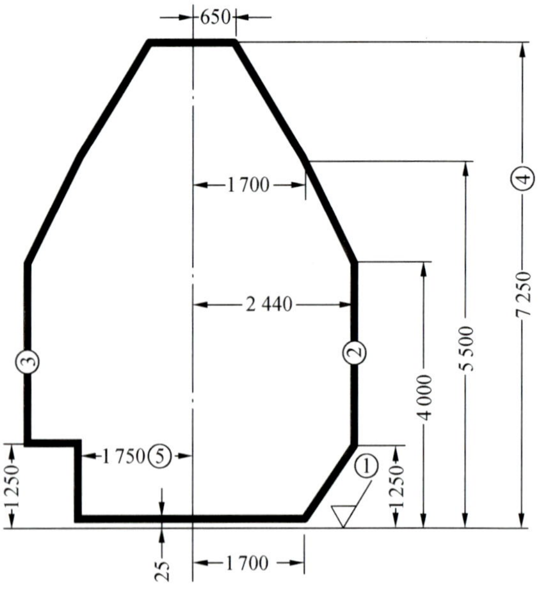

① 轨面高程；② 区间及站内正线(无站台)建筑限界；③ 有站台时建筑限界；④ 轨面以上最大高度
⑤ 站内到发线股道中心至站台边缘的宽度。

图 4-2　京沪高速铁路建筑限界（单位：mm）

第二节　无碴轨道路基工程

列车以 100 km·h^{-1}以下速度行驶时，不会产生很高的动应力，当列车速度达到 300 km·h^{-1}时，道床承受的动应力可比 100 km·h^{-1}时提高 50%。

无砟轨道的高平顺性和少维修等一系列优点已被国内外的实践所证实，因而得到了大力的推广。但是，由于受调整能力的限制，无砟轨道对沉降变形特别敏感，工后沉降或不均匀沉降过大是导致路基铺设无砟轨道失败的主要原因，而地基的不确定性也是潜在的风险。

德国土工及基础专家部研究了在允许的竖曲线半径基础上，纵向长度上的竖向位移与列车速度的关系（见图 4-3）。这些位移可以以几何允许误差来表示。几何误差是指已规划的水平轨道梯度差。由图可以看出，允许的误差值随速度提高而迅速减小。当列车速度大于 250 km・h^{-1}时，轨道在竖曲线上的允许误差在 20 mm 范围内。

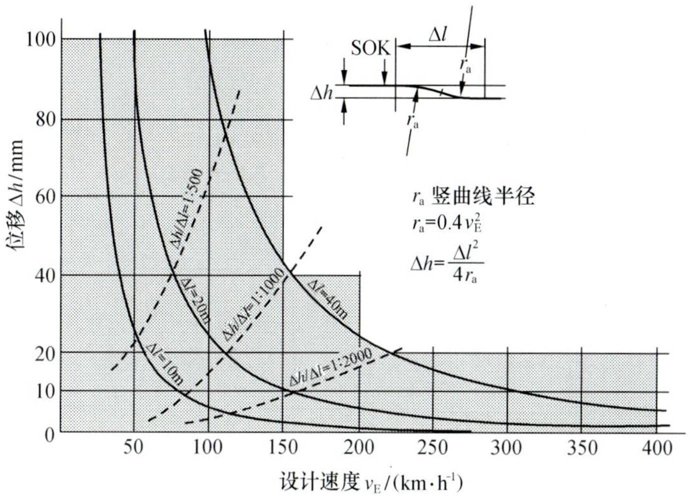

图 4-3　列车速度与纵向长度上的竖向位移关系曲线

沉降变形的控制和规避地基地质条件的风险是路基上铺设无砟轨道的关键。因此，各国无砟轨道都对路基的沉降，尤其是不均匀沉降提出了严格要求，目的在于减少路基的压缩沉降和列车动力作用下的动态沉降。路基上铺设无砟轨道有以下几个要点。

一、路基上铺设无砟轨道的基本条件

在德国，当路基的工后残余变形量大于扣件允许的运营调整量减去轨道结构变形校正余量差值的 4 倍以上，或者在不能排除该下沉量的路基上，不应铺设无砟轨道；在不能清楚掌握沉陷危险（如地质构造的活动带、矿山开采下沉区等）或可能出现不均匀隆起（如干旱区的路堑）的路基上，也不应铺设无砟轨道；当地下水位较高，对路基的稳定和沉降有不良影响时，规定在地下水位高于钢轨顶面以下 1.5 m 的地段不应铺设无砟轨道。因为在这些地段铺设无砟轨道要么技术上有风险，要么经济上不合理。

在国内，针对遂渝线，规定在地基地质复杂和工后沉降难以准确预测时不应铺设无砟轨道。当有地下水影响时，按照我国铁路路基设计规范的要求，暂定为地下水位应低于路基面 1.5 m（路肩高程需高出水位高度加毛细水强烈上升高度再加 0.5 m）。

对于地基承载力，德国和法国规范要求，地基的弹性模量 $E_{v2}\geqslant 45$ MN・m^{-2}时才能施作上面的垫层。日本规范要求，路堑的地基基数 $K_{30}\geqslant 110\ \mathrm{MN\cdot m^{-3}}$，路堤砂质土标准贯入基数 $N\geqslant 20$，亚黏土和亚砂土的标准贯入基数 $N\geqslant 4$。

二、地质勘察

由于地基地质条件的不确定性是潜在的风险，德国规范要求地质勘察工作要能足够准确地评价地基和路基结构物的变形状态，主勘探断面的平均间隔为50 m。在间隔内地质情况明确的情况下，可以加大到 100 m。需要时，要在主勘探断面之间做其他间接的地质勘探，比如物探。勘探的深度在满足一般勘探规范的基础上，还要求不低于钢轨顶面下 6 m。

国内对遂渝线的要求是：地质勘察工作应能准确查明地基地质条件和填料工程性质，提供评价地基和路基结构物的变形状态必要的地质资料；要求沿线路布置地质勘察横断面，间距不大于 50 m，在过渡段或复杂地段应适当加密并进行纵断面勘察。勘察横断面上的地质点不应少于 3 个。地质勘察采用综合勘探技术。

三、沉降控制

路基上铺设无碴轨道的核心问题是沉降控制。无碴轨道对沉降变形特别敏感，特别是不均匀沉降。无碴轨道铺设后对路基沉降变形的调整范围是极其有限的，一般局部的沉降应在扣件的可调整范围，大范围的均匀沉降应该满足线路竖曲线圆顺的要求。对于调高量为 30 mm 的扣件，如果允许在施工中调高＋6 mm 和－4 mm（见图 4-4），那么只剩 20 mm 可以调整，再考虑轨道结构变形要留有 5 mm 的余量，实际留给运营部门的可用于路基沉降调整的仅为 15 mm。这是局部调整的极限。对于 20 m 范围内的情况，德国规范的规定可以到 20 mm。对于更大范围的均匀沉降，德国的经验是可为扣件运营可调整范围的 3 倍（见图 4-5），德国规范规定为扣件可调整范围的 2 倍，也就是 30 mm。过渡段沉降的逐渐过渡和折角的要求也在于控制不均匀沉降。

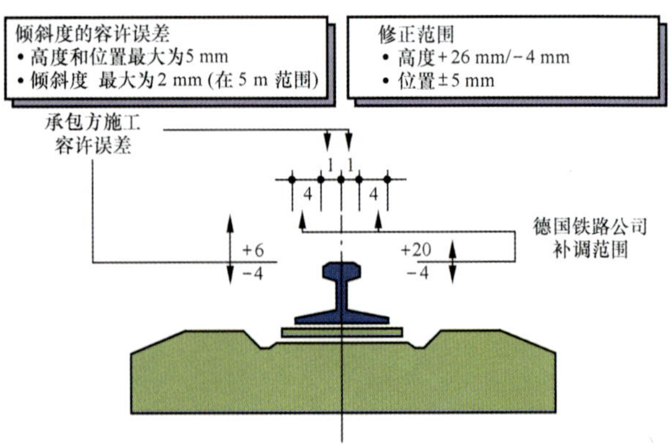

图 4-4 德国铁路技术规范对轨道精度的要求

（包括科隆-莱茵/美茵新建线施工控制标准）

日本铁路对路基沉降的认识有一个发展过程，1972 年日本国铁编制的“新干线土建标准示方书”中要求路基的固实程度在最大干燥密度的 90% 以上，路堤的圆锥支承力在 $500\ \mathrm{kN\cdot m^{-2}}$ 以上。1982 年开通的东北、上越新干线采用“建造物设计标准解说（土体结构)”，将路堤分为上部路堤和下部路堤，其固实程度用 K_{30} 表示。其标准为：上部路堤 $K_{30}\geqslant 110\ \mathrm{MN\cdot m^{-3}}$，下部路堤 $K_{30}\geqslant 70\ \mathrm{MN\cdot m^{-3}}$，路堤与结构过渡段的级配碎石固实程度 $K_{30}\geqslant 150\ \mathrm{MN\cdot m^{-3}}$。1997 年开通的长野新干线采用 1992 年制定的《铁路结构体等设计标准》，编制了《板式轨道用路基结构设计、施工手册（案)》，在路堤材料、施工管理方面，无碴轨道比有碴轨道有更严格的规定。表

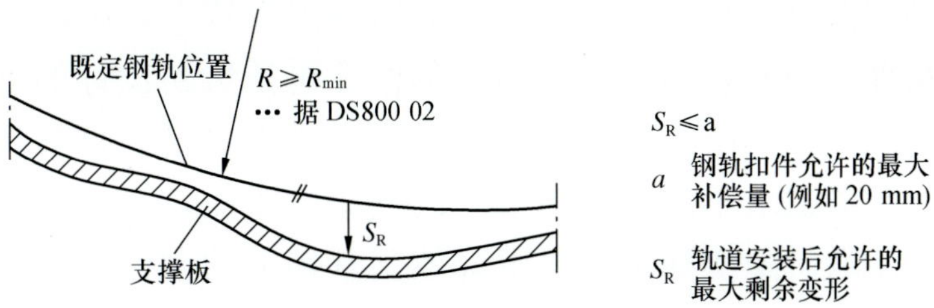

(a) 既定钢轨位置的重新确定

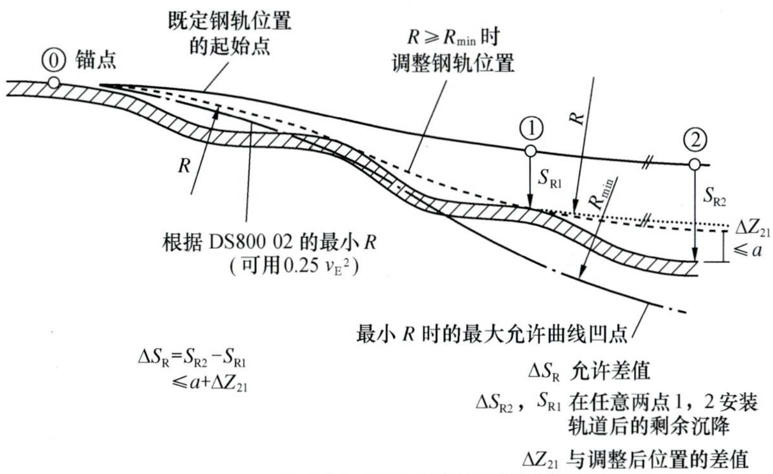

(b) 逐步对既定钢轨位置进行修正

图 4-5 钢轨扣件对沉降的补偿

4-5 为日本规范对路基沉降的限值。

表 4-5 日本铁路路基沉降限制值标准

限制项目				限制值		
路基挠曲量	荷载条件			路基挠曲量		备注
	机车荷载			$L/800$		L:按照简支梁的挠曲假设时的假设跨度
	电动列车内燃机车荷载	列车速度/(km·h^{-1})	$v \leqslant 100$	$L/700$		
			$100 < v \leqslant 130$	$L/800$		
			$130 < v \leqslant 160$	$L/1\ 100$		
	新干线荷载			$L/1\ 600$		
轨道水平垂直变位		列车速度/(km·h^{-1})		错位/mm	平行移动	折角
		70		2	9/1 000	9/1 000
		110		2	7.5/1 000	9/1 000
		160		2	5/1 000	6.5/1 000
		210		2	4.5/1 000	5.5/1 000
		260		2	3.5/1 000	4/1 000
最终沉降量 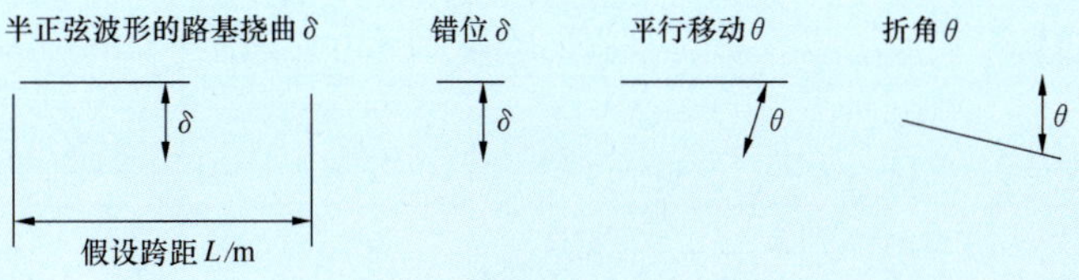						

由于对沉降控制的要求较高，而沉降计算的影响因素较多，沉降控制已完全超出了处理方法的计算精度，因此，规定的工后沉降已不再是最初设计的预留值，而是一个允许出现的误差值。由于无砟轨道对不均匀沉降的要求严格，路基与桥梁及隧道是很难协调的，只有在共同追求不产生工后沉降的基础上才能较好地实现各种过渡，也就是零沉降的概念。工后沉降实际上是零沉降控制基础上的允许偏差。这一点对于软土地基处理的思想和方法都有较大影响。

由于沉降计算是不够精确的，不足以控制无砟轨道的工后沉降。为保证精度和有效的控制，应进行系统的观测与分析评估。系统的观测在于有一定的数量和设定在恰当的断面，并以合理的观测周期进行观测。根据德国的有关资料，观测断面的数量平均 50 m 一处，且在过渡段是沿线路纵向连续观测的。同时系统的分析评估也是非常必要的。系统的分析评估大致有三个部分：（1）测试数据和趋势确定度的检验，其相关系数 $r^2 \geqslant 0.85$ 时为“优”；（2）预测稳定性检验，根据已有的观测数据和回归的曲线，推测一定时期（一般为 6 个月）后的沉降，预测一般在填土完成后经 3～6 个月的测量时间才能建立，当偏差≤8 mm 时，认为预测的稳定性达到了“优”；（3）预测准确性的要求，当预测的时间满足条件 $s(t)/s(t=\infty) \geqslant 75\%$ 时，预测才是准确的。

对软土地基的处理措施，除了一般的排水固结、复合地基桩等处理措施外有时也采用刚性桩处理。

四、基床结构

无砟轨道和有砟轨道的结构不同，其路基的荷载条件也不尽相同。

图 4-6 和图 4-7 给出了德国铁路路基结构型式及填料要求。从上到下依次为保护层、防冻层、路堤填筑部分和基底。各层的压实标准根据线路等级见表 4-6。

表 4-6 德国铁路不同线路级别路基结构压实规定

项目	线路类别		基床面		保护层					路基面	
	线路	上部结构	E_{v2}/MPa	E_{vd}/MPa	颗粒级配	D_{pr}	规定厚度/cm 冻胀影响区域			E_{v2}/MPa	E_{vd}/MPa
							Ⅰ	Ⅱ	Ⅲ		
新建线路基	P300	有砟	120	50	KG1/2	1.00	70	70	70	80	40/35
		无砟	120	50	KG2	1.00	40	40	40	60	35/30
	P230 P230	有砟	120	50	KG1/2	1.00	50	60	70	60	40
		无砟	120	50	KG2	1.00	40	40	40	60	35/30
	P160，M160 G120，R120	有砟	100	45	KG1/2	1.00	40	50	60	45	35/30
	R80，G50	有砟	80	40	KG1/2	1.00	30	40	50	45	30/25
改造/维护	P300 M230	有砟	80	40	KG1/2	1.00	30	40	50	45	30/25
		无砟	100	45	KG2	1.00	40	40	40	45	30/25
	P160，M160 G120，R120	有砟	50	35	KG1/2	1.00	25	25	30	30	25/20
	R80，G50	有砟	40	30	KG1/2	0.97	20	20	20	20	25/20

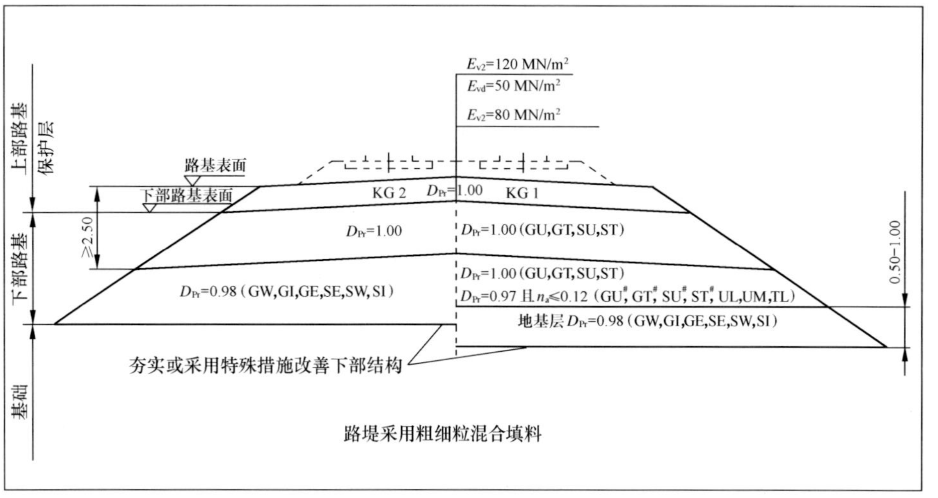

(a) 有碴轨道

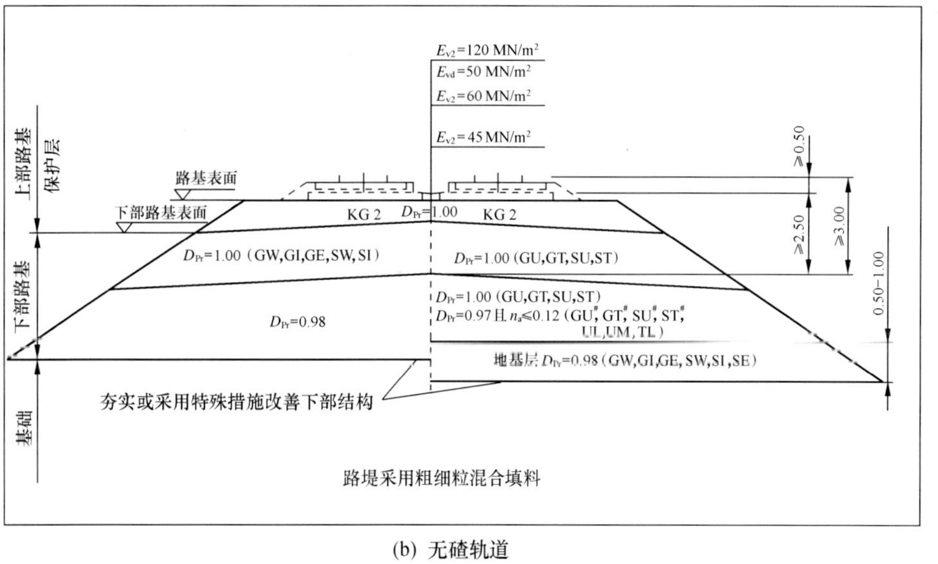

(b) 无碴轨道

图 4-6 德国铁路路堤横断面及各层对填料的要求

在德国规范中，对于无碴轨道相当于有碴轨道的基床部分是从素混凝土承力层算起的。在承力层下要求基床表层有 40 cm 厚的防冻层，顶面为平面，级配碎石采用 KG2，渗透系数 $k_f \geqslant 5\times10^{-5}$ m·s^{-1}。而有碴轨道采用 KG1，要求渗透系数 $k_f \leqslant 1\times10^{-6}$ m·s^{-1}。对于路堑的情况，基床范围的填料和压实度是一定要满足要求的，不满足时必须换填到规定的深度。对于有碴轨道当基床表层采用双层结构时，第一层采用 KG1 填料，能够防水，第二层采用 KG2，能有效地阻止毛细水和排除渗水。

图 4-8 是填料 KG1 和 KG2 的级配曲线。

我国最新编制的遂渝线设计技术条件路堤和路堑断面如图 4-9 和图 4-10 所示。条件要求基床表层为级配碎石或级配砂砾石，基床表层和混凝土支承层的总厚度应不小于0.7 m，基床底层 2.3 m。基床表层的压实标准应满足表 4-7 要求。路堤基床底层应满足表 4-8 的要求，路堑基床底层不满足承载要求时应换填 A，B 组填料或改良土，压实标准同表 4-8。

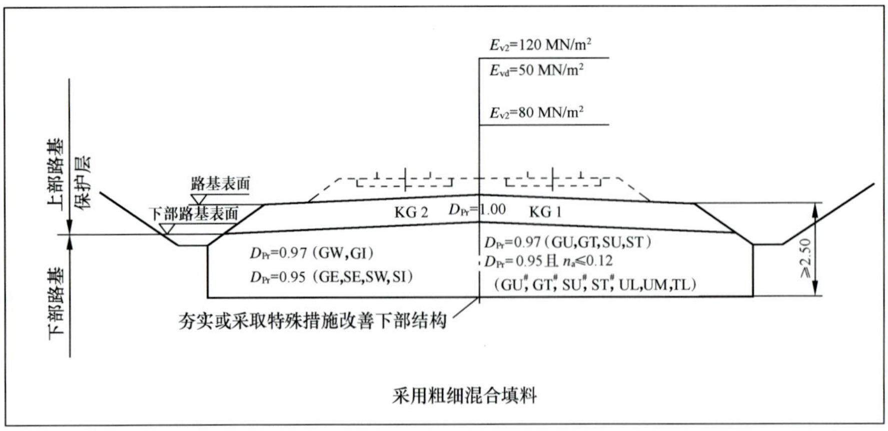

(a) 有碴轨道

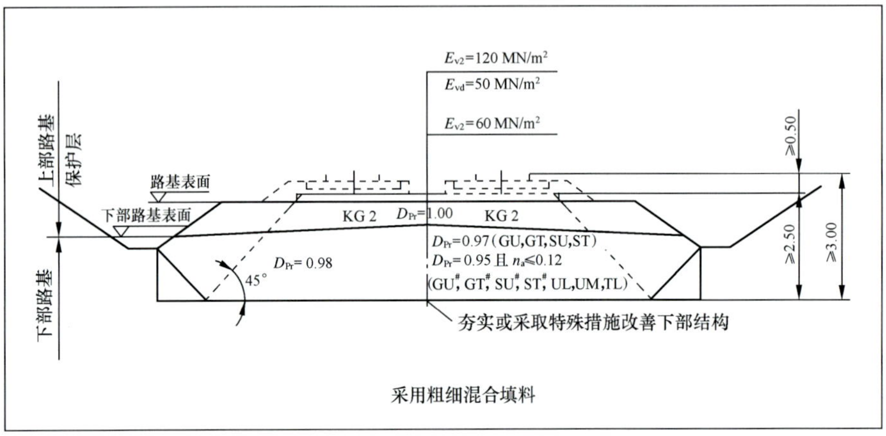

(b) 无碴轨道

图 4-7 德国铁路路堑横断面及各层对填料的要求

表 4-7 路基基床表层的填料和压实标准

填 料	厚度/m	压实标准			备 注
		地基系数 K_{30}/(MPa·m^{-1})	动态变形模量 E_{vd}/MPa	孔隙率 n	
级配碎石或级配砂砾石	≥0.40	≥190	≥55	<18%	路堤
级配碎石或级配砂砾石	≥0.40	≥190	≥55	<18%	软质岩、强风化的硬质岩及土质路堑时
中粗砂	0.15	≥130	≥45		

注：基床表层的 K_{30}，E_{vd}，n 三项指标要求同时检测，均必须满足压实标准。

表 4-8 路基基床底层的填料和压实标准

填 料	厚度/m	压实标准	细粒土	粗粒土	碎石类
A，B组填料及改良土	2.3	地基系数 K_{30}/(MPa·m^{-1})	≥110	≥130	≥150
		压实系数 k_h	≥0.95	≥0.95	≥0.95
		孔隙率 n		<28%	<28%

注：改良土要经过工程适应性试验和检验才可使用。

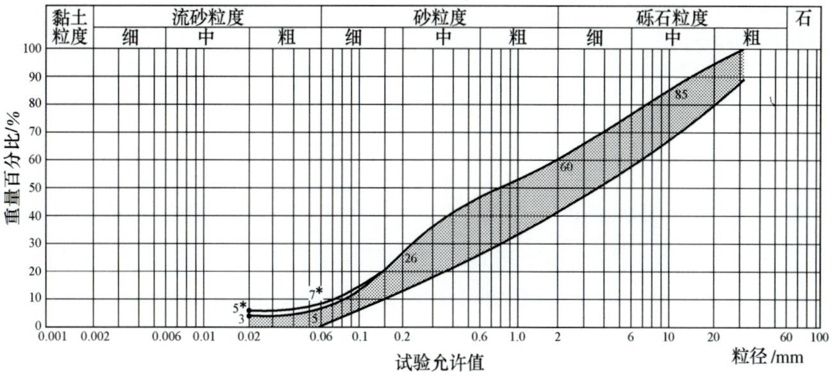

(a) KG1颗粒级配曲线

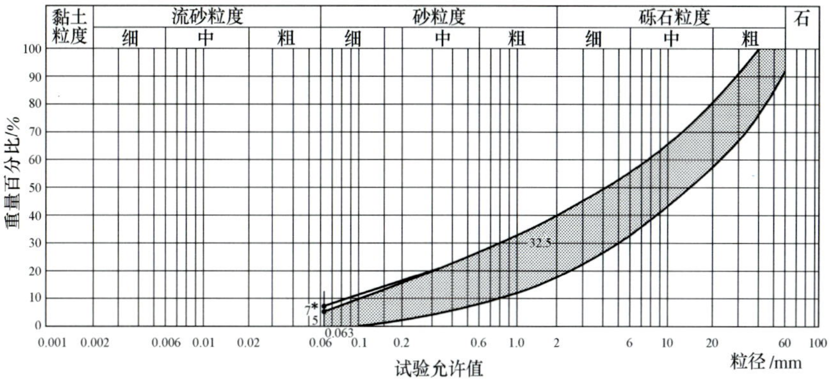

(b) KG2颗粒级配曲线

图 4-8　填料 KG1 和 KG2 的级配曲线

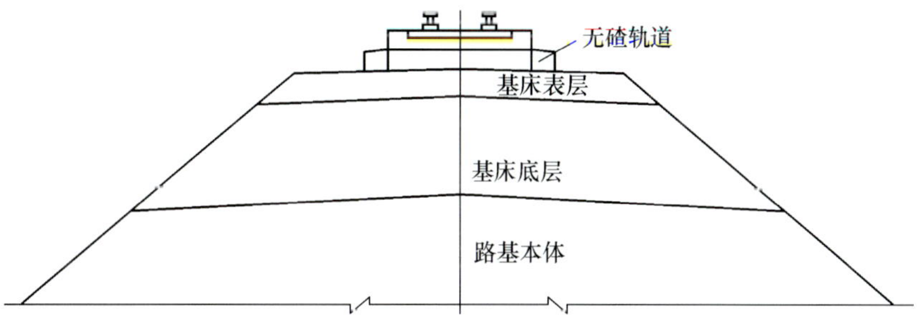

图 4-9　我国无碴轨道路堤横断面

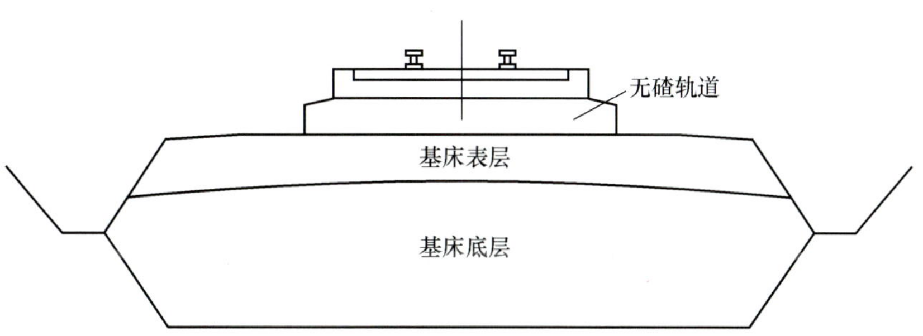

图 4-10　我国无碴轨道路堑横断面

基床下部应优先采用 A，B 组填料或改良土，在不采取改良或其他有效加强措施时，不得采用 C 组中的细粒土、粉砂和软块石土。压实标准应满足表 4-8 的要求。路堤高度大于 8 m 时，应加强边坡防护措施，压实标准同基床底层。

五、路基排水系统

排水系统是保证无碴轨道基础稳定性的重要设施，需要特别关注。无碴轨道排水分为线路整体排水系统和无碴轨道各部分排水系统。从图 4-11 无碴轨道线路横断面中，可以看到德国无碴轨道线路排水系统。图 4-12 为德国板式无碴轨道的标准断面。由图 4-12 可以看出从路基到轨道板面每一层的排水设计。路基表层有 5%的坡度，轨道板边缘外侧的倾斜面比轨道板边缘低 50 mm，这样水就很难进入轨道板下面。水硬性混凝土和轨道板都向外倾斜 0.5%的坡度。最终的倾斜度通过轨下垫板来调整。

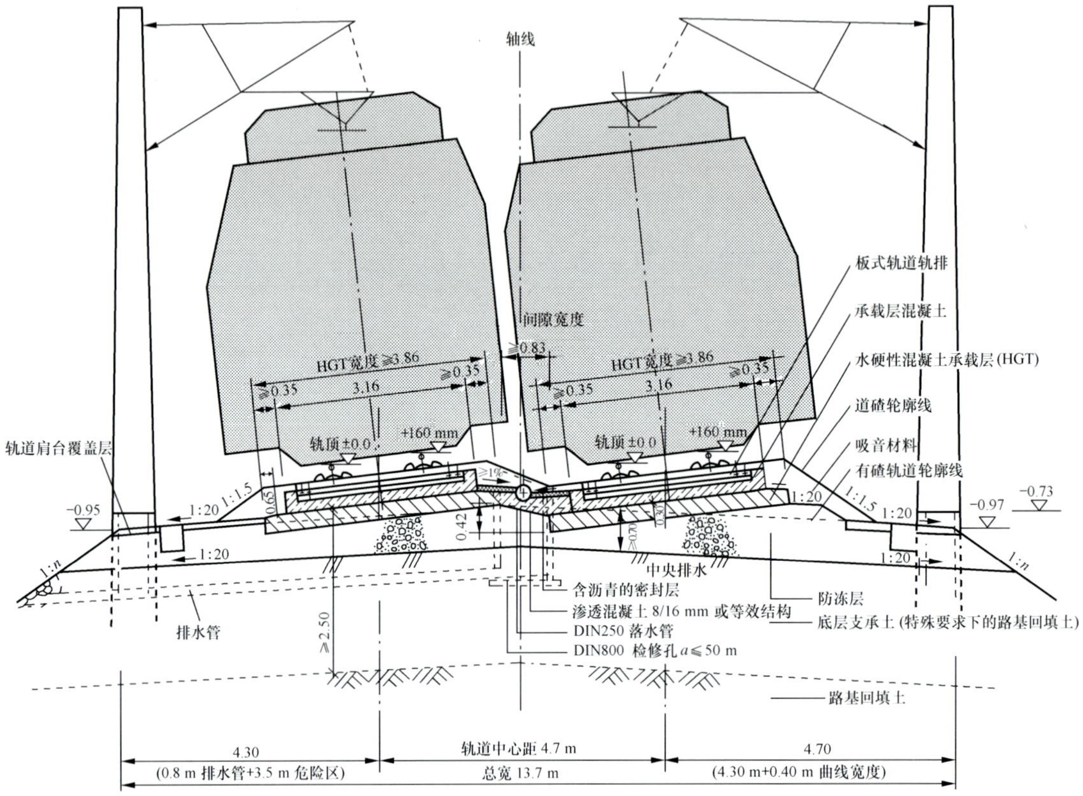

图 4-11　德国铁路路基上无碴轨道标准断面（含排水系统）（单位：m）

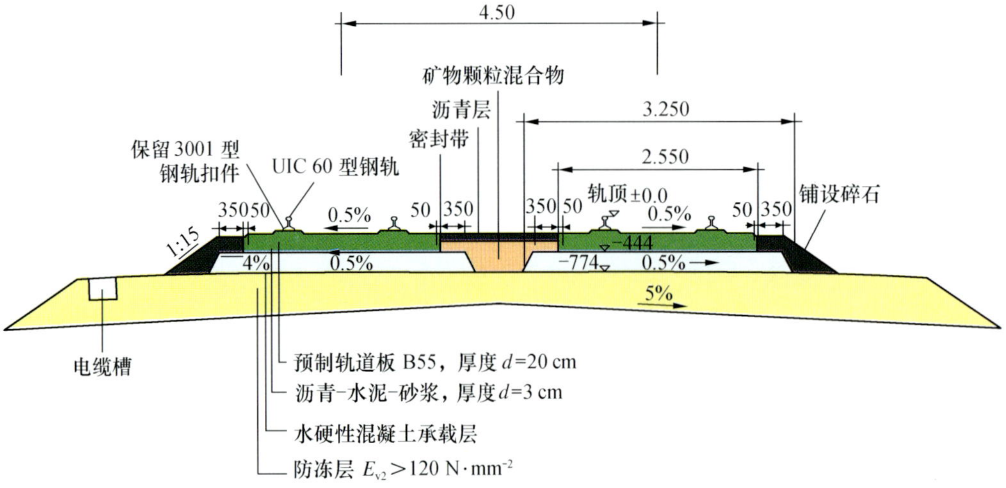

图 4-12　德国纽伦堡—英戈尔施塔特土工结构上的无碴轨道标准断面（单位：m）

第三节 无碴轨道桥梁工程

铁路客运专线对轨道高平顺性的要求给铺设无碴轨道的桥梁带来了新的课题。影响桥面无碴轨道不平顺的因素主要有：预应力混凝土梁的徐变上拱，梁体两侧上、下缘不均匀温差引起的梁体变形，墩、台基础的不均匀沉降，梁端转角等。对于桥上有碴轨道结构，轨道状态通过道碴层与扣件可进行调整，不致影响行车安全；对于桥上无碴轨道结构，轨面的高低只能通过扣件系统来调整，当桥梁的变形超出扣件的调整范围后，其轨道的平顺性就无法满足客运专线对线路结构的要求。因此，应对桥梁的变形限值提出更严格的要求。

一、预应力混凝土梁的徐变上拱

（一）徐变上拱的主要影响因素

（1）桥梁的恒、活载设计弯矩比

预应力筋对混凝土梁截面产生的预应力效应包括轴力 N_y 和弯矩 N_ye 两部分。当预应力弯矩与恒载产生的截面弯矩充分接近时，梁体截面长期处于均匀受压状态，徐变上拱值便很小，甚至接近于零。这种理想状态对全预应力梁而言，只有当截面的恒、活载设计弯矩比符合以下条件时才能实现。

$$\frac{M_{恒}}{M_{活}} \approx \frac{Ae}{W_{下}}$$

式中 $M_{恒}$——桥梁自重及二期恒载产生的截面弯矩；

$M_{活}$——设计活载产生的截面弯矩；

e——截面的预应力偏心矩；

A——截面面积；

$W_{下}$——截面下缘弯曲抵抗矩。

当$\frac{M_{恒}}{M_{活}}$小于或大于$\frac{Ae}{W_{下}}$时，截面长期处于偏心受压状态，前者出现徐变上拱，后者产生徐变下挠；其差值越大，拱度（挠度）也随之增加。

不同国家和不同线别的铁路桥梁由于设计活载不同，其恒、活载设计弯矩比也不同。预应力混凝土箱形梁截面的几何特征系数$\frac{Ae}{W_{下}}$一般约在 2.0～2.1 之间。表 4-9 及图 4-13 列出了一些国家不同级别铁路桥梁相应的弯矩比和截面几何特征系数。

如表 4-9 所示，由于日本高速铁路桥梁设计活载远小于德国、意大利，相应的$\frac{M_{恒}}{M_{活}}$要略大于$\frac{Ae}{W_{下}}$，因此，日本高速铁路桥梁在二期恒载作用后产生徐变上拱值也较小，而欧洲高速铁路桥梁则相反。我国的轻轨、高速铁路、普通铁路桥梁由于设计活载依次增大，在桥梁使用应力水平相当的情况下，其徐变上拱值也将依次增加。

在桥梁控制截面的设计弯矩中，恒载设计弯矩占的比例越大、徐变上拱值就越小，活载设计弯矩越大、徐变上拱值就越大。高速铁路桥梁恒载弯矩所占比例要大于普通铁路桥梁，其徐变上拱量应比后者小。

表 4-9　各国不同级别铁路桥梁相应的恒、活载弯矩比和$\frac{Ae}{W_{下}}$值

国　家	跨度/m	设计活载 UIC 活载	$\frac{M_{恒}}{M_{活}}$	$\frac{Ae}{W_{下}}$	说　明
日　本	35	0.40	2.31	2.0～2.1	高速铁路
德　国	23	1.00	1.60	2.0～2.1	高速铁路
意大利	23	1.00	1.60	2.0～2.1	高速铁路
中　国	30	0.35	1.86	2.0～2.1	城市轻轨
	32	1.00	0.87	1.7～1.9	既有铁路
	32	0.80	1.40	2.0～2.1	高速铁路

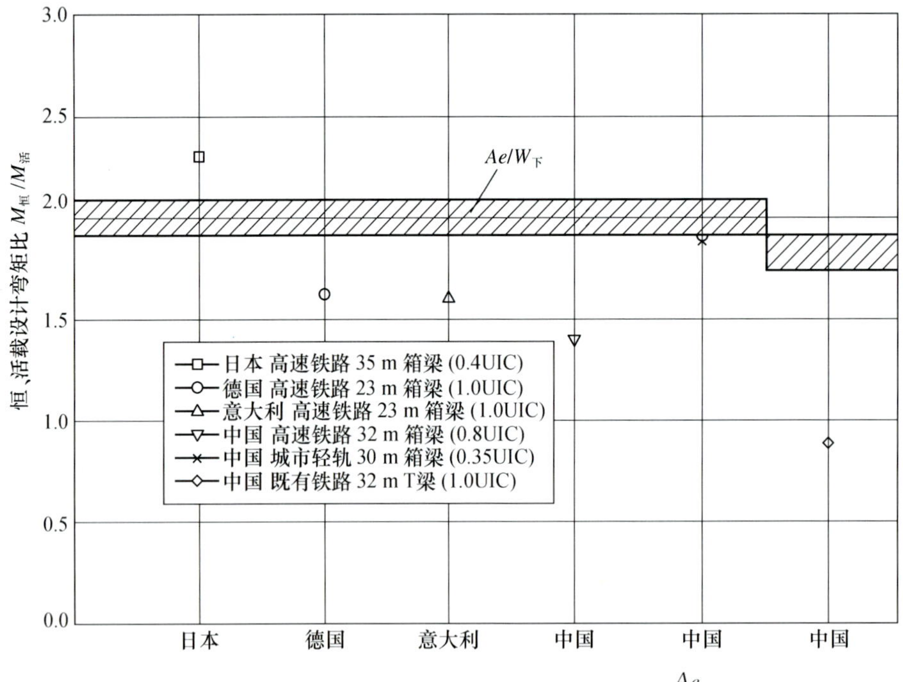

图 4-13　各国桥梁相应的恒、活载设计弯矩比与$\frac{Ae}{W_{下}}$值

(2) 恒载作用下桥梁跨中截面下缘的应力水平

混凝土长期受压的徐变变形与其应力大小直接相关。一般认为，当应力在 0.4R_a（R_a为棱柱体抗压强度）以下时，徐变变形随应力增大呈线性发展；当超过 0.4R_a时，便产生非线性徐变，导致变形及上拱值迅速增大。我国早期设计的铁路预应力混凝土梁由于压应力限值过大，导致存梁阶段有较大的非线性徐变变形产生，从而使得徐变上拱值很大。我国当前生产的普通铁路预应力混凝土梁在运营阶段跨中截面下缘混凝土压应力在 10 MPa 以上，故也有较大的徐变上拱值产生。国外铁路桥梁跨中截面下缘混凝土压应力值要比我国小一半（见表 4-10），其原因是设计活载较小（如日本高速铁路）或采用了较大的梁高（如欧洲高速铁路）。

预应力混凝土梁的徐变上拱值随跨中截面下缘应力水平的提高迅速增大。降低运营阶段桥梁跨中截面下缘应力水平，可以使徐变上拱值减小。采用部分预应力结构也可有效减少徐变上拱值。日本近年修建的高速铁路无碴轨道桥梁已采用部分预应力结构。欧洲高速铁路桥梁由于设计活载较大，仍采用全预应力结构。

表 4-10 各国高速铁路预应力混凝土标准简支梁跨中下缘应力水平

国 名	跨度/m	梁高/m	高跨比	活载作用下跨中下缘拉应力/MPa	截面形式	挠跨比	备 注
意大利	23	2.5	$\frac{1}{9.2}$	5.3	箱形	—	—
德 国	42	4.0	$\frac{1}{10.5}$	5.2	箱形	$\frac{1}{3\,744}$	—
西班牙	24	2.3	$\frac{1}{10.4}$	5.8	5 片式	$\frac{1}{3\,649}$	—
法 国	61	5.7	$\frac{1}{10.7}$	—	槽形	—	—
日 本	29.2	2.65	$\frac{1}{11}$	5.2	4 片式	—	—
	34.2	2.65	$\frac{1}{12.9}$	4.8	6 片式	—	—
中国秦沈客运专线	24	2.0	$\frac{1}{12}$	5.4	箱形	$\frac{1}{3\,997}$	单线有碴轨道
	24	2.2	$\frac{1}{10.9}$	4.7	箱形	$\frac{1}{5\,025}$	双线无碴轨道
	24	2.2	$\frac{1}{10.9}$	4.4	箱形	$\frac{1}{5\,184}$	单线无碴轨道
	32	2.8	$\frac{1}{11.4}$	5.2	箱形	$\frac{1}{4\,083}$	单线无碴轨道

（二）徐变上拱的限值与控制

我国秦沈线无碴轨道设计技术条件规定轨道铺设后的预应力混凝土梁徐变上拱值不应大于 10 mm，是根据扣件可能的调高量、基础允许不均匀下沉量以及桥梁跨度等因素确定的。

控制预应力混凝土梁的徐变上拱可采用以下办法：

（1）严格控制混凝土质量；

（2）严格控制预应力混凝土施工工艺；

（3）适当增加梁体的竖向刚度，降低预应力水平；

（4）严格控制预应力张拉时间以及二期恒载施加期限。

二、梁端转角及梁端悬出长度

桥梁在列车荷载作用下产生梁端转角。由于梁端竖向转角及梁端悬出长度的影响，可能造成在伸缩缝处的轨道局部隆起，伸缩缝两侧的钢轨支点分别产生钢轨上抬和下压现象（见图 4-14）。为了保证线路安全、减少维修工作量，上抬力不应超过钢轨的扣

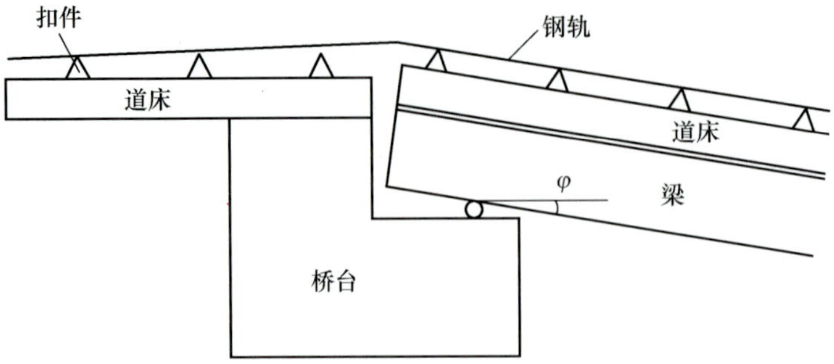

图 4-14　梁端转角对无砟轨道钢轨支点受力的影响

压力，以避免钢轨与垫板间脱空；下压使垫板所受的压应力应在材料疲劳允许应力范围，其限值由轨道部件提出。同样理由，还需检算轨道板产生上抬的稳定系数不小于 1.3。为减小由梁端转角对上部无砟轨道结构的影响，桥梁设计应严格控制梁端转角，同时应尽量减小梁端悬出长度。

三、墩、台沉降对无砟轨道的影响

桥梁墩、台的均匀沉降及相邻墩台间的不均匀沉降直接影响桥上无砟轨道的平顺性，必须严格控制。

无砟轨道底座施工完成后，墩、台均匀沉降量不得超过 20 mm，相邻墩、台沉降量之差不应超过 5 mm，涵洞的沉降量不得超过 20 mm。

四、桥上无缝线路纵向力传递

桥上无砟轨道与桥间的纵向位移阻力要大于有砟轨道。考虑桥上无缝线路与桥梁相互作用的影响，使传递到桥梁墩、台的纵向力适当减小，桥上无砟轨道应采用小阻力扣件。

五、桥面防排水系统

各国无砟轨道梁的桥面防排水设置各不相同。国内为防止梁面防水层与保护层在无砟轨道结构纵向与梁面交界处发生破损，设计中在无砟轨道结构宽度范围内梁面不设防水层与保护层，待轨道施工完成后，按图 4-15 铺设。

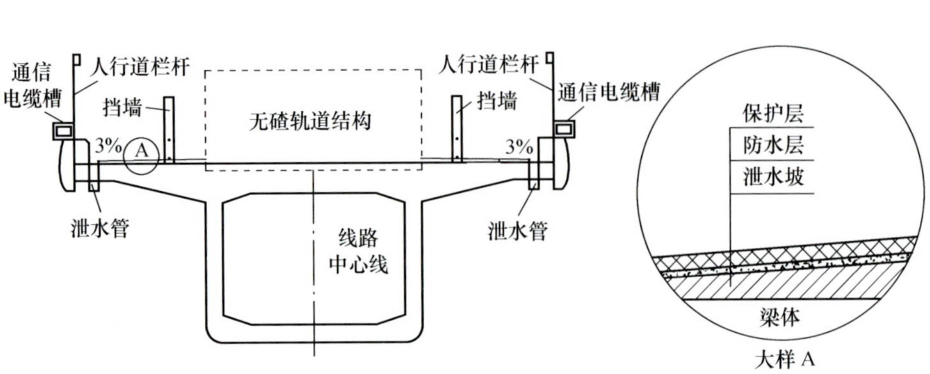

图 4-15　无砟轨道桥面防排水系统示意图

第四节 无碴轨道隧道工程

我国已在隧道内铺设了近 300 km 的无碴轨道（支承块式整体道床），其应用实践表明，隧道衬砌结构、仰拱以下围岩基础的稳定性、回填层质量以及隧道内的排水系统直接影响隧道内无碴轨道的耐久性。《京沪高速铁路设计暂行规定》中根据围岩级别对基础设计提出如下要求：①Ⅲ～Ⅵ级围岩应采用曲墙带仰拱的衬砌；②Ⅰ、Ⅱ级围岩地段应采用曲墙式不带仰拱衬砌。隧道仰拱必须设置在稳定的基础上，并保证与下部围岩密贴。当隧道围岩基底承载力达不到 0.3 MPa，或者预计发生沉降变形时，应对基底采取加固措施。隧道衬砌应采用曲墙、仰拱结构。

混凝土回填层是隧道内无碴轨道的直接承力层，回填层的混凝土强度等级不低于C25。隧道仰拱基底不得有积水。必要时采取注浆或其他措施治理，防止隧底基础软化或水土颗粒流失。隧道应设双侧水沟，并确保排水系统通畅，由于目前对隧道内水流量的正确计算十分困难，加之隧道开挖后及运营过程中的水流量可能会有较大的出入，故必须对侧沟的形式及深度考虑一定的安全储备。

第五节 无碴轨道过渡段

为减小过渡段线路的刚度突变，需要在无碴轨道与有碴轨道、路基与桥涵、路基与隧道及路堤与路堑的连接处设置过渡段，以实现过渡段范围内线路刚度的渐进过渡。

轨道结构不同的情况下，需要考虑不同轨道结构之间的过渡，轨道结构相同的情况下，桥上、隧道内无碴轨道与路基上无碴轨道间的过渡主要是线路下部基础间的过渡。

一、无碴轨道与有碴轨道间的过渡

无碴轨道的整体刚度大于有碴轨道，为减缓列车通过两种轨道连接处时由于轨道刚度突变引起的动力不平顺，需要设置过渡段来缓解或消除不平顺。通常的处理原则是在有碴轨道一侧增大轨道竖向刚度，而在相邻无碴轨道一侧减小轨道的竖向刚度，从而使轨道的刚度变化平顺。国内目前已采用的是在无碴轨道和有碴轨道的连接处，设置两根 50 kg · m^{-1} 的辅助钢轨（见图 4-16），以加强过渡段有碴轨道的垂向抗弯刚度；同时在相邻一定长度的无碴轨道板底部增设一层弹性垫层，以减小与有碴轨道的刚度差。根据秦沈线无碴桥过渡段的使用情况，为强化辅助轨的使用效果，遂渝试验段将辅助轨由 50 kg · m^{-1}改为 60 kg · m^{-1}，长度为25 m，与德国高速铁路的规定相似(德铁是 20 m 长 60 kg · m^{-1} 钢轨)。辅助轨与基本轨之间有 520 mm 的距离，是因为考虑了有碴轨道线路大型养路机械的捣固作业净空。目前进行的部科研项目“高速铁路路桥过渡段轨道刚度合理匹配的试验研究”正在进行无碴轨道路桥过渡段的各种过渡方案的比选，如不同轨下垫板刚度的合理匹配，板下微孔弹性胶垫和长轨枕的搭配使用等等，以期筛选出最佳方案。

图 4-16　秦沈客运专线有碴轨道与无碴轨道间的过渡辅助轨

图 4-17 为路基上博格板式轨道与有碴轨道过渡段设置。由图中可以看出，板式轨道的水硬性承载层向有碴轨道端延长 10 m，并在有碴轨道第一个 15 m 范围内对道床面灌注环氧树脂粘结剂使道碴完全粘结，第二个 15 m 范围内部分道碴粘结，第三个 15 m 范围内碴肩部分粘结。

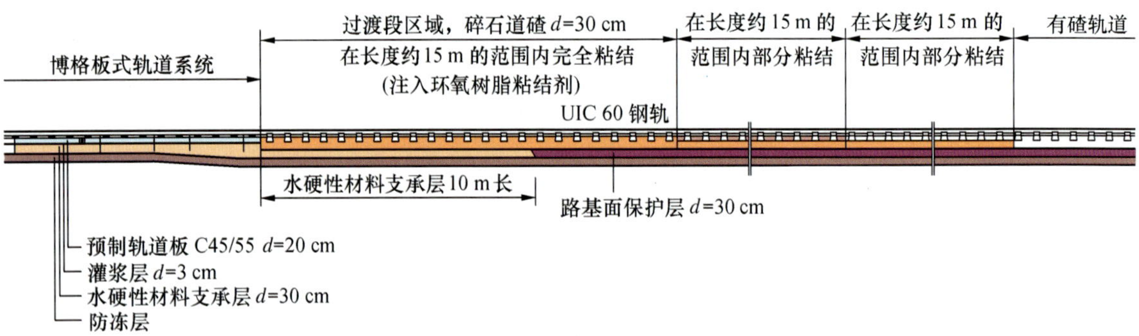

图 4-17　路基上博格板式轨道与有碴轨道过渡段设置

二、路桥过渡段

桥台（涵）、隧道基础与路基的工后沉降不同，将造成轨道不平顺，导致轮轨动力作用加剧，直接影响上部无碴轨道结构的稳定性和耐久性。因此在对普通路基区段工后沉降提出严格要求的前提下，要求路桥（涵）、路隧过渡段区域的工后沉降差异不得大于 5 mm。如预测沉降大于 5 mm 时，需采取特殊处理措施。

对于路桥、路隧等过渡段沉降差造成的折角，日本新干线板式轨道线路规定不大于 1/1 000，德国高速铁路无碴轨道技术标准规定不大于 1/500。我国首次在路基上应用无碴轨道，折角控制采用小于 1/1 000。

路桥过渡段形式有正梯形和倒梯形。日本规范采用正梯形，德国规范采用倒梯形，我国秦沈客运专线采用倒梯形。从稳定性上看正梯形更有利于稳定，因此，高速铁路以正梯形过渡段为主。图 4-18 为德国铁路路桥过渡段示意图。在过渡段的正梯形部分采用级配碎石加 3%～5% 的水泥，正梯形过渡区回填土应满足德国工业标准

18196GW. GL. SW. SL 要求。实际过渡段长度要大于 4 倍的桥台高度，并大于等于 20 m。我国客运专线无碴轨道路桥过渡段多采用类似的设计，其中要求的过渡段正梯形的长度为：

$$l = 2(h - 0.7) + a \tag{4-1}$$

式中 l——过渡段长度，m；

h——台后路堤高度，m；

a——常数 3～5，m。

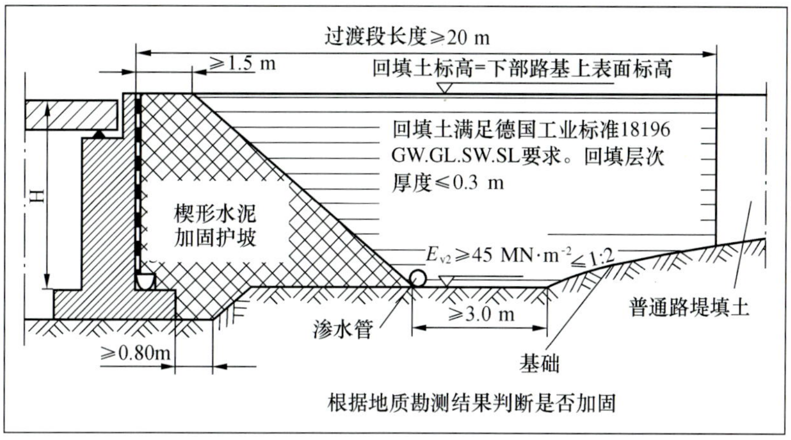

图 4-18 德国铁路路桥过渡段

我国《京沪高速铁路设计暂行规定》中提出有碴轨道路桥过渡段形式见图 4-19。

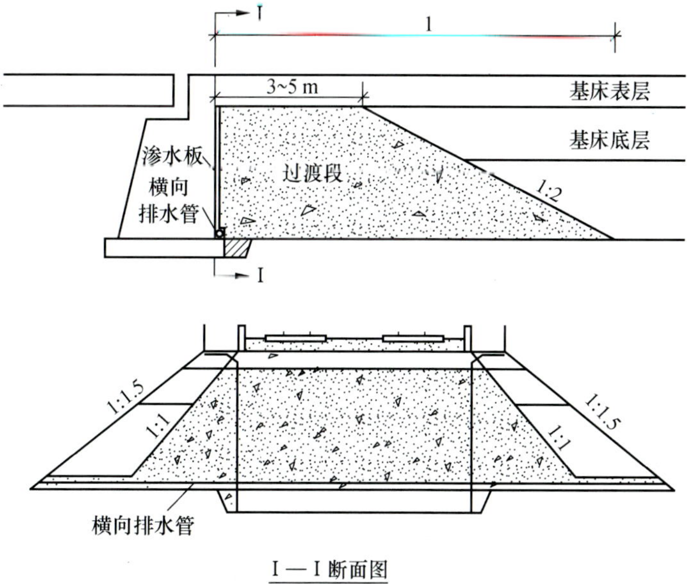

图 4-19 我国铁路的路桥过渡段

对于路堤与横向结构物（立交框构、箱涵等）连接处，也应设置过渡段（见图 4-20）。横向建筑物顶至轨底高度小于 1.5 m 时，横向建筑物顶面以上路堤以及两侧 20 m 范围内基床表层填筑级配碎石并掺入适量水泥。过渡段的基坑应回填混凝土或分层回填碎石，并用小型平板振动机压实。基坑回填至原地面平整后应用振动碾压机碾压至密实。

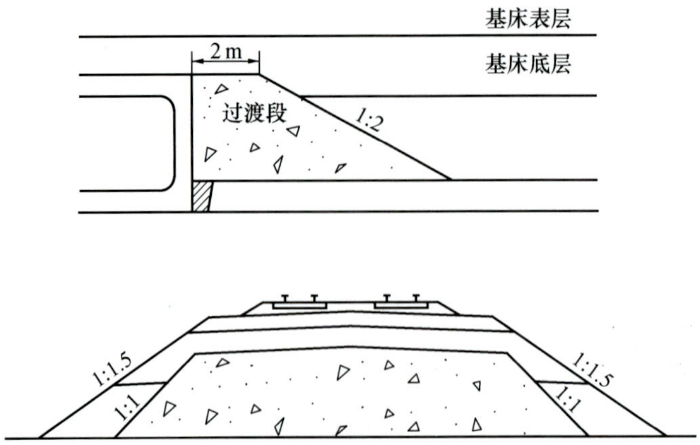

图 4-20　我国铁路的路涵过渡段

对于不同长度的桥梁，无碴轨道过渡段形式略有不同，图 4-21 和图 4-22 分别为德国铁路长度大于 25 m 的桥梁和长度小于等于 25 m 的桥梁与路基的过渡段。由图中可以看出，在路桥过渡段桥梁侧以 1∶1的坡度填筑水泥土，并在楔形底端铺设通长的渗水管，然后以每层≤0.3 m 的层间厚度填筑 E_{v2}≥45 MN·m^{-2}的填料，长度为：底部≥3 m，上部≥20 m。为了避免横向排水，长桥上带有限位块的轨道板彼此分开，缝隙为 100 mm，在过渡段由排水管集中将桥上的水排出。

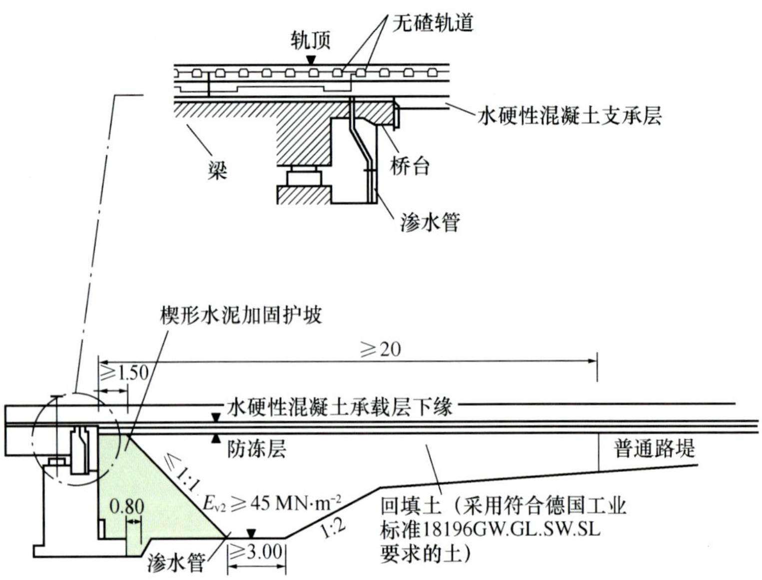

图 4-21　德国铁路长桥过渡段（单位：m）

我国秦沈客运专线上设置了 8 段过渡段试验段，其中 6 段路桥过渡段，2 段路涵过渡段。4 段采用土工格栅加筋，4 段采用级配碎石填筑，1 座桥设置钢筋混凝土搭板。无碴轨道过渡段线路上部铺设辅助轨。实测分析结果表明，在严格按照要求的施工工艺施工并检验的条件下，采用级配碎石过渡段或采用加筋土过渡段都能满足设计要求。

我国最新颁布的《京沪高速铁路设计暂行规定》规定了过渡段级配碎石填筑技术标准。压实标准应满足 K_{30}≥150 MPa·m^{-1}、E_{vd}≥50 MPa、孔隙率<28%，级配范围应符合表 4-11 的规定。

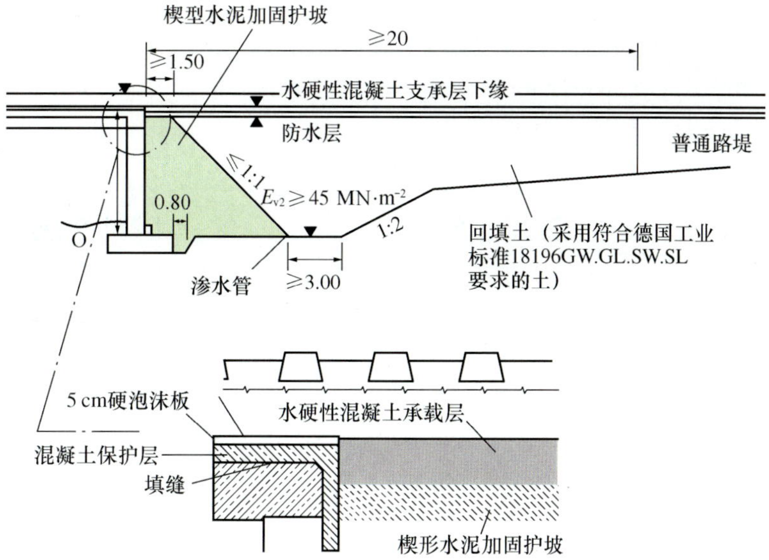

图 4-22 德国铁路短桥过渡段（单位：m）

表 4-11 碎石级配范围

筛孔孔径/mm		通过各筛孔的累计质量百分率/%									
		50	40	30	25	20	10	5	2.5	0.5	0.075
级配编号	1	100	95～100			60～90		30～65	20～50	10～30	2～10
	2		100	95～100		60～90		30～65	20～50	10～30	2～10
	3			100	95～100		50～80	30～65	20～50	10～30	2～10

注：颗粒中针状、片状碎石含量不大于20%，质软、易破碎的碎石含量不得超过10%，黏土团及有机物含量不超过2%。

三、路隧过渡段

路隧过渡分为隧道内无砟轨道与隧道外有砟轨道之间的过渡和隧道内外均为无砟轨道的过渡，前者需要线路和基础都设置过渡装置，而后者仅需要考虑基础间的过渡。

图 4 23 为韩国无砟轨道隧道与有砟轨道路基过渡段。由图中可以清晰看出，该路隧过渡段全长接近 60 m。线路上部铺设 20 m 长的辅助轨，伸入隧道 5 m，隧道外 15 m。洞外有砟轨道侧 33.6 m 范围内道床碎石按照不同的密实度捣固，形成不同的刚度梯度。无砟轨道的素混凝土基础延伸到有砟轨道约 60 m 长度范围内，形成刚度的渐进过渡。

图 4-24 为德国无砟轨道路隧过渡段，在隧道出口铺设 5 cm 厚的硬泡沫板，从隧道出口按照 5.75%的坡度填筑楔型水泥土，逐步向普通填筑路基过渡。

我国技术条件规定，为保证过渡段无砟轨道末端支承层的可靠连接，自无砟轨道起点至洞内 25 m 范围内，对回填层进行凿毛处理，并应预埋与底座的连接钢筋。

无砟轨道自洞内第一块轨道板开始的 5 块轨道板底粘贴 20 mm 厚微孔橡胶垫层，有砟轨道采用长度为 2.6 m 过渡段轨枕及配套弹性分开式扣件。

由于隧道与桥梁基础变形差异不大，隧道与桥梁过渡时，下部基础可考虑采用直接过渡方式。

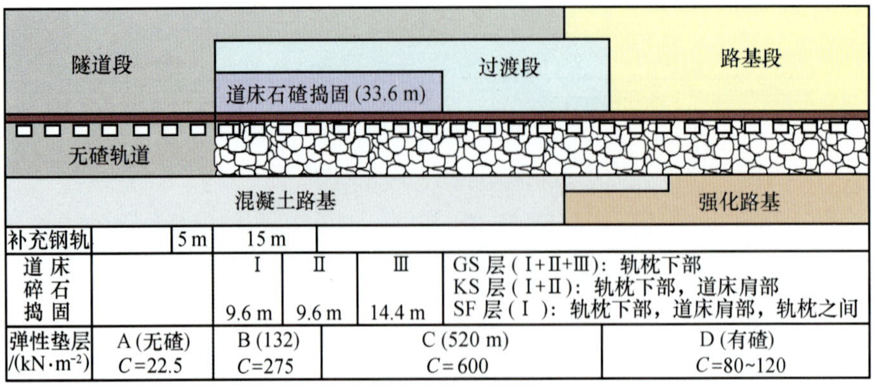

图 4-23 韩国路隧过渡段

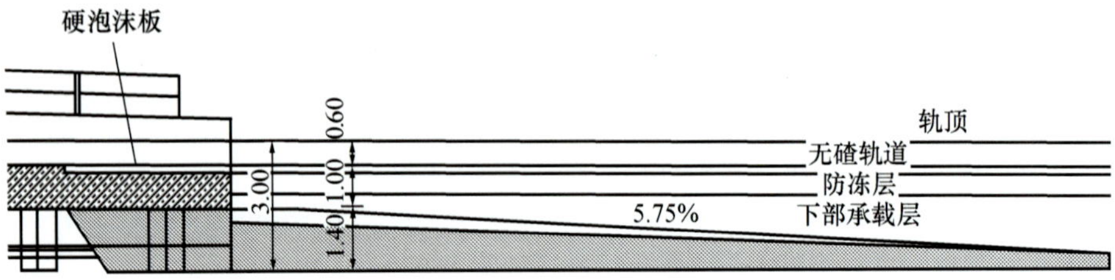

图 4-24 德国路隧过渡段

四、道岔区与区间无砟轨道过渡段

目前我国道岔区的轨下胶垫刚度较大，为 100～150 kN·mm^{-1}，而区间无砟轨道线路的轨下胶垫刚度在 30～50 kN·mm^{-1}。在我国岔区轨下胶垫刚度难以降低的情况下，必须设置轨道刚度过渡段。

道岔区与区间无砟轨道过渡的主要问题在于降低道岔区基础刚度，较好的方法是采用硫化弹性基板，在道岔区分别设置不同刚度的高弹性基板是解决道岔区减振、限位的良好途径。

五、路堤与路堑过渡段

当路堤与路堑连接处为坚硬岩石时，路堑一侧顺原地面纵向开挖台阶，台阶高度 0.6 m 左右，并应在路堤一侧设置过渡段（见图 4-25）。对填料的要求见表 4-11。

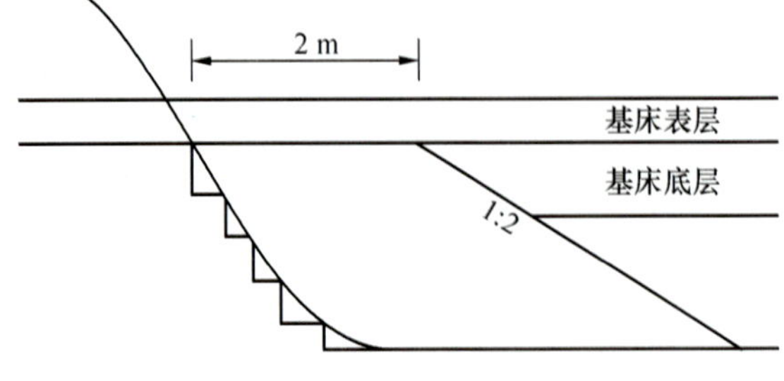

图 4-25 路堤与路堑过渡方式（一）

当路堤与路堑连接处为软质岩石或土质路堑时，应顺原地面纵向挖成1∶2的坡面，坡面上开挖台阶，台阶高度0.6 m左右（见图4-26）。

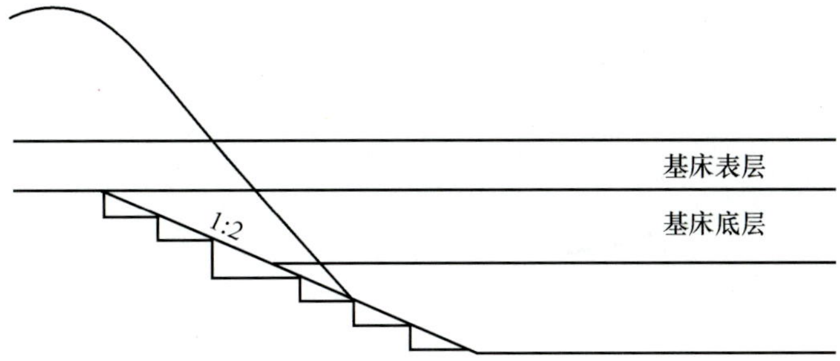

图4-26　路堤与路堑过渡方式（二）

第六节　无碴轨道轨道电路

一、国外无碴轨道电路的运用和研究

由于无碴轨道道床板内部的钢筋网与轨道电路存在磁感应，对钢轨阻抗参数构成影响。表4-12给出了部分国家高速铁路（客运专线）道碴电阻设计标准及轨道电路长度。

表4-12　部分国家高速铁路（客运专线）道碴电阻设计标准

国家	线　路	道碴电阻/(Ω·km)	轨道电路长度/m	备　注
日本	东海道新干线	3.33	1 500	有碴轨道结构
	山阳东北新干线	3.33	1 200	板式轨道结构，隧道内的设计现已改为2.0 Ω·km
法国	巴黎—里昂线	4	2 000	有碴轨道结构
	地中海线	8	2 500	有碴轨道结构
韩国	新建高速线	3	1 500	采用UM型轨道电路
中国	秦沈客运专线	2.0	1 200	暂定

1. 德国

德国高速铁路信号的制式采用计轴加环线的方式，不用钢轨做信息通道，因此，无需考虑无碴轨道钢筋对轨道电路的影响问题。在地铁和城轨线路上，采用FTGS型无绝缘轨道电路，但其电气绝缘节很短，由X型导线及电容器件构成，隔离特性基本不受钢轨参数影响。

2. 法国

法国高速铁路目前基本是有碴轨道结构，所采用的轨道电路与中国一样，是UM型谐振式无绝缘制式，信号频率为1 700～2 600 Hz。由于没有大区段铺设无碴轨道，对轨道电路问题还没有深入研究。

3. 日本

日本新干线板式轨道上采用的是机械绝缘轨道电路。信号载频频率较低

（1 000 Hz以内），轨道板内钢筋结构对钢轨阻抗参数的影响较弱，轨道电路的传输长度基本不受影响。作为列车自动控制系统（ATC）的基础设备，轨道电路在运用中出现过一些故障，有些是设备自身的，有些是由于道床电阻影响造成的。例如：1975年，在山阳新干线隧道内，有几十段轨道电路继电器落下造成列车临时停车，第二年的梅雨季节，又发生了 ATC 接收电平下降的现象；在 1972 年～1973 年既有线试验中，雪后撒水融雪形成泥浆，造成接收电平降低。

日本经过长期研究，在解决其电气绝缘性能方面积累了一定经验，采取的方法有：

（1）改进扣件结构绝缘部件的材质，如将酚醛树脂垫板改为聚脂类垫板，提高了潮湿状态下的绝缘和耐压性；

（2）定期进行监测，及时更新垫板；

（3）改进扣件结构，如从 K4 型改进为 K8 型，对其各项性能（包括电气绝缘性能）进行试验验证；

（4）针对处在下雪区域的线路，进行板式轨道的表面清洗，并开发了专用的清洗车；

（5）对板式轨道表面进行涂绝缘材料处理。

从运用角度采取以下措施：

（1）监视接收电平，对接收电平进行 3 dB 的调整（下降到某值时改变抽头提升 3 dB，达到一定值后，抽头恢复原状）；

（2）改变轨道电路参数，如加补偿电容等。

目前，日本在解决板式轨道电气绝缘方面的研究、探讨和实践仍在继续中。

4. 韩国

韩国高速铁路轨道电路采用 UM71 制式。为研究分析无碴轨道钢筋结构对轨道电路电气参数及对 UM71-60 Hz 传输特性的影响，在汉城车辆段内的试验轨道上进行了钢筋结构变化的测试。结果表明，无碴轨道板内钢筋如果采取：① 纵向钢筋每 10 m 做一次隔断（见图 4-27），② 每 10 m 单元内，横向钢筋都与纵向钢筋绝缘（见图 4-28），最好横向钢筋也做隔断，③ 加大钢筋网络与钢轨间的距离等技术措施，将大大改善钢轨阻抗的参数特性，有效延长轨道电路的技术长度。图 4-29 为无碴轨道钢筋绝缘试验结构。

图 4-27　纵向钢筋隔断

图 4-28　横向钢筋与纵向钢筋绝缘

图 4-29 无碴轨道钢筋绝缘试验结构

二、无碴轨道对谐振式轨道电路传输特性的影响

无碴轨道对谐振式轨道电路的影响，主要表现在以下几个方面。

1. 无碴轨道的电气参数

表 4-13 和表 4-14 给出了秦沈客运专线长枕埋入式及板式两种无碴轨道线路的实测最低道床漏泄电阻值及钢轨阻抗参数实测平均值。

表 4-13 道床漏泄电阻（阻抗）实测最低值

类型	1 700 Hz		2 600 Hz	
	$\vert Z_D \vert$/(Ω·km)	r_d/(Ω·km)	$\vert Z_D \vert$/(Ω·km)	r_d/(Ω·km)
板式无碴轨道（弹条Ⅱ型扣件）	2.241	2.259	2.205	2.235
长枕埋入式无碴轨道（WJ-2 型扣件）			3.707	3.782
有碴轨道（Ⅲ型轨枕弹条Ⅲ型扣件）	≥60			

表 4-14 秦沈客运专线钢轨阻抗参数实测平均值

轨道类型		850 Hz			1 700 Hz			2 600 Hz		
		$\vert\dot{Z}\vert$/(Ω·km^{-1})	R/(Ω·km^{-1})	L/(mH·km^{-1})	$\vert\dot{Z}\vert$/(Ω·km^{-1})	R/(Ω·km^{-1})	L/(mH·km^{-1})	$\vert\dot{Z}\vert$/(Ω·km^{-1})	R/(Ω·km^{-1})	L/(mH·km^{-1})
无碴轨道	板式	6.471	2.214	1.138	11.505	3.646	1.021	16.515	4.976	0.964
	长枕埋入式	6.816	1.533	1.243	12.657	2.562	1.16	18.615	3.388	1.12
有碴轨道		7.173	0.849	1.334	13.871	1.301	1.293	20.885	1.555	1.275
标准值		7.75	1.212	1.433	14.08	1.178	1.314	21.147	1.556	1.291

从表 4-13 及表 4-14 所列数据明显看出，两种无碴轨道的实测最低道床漏泄电阻水平远远低于有碴轨道，无碴轨道钢轨阻抗参数与标准值有较大差距，这必将影响谐振式

轨道电路的传输特性，使该制式的技术长度缩短。

2. 无砟轨道线路损耗

以秦沈客运专线轨道电路为例，对 f=2 600 Hz，长度为 1 200 m 的轨道区段，按规定线路每隔 80 m 并加一个 22 μF 的补偿电容。如果道床电阻为 r_d=2.0 Ω·km，则信号通过标准钢轨阻抗（区段）的衰耗为 9.572 dB（衰减幅度约 2 倍）；通过长枕埋入式无砟轨道区段的衰耗为 14.532 dB（衰减幅度约 4.3 倍）；通过板式无砟轨道区段的衰耗为 19.413 dB（衰减幅度约 8 倍）。

即使对无砟轨道的补偿电容再加以精配，其衰耗量仍比标准轨道情况下大得多。

3. 无砟轨道电气绝缘节的损耗

在谐振式无绝缘轨道电路中，由于电气绝缘节的并联谐振阻抗不高，因此发送器的输出功率除一部分传送给本身轨道电路及其设备外，还有一部分要消耗在发送端和接收端的电气分隔接头回路中，这部分损耗称为电气绝缘节的分流损耗。

UM71 轨道电路的电气绝缘节长度为 26 m。在 f=2 600 Hz 载频信号下，接收端由匹配变压器轨道侧向接收器视入的阻抗大约为 8 Ω。对于标准轨道，接收端电气绝缘节的并联谐振阻抗为 2.428 Ω，分流损耗为 6.33 dB，而板式无砟轨道接收端电气绝缘节的并联谐振阻抗为 0.924 Ω，分流损耗为 9.85 dB。这就意味着，f=2 600 Hz 的载频信号通过接收端电气绝缘节时，标准轨道输入电压与输出电压之比约为 2.1∶1，而板式无砟轨道输入电压与输出电压之比变为 3.1∶1。二者在发送端电气绝缘节的分流损耗也存在类似情况。

适当加长电气绝缘节长度，使板式无砟轨道的钢轨电感量等于标准轨道值，可使电气绝缘节的并联谐振阻抗有所提高，分流损耗亦有所减小，但仍比标准轨道的分流损耗大得多。

4. 无砟轨道对谐振式（轨道）电路传输长度的影响

在道床电阻不小于 2.0 Ω·km 的条件下，ZPW—2000A 型轨道电路在满足制式规定的调整、分流及机车信号等工作状态下，f=2 600 Hz 载频信号在标准钢轨阻抗的线路上，能够传输的最大长度为 2 000 m，而在长枕埋入式无砟轨道线路上，所能传输的最大长度为 900 m；板式无砟轨道线路上的最大传输长度仅为 700 m。

三、改善无砟轨道电气参数的实践与效果

（一）无砟轨道电气参数的改进

无砟轨道钢筋结构对钢轨阻抗参数构成影响，严重抑制了谐振式轨道电路的技术能力，成为采用无砟轨道所面临的一个现实问题。

轨道电路的传输特性完全由线路的电气参数所决定。只有把线路的电气参数维持在标准规定的范围内，才能使轨道电路及其相关的信号系统得以长期稳定、可靠地工作。

改进电气参数的主要技术措施是对无砟轨道的钢筋结构做绝缘化处理，尽量减少或消除无砟轨道钢筋结构中纵向钢筋和横向钢筋所构成的闭合回路，以便尽可能地减弱或消除其对钢轨阻抗参数的影响，使轨道电路的钢轨阻抗参数值在各种无砟轨道线

路上基本一致，并满足规定标准。

为考察钢筋结构绝缘后的无碴轨道对钢轨阻抗参数的改善效果，2004 年在赣龙线枫树排隧道设置了两个板式无碴轨道区段。一段长 400 m，轨道板钢筋网络不做绝缘处理，另一段长 250 m（由 50 个单元板块构成），轨道板内的钢筋网络做绝缘处理，即在纵、横向钢筋相交的节点处，用塑料套管将它们隔开，相互绝缘，两段铺设钢轨、扣件完全一致。对这两个轨道区段进行轨道电路参数的比较测试和试验。实测结果列于表 4-15。

表 4-15 板式轨道钢轨阻抗参数实测结果

试验条件	1 700 Hz			2 600 Hz		
	$\lvert\dot{Z}\rvert$ /(Ω·km^{-1})	R /(Ω·km^{-1})	L /(mH·km^{-1})	$\lvert\dot{Z}\rvert$ /(Ω·km^{-1})	R /(Ω·km^{-1})	L /(mH·km^{-1})
狗河桥	11.505	3.646	1.021	16.515	4.976	0.964
枫树排 1G（非绝缘）	12.029	2.644	1.098	17.323	4.483	1.025
枫树排 2G（绝缘）	13.283	2.155	1.227	19.533	2.931	1.182
2G 板面距轨底 50 mm	13.056	1.938	1.209	19.316	2.566	1.172
2G 板面距轨底 75 mm	13.03	1.849	1.208	19.262	2.387	1.17
标准	14.08	1.178	1.314	21.147	1.556	1.291

从表 4-15 所列数据可以看出，未加绝缘的轨道区段，其钢轨阻抗参数与秦沈线狗河桥相近，即交流有效电阻远大于标准值，而电感却远小于标准值。枫树排加了绝缘的轨道区段，其交流有效电阻大大减小，电感量却显著增加。通过计算得知，对于 ZPW-2000 制式，当 $r_{dmin}=2.0\ \Omega\cdot km$ 时，纵、横向钢筋间加了绝缘的板式轨道上的传输长度可达到 $l_{max}=1\ 200$ m。这比在狗河桥非绝缘板式轨道上的传输长度（仅为 700 多 m）延长了很多。

试验中，为观测影响钢轨阻抗参数的程度，还对加绝缘的轨道区段内的钢轨做了有限的抬高，使轨底距板面分别达到 50 mm 及 75 mm。结果证明如果轨道板的钢筋做到完全绝缘，改变钢轨与板面之间的距离，不会影响钢轨阻抗参数。

（二）无碴轨道单元钢轨阻抗参数的改进

1. 板式无碴轨道绝缘化试验

对板式轨道单元的钢筋结构主要采取如下 3 种绝缘化措施：① 在纵、横向钢筋相交处用塑料套管绝缘隔离；② 将纵向钢筋先用环氧涂层做绝缘处理，而后再与横向钢筋绑扎；③ 将纵、横向钢筋都做环氧涂层绝缘处理。

以上几种绝缘化板式轨道单元用电桥比较法测得的钢轨阻抗参数的偏差见表 4-16。

表 4-16 所列数据充分表明，不论采取哪种绝缘措施，只要消除纵、横向钢筋所构成的闭合回路，就会大大消除钢筋网络对钢轨阻抗参数的影响。

2. 长枕埋入式轨道单元绝缘化试验

长枕埋入式单元试验主要侧重在钢筋结构变化对钢轨阻抗参数的影响。

为考察未绝缘的钢筋网络至钢轨间高度的变化对钢轨阻抗参数的影响，逐渐提升钢轨，使它与轨枕排间的距离不断加大（保持两轨间的轨距为 1.435 m），同时用电桥跟踪测试不同高度时的钢轨电感（L）及有效电阻（R）。试验过程中保持钢筋网络状态不变。试验数据如表 4-17。

表 4-16 板式单元绝缘化实效

绝缘方式（后张法）	电感偏差 $\Delta L/L$			有效电阻偏差 $\Delta R/R$		
	1 000 Hz	2 000 Hz	3 000 Hz	1 000 Hz	2 000 Hz	3 000 Hz
无绝缘	−9.09%	−11.68%	−13.53%	11.81%	16.85%	18.55%
塑料套管	0	0	−0.75%	7.42%	12.86%	16.33%
环氧钢筋	0	0	0	8.52%	13.08%	15.58%
纵向环氧	0	−0.64%	−0.13%	9.39%	14.20%	17.20%
节点全绝缘	0	0	0	6.53%	0	0

表 4-17 钢筋至钢轨间距离对钢轨参数的影响

轨底至横向钢筋的高度	L/mH			R/Ω		
	1 000 Hz	2 000 Hz	3 000 Hz	1 000 Hz	2 000 Hz	3 000 Hz
220 mm	0.016 5	0.015 5	0.014 9	0.030 7	0.042 8	0.055 9
270 mm	0.016 6	0.015 6	0.015 0	0.029 4	0.042 2	0.054 2
320 mm	0.016 9	0.015 9	0.015 4	0.028 2	0.040 6	0.052 0
420 mm	0.016 8	0.015 8	0.015 3	0.026 3	0.039 2	0.050 2

表 4-17 数据表明，随着钢轨与钢筋网络间距离的加大，钢筋网络对钢轨阻抗参数的影响逐渐减弱；当两者间的距离超过 320 mm 以后，影响几乎可以忽略不计。

这次试验中，还做了抽掉两根纵向钢筋，考察影响钢轨参数量值的试验。实测结果表明，抽掉部分钢筋，就相应减少了由纵、横向钢筋所构成的闭合回路，从而减小了对钢轨参数的影响程度，主要体现在钢轨的交流有效电阻（R）变小。

长枕埋入式单元钢筋绝缘化，只是对上层钢筋采取绝缘措施，下层钢筋暂不做绝缘处理，即只需消除上层钢筋中，由纵、横向钢筋所构成的闭合回路。

钢筋绝缘化前后，用电桥比较测试法测得的钢轨阻抗参数偏差如表 4-18 所示。实测条件：轨底距上层横筋 170 mm，距地面 440 mm，轨距为 1.435 m，轨排长度 6.3 m（含 8 根轨枕）。

表 4-18 长枕埋入式单元绝缘化实效

绝缘前后	$\Delta L/L$			$\Delta R/R$		
	1 000 Hz	2 000 Hz	3 000 Hz	1 000 Hz	2 000 Hz	3 000 Hz
前	−1.17%	−3.07%	−4.4%	14.34%	16.12%	21.26%
后	0	−1.23%	−2.52%	0.75%	9.56%	11.71%

比较表 4-16 和 4-18 可以看出，长枕埋入式轨道单元的钢筋结构在未绝缘条件下，其对钢轨阻抗参数的影响要比板式轨道单元小很多。这与秦沈线两种无碴轨道的参数实测结果一致（见表 4-14）。从表 4-18 所列数据还可看出，对长枕埋入式钢筋的绝缘化处理，虽然仅限于上层，但钢轨电感的偏差已减小到－2.5%。

3. 双块式无碴轨道单元绝缘化试验

双块式无碴轨道单元同长枕埋入式一样，也是仅把上层纵、横向钢筋间加绝缘处理。双块式单元绝缘化过程中几个阶段的实测结果见表 4-19。

表 4-19 双块式单元绝缘化实效

条件别	$\Delta L/L$			$\Delta R/R$		
	1 000 Hz	2 000 Hz	3 000 Hz	1 000 Hz	2 000 Hz	3 000 Hz
未绝缘	－3.64%	－5.16%	－6.29%	12.45%	16.39%	18.22%
上筋绝缘未灌注	－3.59%	－5.03%	－5.19%	0	0.75%	3.20%
下筋下移 54 mm	－2.99%	－4.40%	－4.55%	0	0	2.40%
下筋下移 34 mm 灌注	－1.80%	－3.14%	－3.90%	2.42%	6.03%	7.60%
改进两枕块连筋结构（1）（厚度减小）	0	－0.34%	－1.96%	6.50%	11.90%	16.60%
改进两枕块连筋结构（2）（厚度减小）	0	－1.33%	－2.54%	0	0	1.52%

表 4-19 数据表明，双块式单元钢筋未做绝缘处理时，对钢轨阻抗参数的影响要比长枕埋入式大。如果像长枕埋入式单元那样，仅对上层钢筋做绝缘处理，甚至把下层钢筋下移 54 mm，其效果仍不理想。主要原因在于连接每对枕块的钢筋结构都存在两个小闭合回路，一个单元板块中共有 16 个这样的小闭合回路，它们距钢轨又较近，所以对钢轨参数产生一定影响。

对连接双枕块的钢筋结构做适当改进后，可以使双块式单元的钢轨电感与标准值的偏差减小到－2.5%（两种改进方式均达到这一精度）。

综上所述，对无碴轨道单元的钢筋结构采取绝缘措施后，其钢轨阻抗参数已趋近标准值，钢轨电感的偏差可在－3%以内；交流有效电阻因为存在测试误差，暂不能估算出其精度指标，但在信号频率较高的情况下，即使交流有效电阻有较大的变化，它对钢轨阻抗的影响也会很小。

初步估计，用这样绝缘化的轨道单元铺成线路，将使无碴轨道的钢轨阻抗参数大大改善，有望使钢轨电感的偏差不超过－5%，使交流有效电阻的偏差不超过 15%，使谐振式轨道电路的技术长度有较大的增长。以上估计还有待在无碴轨道试验段进行验证。

（三）提高轨道板绝缘电阻的其他措施

为研究提高无碴轨道道床漏泄电阻的措施，有关单位进行了较系统的无碴轨道单元绝缘电阻的比较试验。

试验是在人工模拟降雨条件下进行的。试验中调节降雨强度为 2.5 mm·min^{-1}。试验中对钢轨扣件的绝缘结构做如下变化：轨下橡胶垫板厚度由 5 mm 提高到 10，13，

15 mm；铁垫板下绝缘缓冲垫板厚度由原来的 5 mm 增加到 10 mm；弹条与钢轨间由铸钢轨距块改为尼龙轨距块；锚固螺栓与铁垫板间从无绝缘件改设绝缘套。试验对比数据见表 4-20 及表 4-21。

表 4-20　加尼龙轨距块前后绝缘电阻实测结果

试验结构	测试频率/Hz	实测结果		淋雨时间/min
		板块电阻/Ω	每千米电阻/(Ω·km)	
(1) 板式轨道板； (2) 轨下橡胶垫厚 5 mm； (3) 铁垫板下缓冲垫厚 5 mm； (4) 弹条与钢轨间加尼龙轨距块	850	664	3.32	10
	1 700	619	3.10	
	2 600	607	3.04	
	直流	980	4.9	
(1)，(2)，(3) 同上； (4) 为铸钢轨距块 (即狗河桥扣件结构)	850	230	1.19	10

表 4-21　轨下橡胶垫加厚前后绝缘电阻实测结果

试验结构	测试频率/Hz	实测结果		淋雨时间/min
		板块电阻/Ω	每千米电阻/(Ω·km)	
(1) 板式轨道板； (2) 垫板下缓冲垫厚 10 mm； (3) 弹条与钢轨间加尼龙轨距块； (4) 轨下橡胶垫厚 5 mm	850	612	3.06	10
	1 700	584	2.92	
	2 600	579	2.90	
	直流	930	4.65	
(1)，(2)，(3) 同上； (4) 轨下橡胶垫加厚到 10 mm	850	1 058	5.29	12
	1 700	1 041	5.21	
	2 600	1 025	5.13	

由试验结果可以看出，增加轨下至铁垫板间的橡胶垫板厚度及在弹条与钢轨之间加设尼龙轨距块这两项措施对提高无砟轨道道床漏泄电阻特别有效。

这两项措施不但增加了扣件自身的电阻，而且使扣件的水膜被拉长和拉薄，提高了水膜电阻，使轨道板两轨间的绝缘电阻提高。

轨道区段的道床漏泄电阻值不但与降雨大小及强度有关，而且还与线路的污染、老化程度有关。依照既有线的经验数据，新、旧线轨道电路最低道床漏泄电阻之比大约为 2∶1。据此，在选定轨道板扣件绝缘方案时，必须充分考虑线路的污染、老化因素。在人工模拟降雨的条件下，检测轨道板绝缘电阻的技术指标，也应保留充分的余量。

通过实测比较得知，在采取弹条与钢轨间加设尼龙轨距块的基础上，再将轨下橡胶垫板的厚度增加到 15 mm（工务设计所允许的范围之内），几种无砟轨道单元在模拟降雨条件下，其交流绝缘电阻可以达到 5.0 Ω·km 的水平。

由于试验研究还不够充分，我国目前还没有制定出无砟轨道电气参数的标准，对于各种延长轨道电路传输长度的方法，还需要进一步研究与论证，因此，在进行无砟电路设计时应当认真、谨慎。

第七节 无碴轨道的噪声与振动

一、高速铁路的噪声与振动

随着列车运行速度的提高，铁路运营噪声和振动对环境的影响，已成为铁路建设工程必须解决的重要环境保护问题。目前欧洲主要高速铁路机车的通过声级水平如图 4-30 所示，运行速度 200 km・h^{-1}时的通过声级为 73～85 dBA，300 km・h^{-1}时的通过声级为 80～92 dBA。图中给出了速度 80～400 km・h^{-1}距线路中心 25 m 处的通过声级。

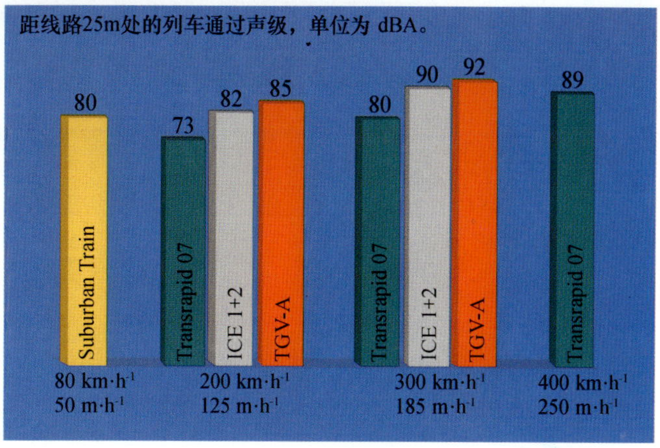

图 4-30 高速铁路噪声状况

高速铁路噪声主要由轮轨噪声、集电系统噪声、空气动力性噪声和结构物噪声等组成。日本新干线的研究结果表明，当列车运行速度小于 240 km/h 时，轮轨噪声约占总噪声能量的 40%；当速度达到 300 km・h^{-1}时，轮轨噪声、集电系统噪声、空气动力性噪声共同成为主要声源，各占 30%左右。

高速列车运行过程中，列车车体不同部位辐射噪声的频率和比重不同。通过实时测量高速列车辐射噪声分布（见图 4-31）可知，轮轨噪声在低频噪声的辐射中占主要部分。轮轨噪声主要由车轮（含转向架）噪声和轨道噪声组成。在轮轨噪声中，车轮和轨道产生的噪声所占比重基本相同（见图 4-32）。

各国根据具体情况都制定了铁路噪声和振动的限值，但评价量和限值有所不同，详见表 4-22 和表 4-23。我国关于铁路噪声和振动的标准主要有 GB 12525—1990《铁路边界噪声限值及其测量方法》和 GB 10070—1988《城市区域环境振动标准》。应特别说明的是，这两项标准制定时的主要依据是既有铁路（普速铁路）的情况，尚不能确定是否适用高速铁路的评价。

表 4-22 各国铁路环境噪声限值

国　家	评价量	铁路类型	限值/dB	测点位置	依据或发布部门
中国	L_{eq}	既有铁路	昼 70/夜 70	距铁路外轨 30 m 处	GB 12525—1990《铁路边界噪声限值及其测量方法》
日本	L_{max}	新干线	75	室外	日本环境厅
法国	$L_{eq,12h}$	高速铁路	65	室外	法国国家环境保护部
德国	L_{max}	高速铁路	88(250 km・h^{-1}) 89(280 km・h^{-1})	距铁路中心线 25 m 处	城际特快列车 ICE 的技术要求
瑞典	$L_{eq,24h}$	既有铁路	75	室外	

注：L_{eq}为等效声级；L_{max}为最大声级；$L_{eq,12h}$为 12 h 等效声级；$L_{eq,24h}$为 24 h 等效声级。

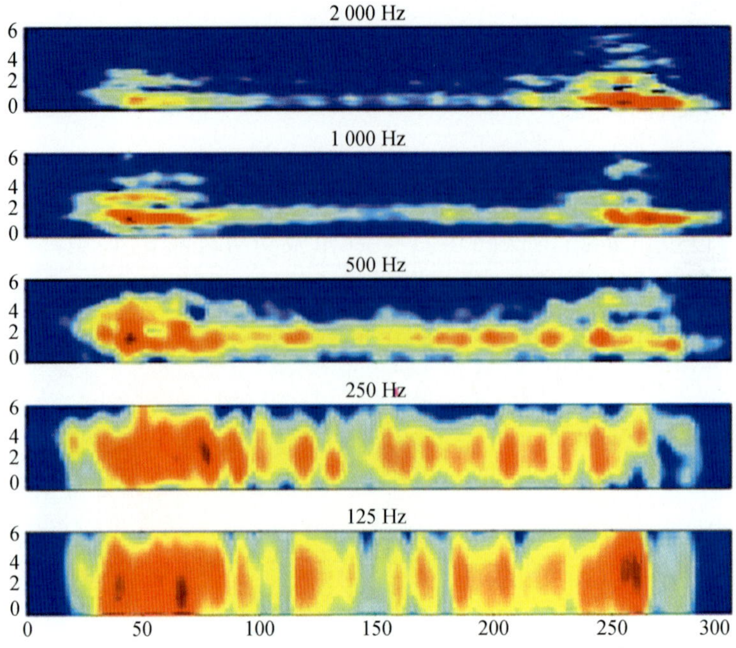

图 4-31　高速列车运行噪声分布状况（单位：m）

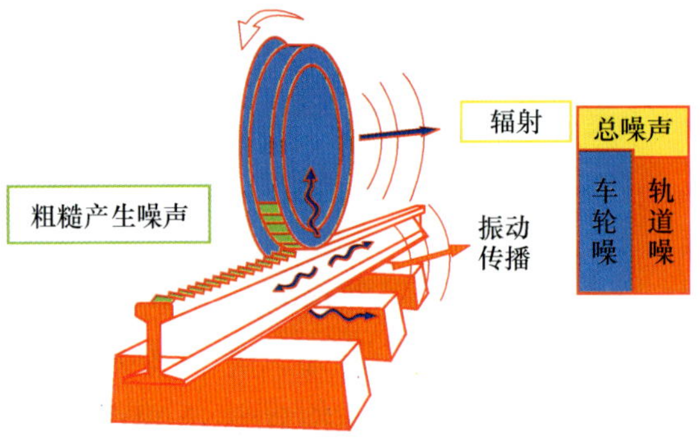

图 4-32　轮轨噪声和振动的产生、传输和辐射

表 4-23　各国铁路环境振动限值

国　家	限值/dB	依据或发布部门
中　国	86	“京沪高速铁路环境影响预评价”研究提出的建议值
中　国	80	GB 10070—1988《城市区域环境振动标准》
日　本	90	日本环境厅
国际铁路联盟	86	ORE 报告提出的建议值
挪　威	83.5～91	Oslo～Gardermoen 铁路的设计要求

二、无砟轨道噪声与振动试验研究

（一）国外无砟轨道噪声与振动试验

1. 日本新干线

日本为了解决新干线的噪声、振动问题，于 1977 年～1979 年东北新干线开工前，在小山地区铺设了新干线综合试验段，设计了 24 种轨道结构，每种铺设了 200 m。分

别对采用减振钢轨、双重铁垫板、连续支承扣件以及低刚度扣件的轨道进行试验。低刚度扣件中的轨下衬垫厚度改为 12 mm。试验结果见图 4-33。

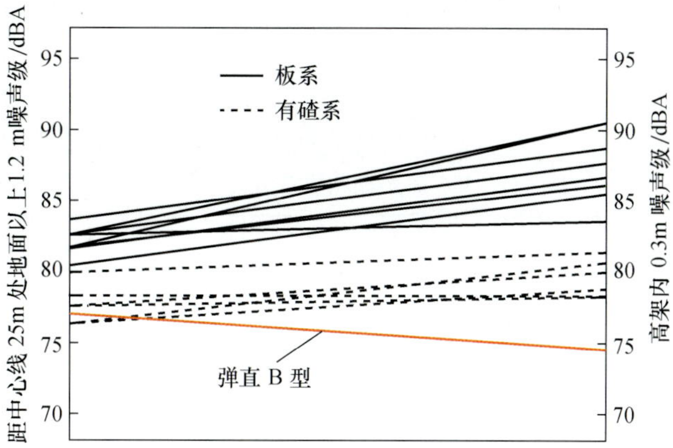

图 4-33 不同轨道结构辐射噪声比较

试验结果表明，除弹直 B 型轨道外，其他无碴轨道的噪声均大于有碴轨道。弹直 B 型轨道在距线路中心线 25 m 地面以上 1.2 m 处的噪声与有碴轨道基本相当。在高架桥内 0.3 m 处的噪声，明显低于有碴轨道。

为了保证与有碴轨道有相同的弹性，弹直 B 型轨道采用发泡树脂覆盖轨道下部一半高度，并将设弹性层的轨枕埋入混凝土基础中。两种轨道公称的刚度相同，而弹性实效 B 型较优。

2. 法国

法国巴黎运输公司（PATR）在修建地区高速铁路（RER）的部分区间内（1970 年 2 月开通）铺了 3 种无碴轨道，进行有关噪声和振动的试验。

3 种无碴轨道中有 PATP 型、SNCF（F）型（带铁垫板直结轨道）和 STEDEF 型。试验采用 3 种列车运行速度 60，80，100 $km \cdot h^{-1}$ 进行噪声振动测量。结果表明，无论采用哪一种无碴轨道，总体的噪声水平都提高了。在隧道内或挂车上，对应 1 000 Hz 的声压级，与有碴轨道相比较，PATP 型增加了 15 dB，SNCF（F）型增加了 9 dB，STEDEF 型增加了 5 dB。

3. 英国

英国对新型无碴轨道的试验研究主要按照国际铁路联盟 DRED87 委员会的计划进行，在 Radcliffe-on-Trent 车站附近做了 2 次试验。

第 1 次试验在 1969 年。试验轨道共有 6 种，每种铺设 72 m。试验用无碴轨道有 LTE 型（伦敦交通局）、NS 型（荷兰国铁）、Monaco 型（法国国铁）、STEDEF 型（瑞士国铁）、PACT（英国国铁）和英国国铁的海峡隧道型。试验的重点是进行无碴轨道噪声、振动特性的研究，比较各种铁道噪声和振动性能，调查轨下衬垫的弹性、扣件连接状况、轨距变化、速度变化以及气候等条件对噪声和振动的影响。

（二）秦沈客运专线无碴轨道振动噪声试验

2003 年，在秦沈客运专线，铁道科学研究院进行了桥上无碴轨道与有碴轨道噪声、振动比较试验。不同桥梁的线路条件见表 4-24。

表 4-24 秦沈客运专线试验段桥梁试验条件

桥梁名称	沙河大桥	狗河大桥	石河二号桥
轨道结构	长枕埋入式无碴轨道	板式无碴轨道	有碴轨道
线路条件	60 kg·m^{-1}钢轨； WJ-2 型扣件； WCK 型轨枕； 混凝土道床板； 隔离层（端跨设弹性垫层）； 混凝土底座。	60 kg·m^{-1}钢轨； 弹性分开式扣件； 预应力混凝土轨道板（端跨设弹性垫层）； 混凝土凸形挡台； CA 砂浆调整层及混凝土底座。	60 kg·m^{-1}钢轨； 弹条Ⅲ型扣件； Ⅲb 型预应力混凝土枕； 30 cm 厚道碴床。

近场点（距离轨面 1.5 m 处）试验结果表明：桥上有碴轨道声级最低，长枕埋入式无碴轨道次之，板式无碴轨道声级最高（见图 4-34）。当 $v>200$ km·h^{-1} 时，桥上有碴轨道线路与长枕埋入式轨道的测值趋于相同，板式轨道略高 1～2 dBA。

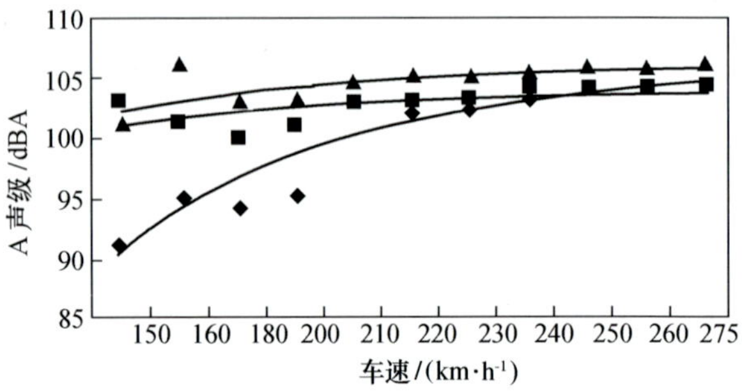

图 4-34 不同轨道结构高架桥近场点噪声测试值

表 4-25 为有碴轨道（石河二号桥）、长轨埋入式无碴轨道（沙河特大桥）、板式无碴轨道（狗河特大桥）3 种不同轨道结构高架桥下地面 Z 振级测试结果。由图表可以看出：桥上有碴轨道线路引起的环境振动最低，长枕埋入式无碴轨道次之，板式轨道最高。距离外侧轨道中心线 30 m 地面处，有碴轨道桥梁引起的 Z 振级测试值低于长枕埋入式无碴轨道桥梁线路约 4～8 dB，低于板式轨道桥梁线路 8～11 dB。

图 4-35 为沙河、狗河和石河二号特大桥区段在列车不同运行速度下的 Z 振级测试结果及回归曲线。

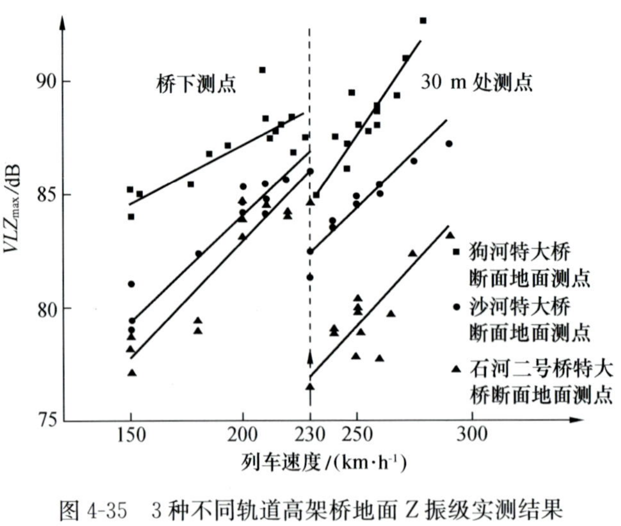

图 4-35 3 种不同轨道高架桥地面 Z 振级实测结果

三、无碴轨道的噪声与振动控制

（一）噪声与振动控制原则

根据国内外在降低无碴轨道噪声、振动方面所采取的主要方法和技术措施，结合我国的具体情况，提出以下主要控制原则或注意事项。

（1）以项目环境影响评价报告书作为环境控制的设计指导

环境影响评价报告书是环境控制的设计指导文件。铁路建设项目的环保措施，应按照环境影响评价报告书的要求进行设计和实施。

（2）执行国家有关法律、法规和标准

确定噪声、振动控制目标、方案时，应严格遵守国家有关法律、法规和标准，如《中华人民共和国环境保护法》、《中华人民共和国环境噪声污染防治法》等。

（3）噪声、振动控制方案应作多方案比选和优化

噪声、振动控制方法很多，应做多方案比较，进行环境、经济、技术等方面的分析。无碴轨道类型及噪声、振动控制措施的选择，要进行方案的优化。防振型无碴轨道主要用于对振动要求较高的区段。对噪声要求较高的区段，一般可采取声屏障的降噪措施，或同时选用低噪声的无碴轨道，提高总体降噪效果。

（二）噪声与振动控制措施

（1）日本

日本开发了防振型轨道板，分为防振 A 型、防振 B 型、……、防振 G 型、防振 H 型等。经过试验比较，认为防振 G 型轨道板具有较好的防振降噪性能。

日本还曾采用碎石铺垫在道床上，起到一定的吸声作用。对于高速铁路，为避免碎石飞溅，需要加网罩住。

防振 G 型轨道板是在轨道板下粘贴一层轨道垫层（见图 3-13）。为了保证轨道垫层的弹性效果，采用了特殊设计的带沟槽的橡胶（见图 3-14）。轨道垫层的刚度为 23 kN·cm^{-1}。由于其防振性能好且比较经济，在上越新干线作为标准结构而取代了防振 A 型，1984 年 9 月正式作为标准轨道结构推广使用。

（2）德国

德国铁路公司 1996 年曾经在霍根海姆—瓦格汉沙（Hockenheim—Waghansel）线路上铺设了 300 m 长的吸声板（见图 4-36 和图 4-37）。测试结果表明，噪声水平低于混凝土轨枕或与之相近。这种无碴轨道仅仅用于试验，并没有在以后德国的新线建设中推广。

图 4-36 铺有吸声板的 Crailsheim 无碴轨道

德国弗莱德尔（Pfleiderer）公司开发的噪声吸收系统如图 4-38 所示，据称仅安装于轨道设施表面，就可以达到降噪要求。板做成沟槽便于无碴轨道的排水。该公司还开发了用于减小列车运行振动对周围环境影响的质量弹簧隔振系统，安装在道床与上部结构之间（主要是扣间系统）。据称采用该方案后，可使地面上不再感觉到通过轨道结构和土壤传输的铁路振动。

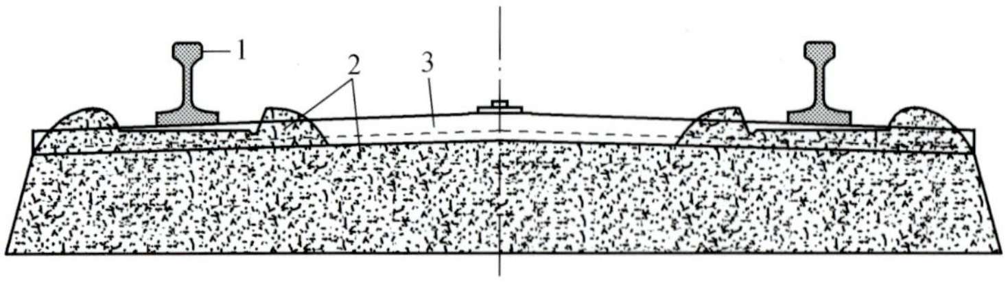

图 4-37　铺有吸声板道床的横断面
1—UIC60 钢轨；2—混凝土承载层（与扣件挡块成一体）；3—吸声板。

图 4-38　铺有噪声吸收系统的雷达 2000 型无碴轨道

德国旭普林公司研发的用于桥上的旭普林无碴轨道，一般设计为两层，下层与混凝土保护层连接，上层与轨枕或轨条扣件直接连为一体。两层混凝土板之间隔有人造橡胶或沥青涂层，能在一定程度上起到隔振的作用。

旭普林公司根据现场的需要，设计了数种质量—弹簧系统，例如支承在连续弹性垫或单个橡胶支座上的混凝土承载板。对需要采取防噪措施的地段，可在钢轨之间安装吸声预制件。这些预制件单元由多孔隙的混凝土组成，根据需要还可以配上颜色。

博格公司有具有减振系统的特殊预制轨道板，可用于有隔振要求的地段。据介绍，该系统是将特殊预制板的厚度加大，以提供减振系统所需要的大质量。这种特殊预制板的底面铺有一层橡胶垫，起到弹簧的作用。

当线路附近有降噪要求时，可在博格轨道板上铺设预制的吸声材料。据介绍，最多能降低 5 dB。

（3）法国和英国

法国开发的 VSB-STEDEF 型无碴轨道也属于弹性支承块式无碴轨道。它由双块式混凝土轨枕组成。在每一块混凝土轨枕下设置发泡氯丁橡胶缓冲垫，厚度为 12～24 mm，用硬质橡胶作成箱形套，并将组装好的箱形套等安装在预制混凝土板的凹穴中，箱形套与混凝土之间的缝隙用砂浆填充。

英国采用的弹性支承块式无碴轨道，具有减振性能。

（4）我国无碴轨道的减振降噪措施

我国研制的减振型无碴轨道主要有减振型板式无碴轨道和弹性支承块式无碴轨道。

减振型板式轨道采用钢轨下部轨道板底粘贴橡胶垫层、线路中部轨道板底设泡沫聚乙烯中空材料的方式减振，其厚度采用 20 mm。

遂渝线无碴轨道综合试验段的《无碴轨道设计技术条件》规定，在无碴与有碴过渡段区域以及特殊减振区段，应采用减振型无碴轨道。该技术条件规定的减振型板式无碴轨道的结构见图 4-39。

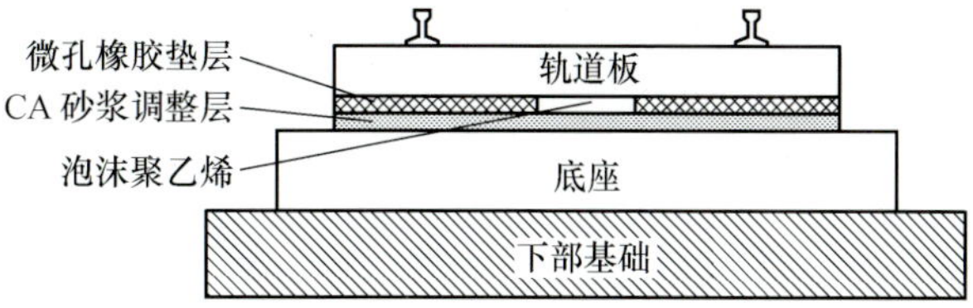

图 4-39 我国研发的减振型板式无碴轨道结构

在西康线秦岭隧道中使用的弹性支承块无碴轨道已经运行了 3 年，减振效果较好。

实际上，降低噪声更多的还是采用声屏障。德国科隆—法兰克福新建线与高速公路平行的谷架桥上就设有声屏障见图 4-40。图 4-41 为秦沈客运专线桥上的声屏障。

图 4-40 设有声屏障的高架桥

图 4-41 秦沈线桥上声屏障

有关声屏障的设计，国家环保总局已经制定了标准 HJ/T 90—2004《声屏障声学设计和测量规范》，可供设计时参考。铁道部也正在制定适用铁路声屏障的设计规范和声屏障单元板的技术要求及检测方法，不久即将发布实施。

必要时，也可在桥上无碴轨道的挡墙内侧设置吸声层，起到声屏障的降噪作用。还可以适当加高挡墙的高度，提高降噪效果。

抑制结构振动主要依靠结构设计和减振降噪设施，因不在本书论述范围，请参考其他资料。

第5章

无碴轨道的施工

无碴轨道的设计寿命一般为50～60年，施工阶段的质量控制，是确保轨道寿命满足设计要求的关键。只有详细规划、精心组织、全程控制，才能达到预期的目标。无碴轨道施工各阶段的机械设备，是保证无碴轨道施工的重要前提，各种测量和调节装置为无碴轨道的精确定位提供了必要的保证。本章荟萃各种型号的无碴轨道的施工技术，用大量图片，展现了机械设备的运用和施工全过程。

第一节　德国无砟轨道的施工技术

一、施工设备

（一）轨道基础施工设备

1. 水硬性混凝土支承层施工设备

图 5-1 为德国用于水硬性混凝土支承层的振动式铺设设备。

图 5-1　水硬性混凝土支承层的振动式铺设设备

该施工设备能保证一次铺设宽度达到设计要求，并能够做到边铺设边压实；同时，保证支承层的平整度达到施工精度。

2. 混凝土承载层施工设备

图 5-2 为在科隆—法兰克福新建线上施工的普通雷达型无砟轨道槽型板基础浇注设备。

混凝土施工设备应能保证现场连续浇注的需要，做到边浇注，边振捣，并满足混凝土铺设平整度的需要。雷达 2000 型的混凝土承载层已经不使用槽形板，设备有所改进。

在科隆—法兰克福新线建设工程中，155 km 无砟轨道的铺设仅用 7 个月的时间完成。每周铺设水硬性混凝土支承层 7 000 m，槽形混凝土基础 9 000 m，填充混凝土 12 000 m，机械化施工效率高。

（二）运输与吊装就位设备

无砟轨道运输设备一般采用无砟轨道专用运输车，吊装就位设备采用龙门吊。

图 5-2 普通雷达型无碴轨道槽型基础浇注设备

图 5-3 为专用运输车在运送博格式无碴轨道板。

图 5-3 专用运输车运送博格式无碴轨道板

图 5-4 为龙门吊从专用运输车上卸下无碴轨道板并使其就位。该龙门吊可跨越施工道路，仅需平移就可一次将预制轨道板铺放到位。无碴轨道的施工组织应当准确计算，保证运输与就位的衔接，不出现二次搬运的情况。

（a）单线

（b）双线

图 5-4　龙门吊卸下和安装就位博格式无碴轨道板

（三）双块式轨枕吊装与定位设备

（1）安装吊装设备

双块式轨枕在工厂预制时由钢筋桁架连接，用短钢轨连接成一定长度的轨枕排架，然后运输到工地吊装就位。图 5-5 为吊装设备在科隆—法兰克福新线上进行旭普林无碴轨道双块式轨枕的吊装和就位。

图 5-5 旭普林无碴轨道双块式轨枕安装就位

从图中可以看到机械门架上设有可以吊装 5 排轨枕的钢吊架。钢吊架用横梁和纵梁双向固定轨枕块，确保双块式轨枕排的相对位置，无需钢轨连接。

(2) 调整和定位设备

图 5-6 为用于雷达 2000 型无碴轨道调整及定位的螺旋调整器和螺杆调整系统。它们可对轨道间距及轨枕块的位置进行精确调整和定位。

(a) 螺旋调整器　(b) 轨道间距调整　(c) 螺杆调节定位系统

图 5-6 雷达 2000 型无碴轨道的调整及定位设备

(四) 砂浆灌注设备

砂浆灌注是板式无碴轨道施工的重要环节。砂浆灌注使用移动式搅拌灌注设备(见图 5-7)。

二、博格板式无碴轨道的施工

(一) 预制轨道板的生产

博格板式无碴轨道的轨道板是在工厂高精度预制生产的，具体工序如下。

(1) 模板准备工作。

图 5-7　移动式搅拌灌注设备灌注砂浆层

（2）铺放第一层非预应力钢筋。

（3）铺放预应力钢筋和安装侧模及预埋件（见图 5-8）。

（4）张拉预应力钢筋。

（5）铺放第二层非预应力钢筋（见图 5-9）。

（6）浇注混凝土（见图 5-10）。

（7）混凝土表面刷毛，混凝土养护（见图 5-11）。

（8）混凝土硬化（16 h）。

（9）切断预应力钢筋（见图 5-12）。

（10）吊出预制轨道板（见图 5-13）。

（11）存放预制板轨道板（毛坯）。

（12）收缩与徐变（30～60 d）。

（13）在承轨台处，通过磨削工序实现轨道几何要求（见图 5-14）。

（14）安装轨道扣件（见图 5-15）。

（15）临时存放预制轨道板成品，适时运往工地（见图 5-16）。

（二）预制轨道板的铺设安装

以带有防冻层的路基为例，安装工艺流程如下。

（1）铺设水硬性材料支承层（见图 5-17（a））。

（2）根据轨道板铺设设计，安装前标出轨道轴线和轨道板接缝的位置（见图 5-17（b））。

（3）将预制轨道板运往工地（见图 5-17（c））。

（4）铺放预制轨道板，并进行粗定位（间距 5 cm）（见图 5-18）。

（5）测量、精定位和固定预制轨道板（见图 5-19）。

图 5-8 预应力钢筋的铺放和侧模及预埋件的安装

图 5-9 第二层非预应力钢筋铺装

图 5-10　浇注混凝土

图 5-11　混凝土表面刷毛和混凝土养护

图 5-12　预应力钢筋切断

图 5-13　预制轨道板吊出

图 5-14　承轨台磨削

图 5-15　轨道扣件安装

图 5-16　预制轨道板成品临时存放

(a) 铺设支承层　　(b) 标注轴线和接缝位置　　(c) 运送预制轨道板

图 5-17　预制轨道板铺设安装准备工作

图 5-18　预制轨道板铺放

图 5-19 预制轨道板的测量、精定位和固定

(6) 密封纵向和横向缝隙(见图 5-20)。

(7) 灌浆并密封灌浆孔(见图 5-21)。

(8) 填充窄接缝。

(9) 纵向连接预制轨道板(见图 5-22)。

图 5-20 纵向和横向缝隙密封

图 5-21　灌　浆

图 5-22　预制轨道板纵向连接

（10）填充宽接缝（见图 5-23）。

（11）铺设长钢轨（见图 5-24）。

（三）轨道校正

当基础沉降造成轨道位置改变时，采用普通轨道扣件通常最多可将轨道高程调高 50 mm。如果这种校正余量还不能满足实际需要，还可以重新调整轨道板的高程。

首先借助锁锯将轨道板与灌浆层分离出来，然后使用调高设备将轨道板抬起并进行精确定位。将由此而产生的板下空隙的两侧进行封闭，再进行灌浆。由于灌浆层在

图 5-23　填充宽接缝

图 5-24　长钢轨铺设

较短的时间内即可固化，因此校正工作完成几个小时后，列车即可通行。

三、雷达 2000 型无砟轨道的施工

雷达 2000 型无砟轨道双块式轨枕在工厂高精度预制后运输到铺设现场备用（见图 5-25 左侧）。

雷达 2000 型无砟轨道铺设工艺流程如下。

（1）基底、基础层准备和施工。

图 5-25　双块式轨枕存放在施工现场路段备用

（2）根据设计，测设基标。

（3）铺设混凝土底座。

（4）绑扎承载层钢筋。

（5）铺放预制双块式轨枕。双块式轨枕按照 650 mm 的间距排列，每组轨枕块下依靠两个钢筋桁架支撑。

（6）组装长轨排。

（7）调整、精定位。用雷达 2000 型无砟轨道螺旋调整器和螺杆调整系统对轨道间距及轨枕块位置进行精确调整与定位（见图 5-26）。

螺旋调整器调整包括：通过安装至轨枕末端的螺旋调整器进行垂直调整，通过安装在轨枕中间的螺旋调整器进行水平调整。

螺杆调整展示出一种极为灵巧的解决方案。它们在轨道底部直接支撑轨盘，根据各处的轨道设计，对超高进行垂直调整，或进行水平调整。

通过这两种程序调整后，由测量员进行确认。

（8）将轨枕浇注到混凝土承载层中。

轨道安装的精度通过调整过程即可满足规范要求。施工中从上向下的浇注技术在混凝土浇注过程中应最大限度保证已调整的精度。图 5-27 为施工完的雷达 2000 型无砟轨道。

四、旭普林无砟轨道的施工

旭普林无砟轨道施工方法有两种：机械化安装和手动安装。

（一）机械化安装

旭普林无砟轨道的机械化安装是通过一个专门为此设计的推进机来完成的（见

图 5-28）。

为满足相应的材料和铁路施工技术要求，保证不同工序的实施，每个工序分别单独完成。这些工序是：

（1）基底、基础层准备和施工；

（2）铺筋、浇注和振捣混凝土承载板；

图 5-26　浇注混凝土前的雷达 2000 型无碴轨道

图 5-27　施工完的雷达 2000 型无碴轨道

图 5-28　旭普林无砟轨道的机械化安装

(3) 通过精确振动将已预先安装了锚固单元的轨枕嵌入到已经浇注好但还没有凝固的混凝土承载板中；

(4) 铺设和焊接钢轨。

有滑轨的横向模板固定在下部结构上，架设机沿着滑轨向前移动。铺设好标准钢筋后，开始浇注混凝土板和进行捣固。双块式轨枕，每次 5 根，安装在钢框架上，通过架设机进行调整，通过精确的振动把它们嵌入到新鲜混凝土中。振动的作用是确保预制的轨枕与现浇的混凝土承载板之间有最佳的粘结。一旦把双块式轨枕定位好后，临时支架继续留在原地的支座上直到混凝土完全凝固。通过对同一横梁上的两个调整点进行支撑，可以保证轨枕的高度一直处于精确的位置。

单班作业下，每台机器平均每天可以铺设 200 m 轨道。如果 2 班作业，每台机器每天可以铺设 350 m。

根据需要安装和焊接钢轨，一般每天可以完成数千米。

(二) 手动安装

如果受场地的限制，架设机无法进入施工现场时，只能手动安装。旭普林公司开发了一套具有提升设备和调整设备并且能够满足现场要求的高级手动无砟轨道安装系统（见图 5-29）。

为了尽可能不产生应力，手动安装过程要分两步来完成：首先，架设一个有轨枕、钢轨锚固单元和钢轨所组成的轨道支架，该支架被安装在下部结构上并用常规提升设备进行预调；然后，在铺设好钢筋后，把一个专门设计的轨道调整设备定位到每三个轨枕之间的空隙中，该轨道调整设备被固定在两个钢轨的内侧，两个垂直的螺旋支座可以确保钢轨的高度和坡度调整正确，而轨道的水平位置则是通过一个水平调整设备进行调整。

浇注好混凝土承载板之后，把略带圆锥形的螺旋支座放松，以便能够用人力把整

图 5-29 旭普林无碴轨道手动安装系统

个轨道设备提升起来，供下一个需要的地方使用。

五、无碴轨道施工精度要求

（一）无碴轨道沉降要求

在铺设无碴轨道前，需要对已经完工的土工建筑物和人工建筑物的变形进行分析，在此基础上，对铺设水硬性混凝土支承层、混凝土承载层、安装无碴轨道做出适当的时间安排。施工中的关键问题是预测无碴轨道建成后的工后沉降，并通过连续不断的测量进行检测、校验。图 5-30 描述了路基沉降与时间的关系。从图中可以看出，路基沉降不仅存在于无碴轨道安装过程中，在无碴轨道安装完成后及运营开始的一定时间内，路基沉降仍然存在。

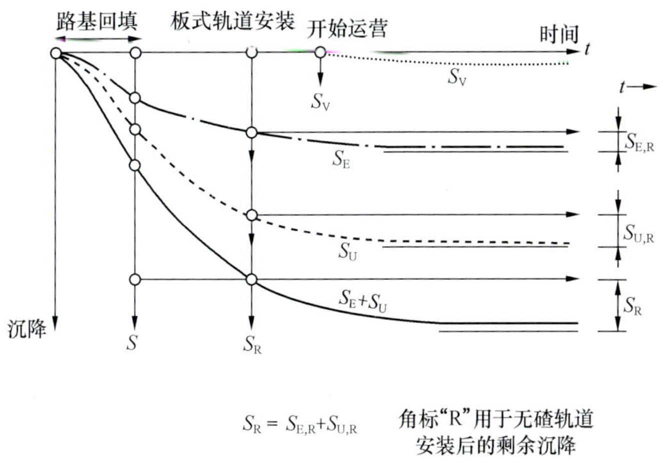

图 5-30 路基沉降量与时间的关系

对于沉降的控制和对线路竖曲线的调整，需要建立严格的监测体系。德国在修筑科隆—莱茵/美因新线时，用液压传感器在路基底层采集路基沉降值，在无碴轨道修筑和固结期间内通过沉降观测点监测沉降值的变化。对于槽型基础和隧道建筑物，利用安装在结构中的测杆，用水准仪观测轨道水平位置的变化；在桥梁上，利用安装在基础或桥墩及上部建筑上的测杆或测点观察水平位置的变化。对各测点按照施工进度进行周期性测量后，将观测资料汇总，计算最终沉降和工后沉降预测值，并根据实测的沉降曲线不断对测值进行校验，必要时还要做进一步的监测和验证。对预计的工后沉降，根据其大小分为非临界或可能临界等级，必要时采取补偿措施。补偿措施包括延长固结时间、利用钢轨扣件进行调节和调整线路纵坡。

当土工结构物在较长范围内的沉降是稳定渐变的情况时，可以对轨道竖曲线进行调整。

1. 无碴轨道路基施工监控

德国的无碴轨道路基填筑采用如下监控方式：压路机碾压过程中连续地自动监测、压实系数试验、变形模量和动态变形模量试验。

（1）压路机的压实自动监测以测试的振动加速度为参数，当其在规定的控制范围内时，表明压实良好。

（2）德国规范中的压实系数为普氏压实系数，无论是细粒土还是粗粒土均采用击实试验确定最大干密度，在现场用核子密度仪和灌砂灌水法测定密度来确定压实系数。

（3）变形模量 E_{V1} 和 E_{V2} 试验属于平板载荷试验，在试验装备上与地基系数 K_{30} 是极其相似的，主要差别在于操作步骤、资料整理和计算方法的不同。该试验在一般情况下也采用直径 300 mm 的载荷板。如图 5-31，先预压 0.01 MPa 的荷载 30 s，然后分级加载，直到沉降达到 5 mm 或荷载达到 0.5 MPa。加载时，对荷载的增量没有做硬性规定，但规定加载等级不应小于 6 级，每级加载要在 1 min 内完成，加载完成后经 120 s加下一级荷载。对于持力层停留等待的时间允许缩短为 60 s。

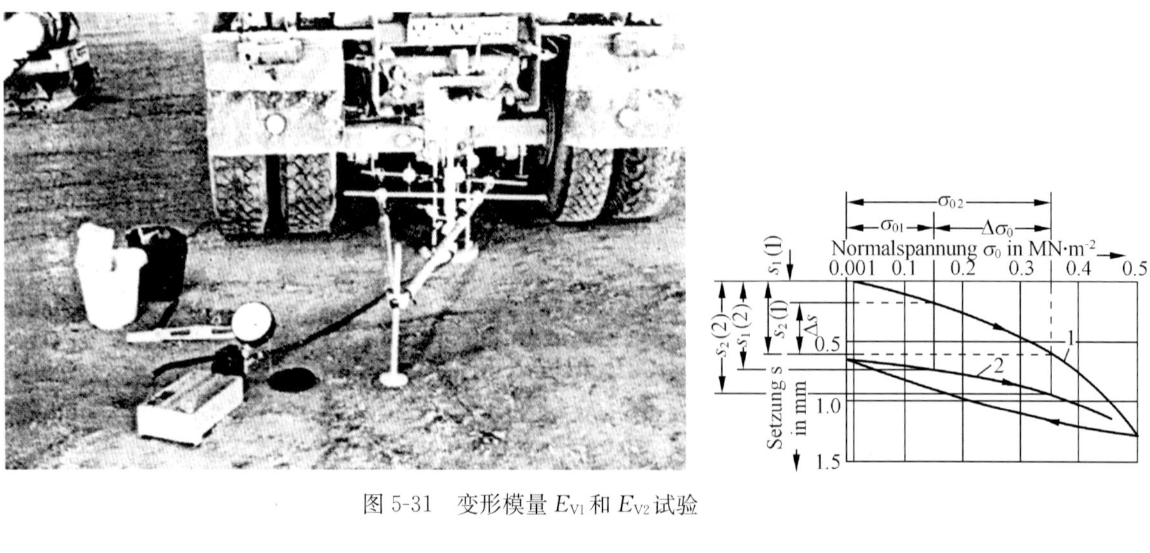

图 5-31　变形模量 E_{V1} 和 E_{V2} 试验

变形模量计算的理论基础是弹性半空间体上圆形局部荷载的公式：

$$E_0 = 0.79(1-\mu^2)r\frac{\sigma}{s}$$

取 $\mu=0.21$，并采用增量形式：

$$E_V = 1.5r\frac{\Delta\sigma}{\Delta s}$$

计算 $0.3\sigma_{max}$ 到 $0.7\sigma_{max}$ 的割线。为了有效地利用测试记录的数据，减小误差，采用对试验数据做二次回归：

$$s = a_0 + a_1\sigma + a_2\sigma^2$$

利用下式计算：

$$E_V = 1.5r\frac{1}{a_1 + a_2\sigma_{max}}$$

试验经两次加载。E_{V1} 和 E_{V2} 分别为第一次加载和第二次加载时计算的情况。

（4）动态变形模量 E_{Vd} 试验是落锤施加冲击荷载的载荷板试验。通常，载荷板的直径也为 300 mm，锤重为 10 kg，最大冲击力为 7.07 kN，荷载脉冲宽度 18 mm。试验记录落锤冲击时板的沉降。在假定冲击力恒定和泊松比 μ 为 0.21 的情况下，由弹性半空间体上圆形局部荷载的公式计算模量：

$$E_{Vd} = 0.79(1-\mu^2)r\frac{\sigma}{s} = 1.5r\frac{\sigma}{s} = \frac{22.5}{s}$$

操作时，除了平整场地和垫铺干砂外，还要预先施加三次冲击荷载，然后做三次落锤冲击试验，求平均值。尽管预先施加三次冲击荷载，但由于反弹很难保证载荷板同地面的结合象静载那样良好，测试的沉降在很大程度上是界面的影响，测试值其实也不是真正意义上的动态变形模量，出现了动态变形模量远小于静态变形模量的结果。德国的试验显示 E_{V2}/E_{Vd} 的比率为 1.0～4.0，其意义实际上是一个用于质量控制和检验的与试验方法有极大关系的参数。目前 E_{Vd} 测试仪器主要来自德国，生产厂家不止一家，型号也有多种，德国的道路与交通事业研究会曾组织过一次对比试验，在测量值的稳定性上有一些差别。E_{Vd} 在德国使用也是很慎重的，一般要做统计分析。按德国土工和岩石道路建造技术规范中“统计随机样本试验”，对于试验结果的评估，高斯正态分布是有效的：

$$s = \sqrt{\frac{\sum_{i=1}^{n}(x_i - \bar{x})^2}{n-1}}$$

式中：$\bar{x}$ 为检验点的算术平均值；s 为标准偏差。

质量值：

$$Q = \frac{\bar{x} - T_M}{s}$$

式中：T_M 为最小分位点。

在新的德国土工技术规范 ZTVE—StB94 中均要求为最小分位点的 10%。如果小于 3 个测试结果，最小分位点是每次试验最小值的绝对值。

如果质量值 Q 高于接受值 k，即 $Q \geqslant k$，该批试验是可以接受的。

在德国规范 ZTVE—StB94 中，接受值 k 为 0.88。

2. 无碴轨道路基的沉降监控

无碴轨道对沉降非常敏感，因此，土工结构物沉降量的控制是无碴轨道建造质量控制的首要环节。由于沉降计算是不够精确的，不足以控制无砟轨道的工后沉降。为保证精度和有效的控制，应进行系统的观测与分析评估。系统的观测在于有一定的数量和设定在恰当的断面，并以合理的观测周期进行观测。在德国科隆—莱因/美因线路上长 43 km 的区间内，路基设置了 700 多个测试断面。断面布置如图 5-32。

大地测量（精密水准测点）在填土完成后，按以下间隔测试：

第 1 个月：每星期 1 次；

第 2、3 个月：每 14 天 1 次；

第 4、5、6 个月：每月 1 次。

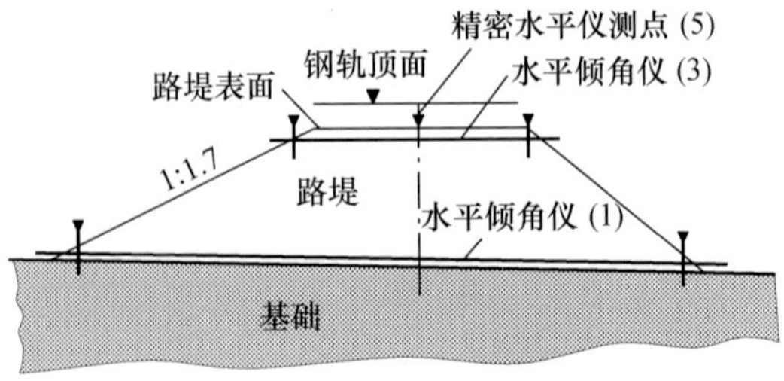

图 5-32 路堤区段的测试截面

同时系统的沉降分析评估也是非常必要的。系统的分析评估大致有三部分。①测试数据和趋势确定的检验，其相关系数 $r^2 \geqslant 0.85$ 时为“优”。②预测稳定性检验，根据已有的观测数据和回归曲线，推测一定时期（一般为 6 个月）后的沉降，预测一般在填土完成后 3～6 个月的测量时间，当偏差≤8 mm 时，认为预测的稳定性达到了“优”。③预测准确性的要求：当预测的时间满足条件 $s(t)/s(t=\infty) \geqslant 75\%$ 时，预测才是准确的。

（二）轨道几何尺寸要求

轨道几何尺寸误差的限制程度，对于铁道线路的质量非常重要，它影响到行车安全和旅客舒适性。

轨道几何尺寸包括内部尺寸（轨道自身的几何尺寸）和外部尺寸（轨道与周围建筑的相对尺寸）。内部尺寸描述轨道的几何形状，对列车走行的动力学性能（例如乘车舒适性、轮轨磨损等）起惟一决定性作用。为此，要尽量使轨道几何状态平顺。那些起控制作用的单个不平顺及某些周期性不平顺是非常有害的。外部尺寸描述轨道的空间位置和高程，对保证轨道的正常功能有重要意义。

1. 内部尺寸

轨道的内部尺寸可以用轨道相邻点之间的相对位置进行描述。可以用一根弦线上的矢高，或者说是用一根弦线上的垂直坐标来进行描述（见图 5-33）。其中，确定相对位置的两相邻点之间的距离具有特别重要的意义，这个距离取决于与行车速度有关的振动临界周期。对于高速而言，这个距离的范围在 150 m 以内。轨道方向不平顺的容许值是由这种不平顺所引起的各种力所决定的。

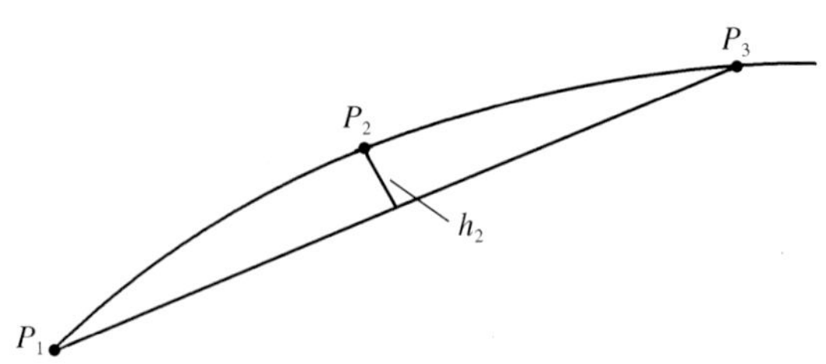

图 5-33 利用矢高 h_2 可以描绘曲线的形状

通过对轨道内部尺寸的规定，保证在走行动力学方面具有良好的线路走向。因此除了轨距和超高外，还规定了纵向高度和轨道轴线方向的参数，它们保证轨道正确的形状或曲率。通过参数检查轨道的实际形状与设计形状是否一致。

钢轨的形状或曲率可以通过弦上的矢高以几何方式来描述。在验收规程中规定了两个检验标准检测轨道纵向高低和方向。

第一个标准用于检验轨道在较短长度范围内的几何形态。按间距 5 m 设置一对测点，检验这一对测点的矢高之差。

第二个标准用于控制长波不平顺的影响。按间距 150 m 设置一对测点，因为测点间距超过 150 m 之后，其不平顺的动力影响可以被忽略。

轨道偏差极限值见表 5-1。

表 5-1 轨道偏差极限值

测量参数	容许偏差极限值
轨　距	±2 mm，相对标准轨距 1.435 m 而言
水　平	±2 mm，等高的两股钢轨相对而言，或相对于规定超高而言
纵向高低	两个相邻检验点的实际矢高差与设计矢高差的偏差： ±2 mm，当用于评估矢高差的两检验点之间的距离为 5 m 时； ±10 mm，当用于评估矢高差的两检验点之间的距离为 150 m 时
方　向	两个相邻检验点的实际矢高差与设计矢高差额的偏差： ±2 mm，当用于评估矢高差的两检验点之间的距离为 5 m 时； ±10 mm，当用于评估矢高差的两检验点之间的距离为 150 m

可见，纵向高低和方向的标准是相同的。因此，适用于轨道方向的检验也适用纵向高低的检验。

(1) 2 mm/5 m 标准检验方法

用 2 mm/5 m 标准检验时，采用弦长 $S=30$ m，弦线可以用计算方法设置或在现场直接拉线。对所有支承点（一般就是所有轨枕）的矢高或者说垂直坐标进行计算或直接测量。为了检验一个钢轨支承点，应计算出该支承点与相隔 5 m 的另一支承点（检算点）之间的实际矢高差，并与相应的设计矢高差进行比较。实际矢高差与设计矢高差之偏差允许最大值为 2.0 mm。

见图 5-34，假定钢轨支承点的间距，或者说轨枕间距为 0.625 m。这个假定只是为了简化计算过程，图中支承点间距的 8 倍正好是两检测点的间距 5 m。在实际应用中根据需要可以假设各种不同的钢轨支承点间距，或者说轨枕间距，其检验均可按相似的方法进行。

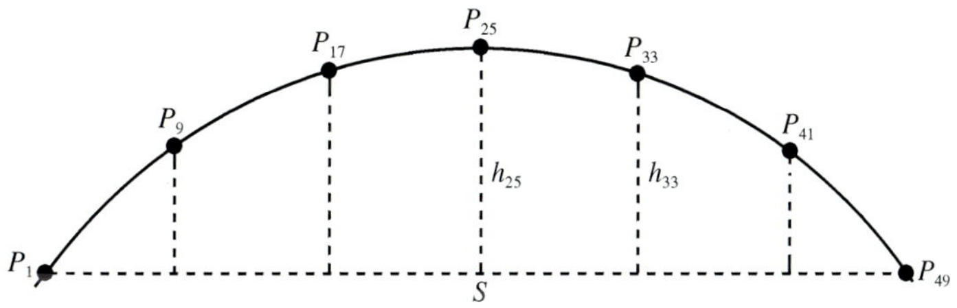

图 5-34 利用“长弦”检验轨道自身的几何尺寸

图 5-35 中的点号是钢轨支承点的编号。$S=30$ m 时，在上述假设的轨枕间距的情况下共有 49 个支承点，弦线端部的支承点分别用 P_1 和 P_{49} 表示。要在这根弦线上方分别确定支承点 P_2 至 P_{48} 的矢高。为清楚起见，图中只标出间距为 5 m 的各个支承点。

作为实例，检验支承点 P_{25}。其间距为 5 m 的对应核算点为支承点 P_{33}，计算出 P_{25} 和 P_{33} 的设计矢高，并测定其实际矢高。必须满足的极限值可由设计矢高和实际矢高按

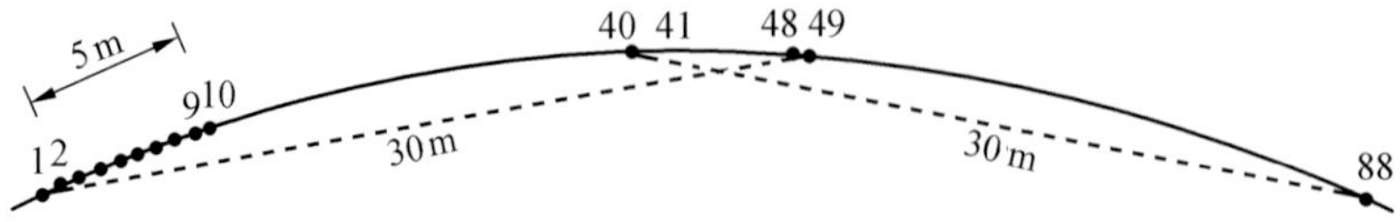

图 5-35 标准 2 mm/5 m 时检验方法的弦线布置

下式算出：

$$\Delta h = |(h_{25设计} - h_{33设计}) - (h_{25实测} - h_{33实测})| \leqslant 2\ \text{mm}$$

要用 $P_1 \sim P_{49}$ 的弦线检验所有可能检验的支承点，这里指的是从 P_2（校算点 P_{10}）至 P_{40}（校算点 P_{48}）。不可能对支承点 P_{41} 进行检验，因为相应的校算点 P_{49} 处矢高为零，要用新的弦线来检验支承点 P_{41}，P_{42} 等各点。

新的弦线要从最后一个已经检验的支承点开始。在此处这个支承点就是 P_{40}，而新弦线的最后一个支承点是 P_{88}。在这根新的弦线上又可确定支承点 P_{41} 至 P_{87} 等各支承点的矢高，并检验支承点 P_{41}（校算点 P_{49}）至 P_{79}（校算点 P_{87}）。再下一根新弦线是从支承点 P_{79} 开始。

（2）10 mm/150 m 标准检验方法

两测点（检验点和检算点）间距为 150 m 的第二个标准采用类似上述的办法。此时弦长 SA=300 m，由于在实际测量中难于采用这样长的弦线，所以它只能是用计算方法来实现的。

我们仍假设轨枕间距为 0.625 m，则 S=300 m 时共有 480 个钢轨支承点间距。这样，第一根弦线从支承点 P_1 开始，在支承点 P_{481} 结束（见图 5-36），此时需要测定支承点 P_2 至 P_{480} 之间所有各点的矢高。要进行检验的支承点是从 P_2（检算点 P_{242}）至 P_{240}（检算点 P_{480}）。

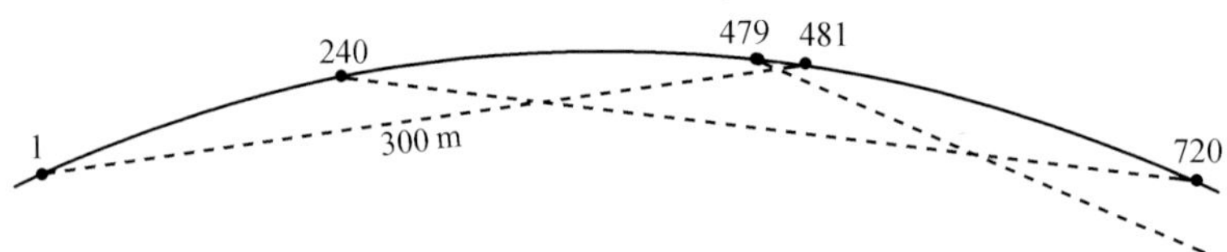

图 5-36 10 mm/150 m 标准检验方法时弦线的布置

下一根弦线从最后检验的支承点 P_{240} 开始，在支承点 P_{720} 结束。这样就可检验在支承点 P_{479}（检算点 P_{719}）及其之前所有支承点的矢高。

仍以支承点 P_{25} 为例，其相距 150 m 的相应检算点是 P_{265}。先算出支承点 P_{25} 和 P_{265} 的设计矢高，然后再用测出的数据算出 P_{25} 和 P_{265} 的实际矢高。这两个矢高值之差就应满足允许偏差极限值要求：

$$\Delta h = |(h_{25设计} - h_{265设计}) - (h_{25实测} - h_{265实测})| \leqslant 10\ \text{mm}$$

（3）检验方法应用实例

已知数据如图 5-37 所示，其中支承点 1，25 和 49 准确地位于图中用贯通直线所表示的设计高程或位置上，支承点 9 位于设计高程上方 2 mm 处。

图中只画出了每隔 5 m 的支承点。对 5 m 间距之内的各支承点（通常是 7 个）不

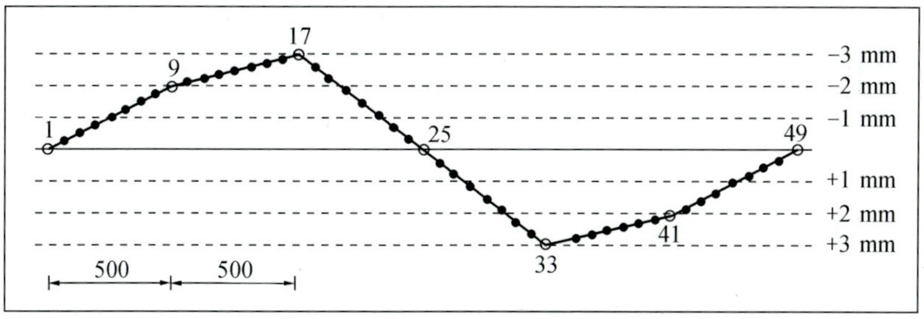

图 5-37 检验方法实例

进行具体计算，这些支承点通常位于所画出的支承点之间的一条直线上。检验结果见表 5-2。

表 5-2 检查结果

测点（MP）	测点+5 m	检查			
		额定值/mm	实测值/mm	差值/mm	≤2 mm
9	17	0	1	1	√
17	25	0	−3	3	×
25	33	0	3	3	×
33	41	0	1	1	√
41	49	0	2	2	√

由表 5-2 可见，点 17 和 25 出现了不允许的误差。

当支承点连接的弦线选择不当时，如选择图 5-35 中的 P_1 到 P_{49} 之间的弦线，用上述检验方法就不能发现图 5-38 所示的轨道不平顺。而像 OMWE 那样的轨检车可以查出这类轨道不平顺，如果出现这类轨道不平顺就不应被验收。对于这类轨道不平顺，原则上不是用上述方法，而是应采用 OMWE 或其他类型的轨检车进行检测、验收。

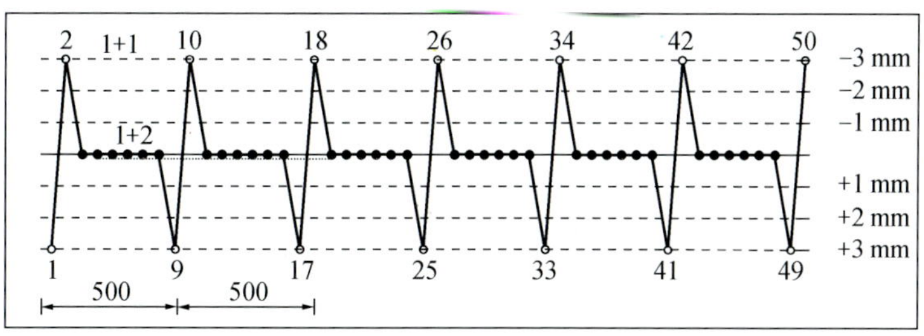

图 5-38 “长弦”检验方法可能发现不了的轨道不平顺情况

(4) 视距仪测量方法

使用视距仪测量时，应选择把工具放置在被测量钢轨上方的邻近处，以便由光学方式实现。沿着钢轨的弦的误差仅由高精度的方向信息来决定，较差精度的线路信息就几乎不起作用（见图 5-39）。

2. 外部尺寸

轨道相对于周围建筑的几何尺寸包括与邻线的间距，与站台、接触网、隧道、桥

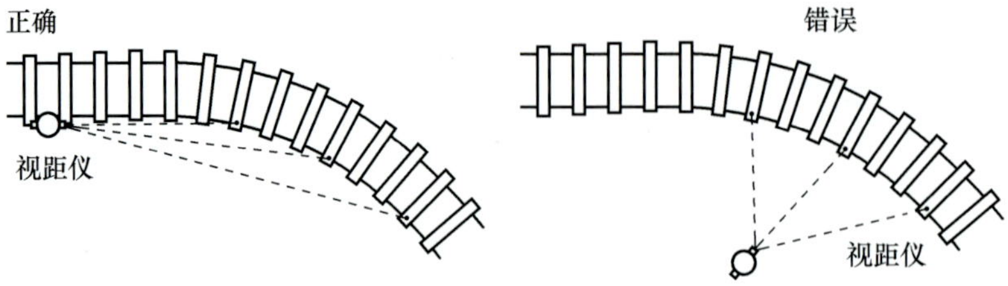

图 5-39　在轨道检查定线时视距仪的放置

梁等的相对位置等。因为这些建筑物往往都是从同一个基准点通过测量进行测设的，所以轨道相对于周围建筑的几何尺寸也可用于描述轨道的平面位置和高程。竣工轨道必须满足机车车辆的接近限界。其相对于设计平面位置和设计高程的容许偏差均在±10 mm以内时，认为轨道相对于周边建筑物的距离和高程满足设计要求。

最大偏差 10 mm 是相对于有效基准线而言的。基准线通常是通过轨道定位桩或等级和精度等同的基准点来体现。

从测量技术的角度讲，线路设计时考虑的测量误差只能是这个总误差的一部分。

测量每隔 5 m，即每隔 7～8 根轨枕或支承点间距进行一次。检查轨道相对于周围建筑物的几何尺寸的测量工作，没有必要在 5 m 之内的每个支承点（或每根轨枕）处进行，因为轨道自身的几何尺寸标准要求轨道方向在各支承点之间有足够的平顺性，从而可以保证满足与相邻建筑物之间的几何关系。

3. 轨道几何尺寸的检测与验收

(1) 施工过程中的检测

为了保证优良的质量，在施工过程中和竣工后均应进行检测验收。

施工过程中的检测分为施工单位自身监督检测和业主控制检测。自身监督检测应定期进行，其结果要汇编成册。控制检测只在必要时以抽查方式进行。

浇注混凝土之前的轨道几何尺寸，应在即将浇注之前由业主和施工单位共同进行检测。

施工单位的自身监督检测结果与业主的控制检测结果出现偏差时，不能只根据两项结果的差值来判断测量结果是不是具有差异，还要考虑到测量的精度。这样做是为了在由于测量的精度使测量结果产生偏差时，不至因为出现差值而判定测量结果有差异。

以一轨道外部（相对于周围建筑物）几何尺寸的检测为例。设计高程 H=79.100 m。自身监督检测结果为 H=79.109 m，与设计值相差 9 mm，没有超出容许偏差；控制检测的结果为 H=79.111 m，与设计值相差 11 mm，超出了容许偏差（见表 5-3）。

表 5-3　检测结果

设计高度	自身监督测量		控制检验	
H/m	H/m	σ_H/mm	H/m	σ_H/mm
79.100	79.109	1.5	79.111	1.5

根据采用的测量方法和测定物体的外形，两项测量的标准差均为$\sigma_H=1.5$ mm。自身监督检测结果与控制检测结果的差别为$d=2$ mm，与标准偏差的差距很小。因此可认为两种测量结果没有差异。这样就可以认为自身监督检测是正确的，没有超出容许的偏差。

为了在这类问题发生意见分歧时能取得协调解决办法，应由业主和施工单位分别任命一位对无碴轨道测量技术可以信赖的合作人。

（2）验收申请

在申请验收时，施工单位应提出包括自身监督检测结果的报表和图表。检测必须是在竣工准备交付运营的轨道（焊接成无缝线路，经过打磨）上，按有关对轨道内部尺寸和外部尺寸检验的规定进行。

报表主要由三部分组成：检测点，外部尺寸偏差，内部尺寸内容。外部尺寸的偏差量每隔5 m（每数8根轨枕）检测一次，并进行检验。内部尺寸的偏差则是每根轨枕（每个钢轨支承点）都要检测、检验。不要求外部尺寸的偏差值等于内部尺寸的偏差值，原因在于检测内部尺寸和外部尺寸的测量精度不同。

图表在外部尺寸方面要显示出设计高程和设计平面位置的偏差，在内部尺寸方面则要显示水平和轨距方面的偏差，不需要显示纵向高低和方向（正负差别）的偏差。

因为检测内部尺寸时，有些不平顺无法检查出来，而轨检车则能测出这些不平顺，所以在文件中要采用图形的方法表示这些不平顺，即在轨道内部尺寸方面要有每个钢轨支承点处的检测数据。这些数据用相对于弦线的局部坐标（横坐标和纵坐标）来表示。此外根据对外部尺寸的检测会得出间距大约为5 m的各支承点的平面位置和绝对高程的坐标（例如Grauβ-krueger位置坐标）。这些钢轨支承点的偏差显示在外部尺寸的图形上。

利用相对于周边建筑物几何尺寸的坐标系，可以将轨道自身几何尺寸的局部坐标用线性变换方法变换成绝对坐标。这项变换可以对平面位置和高程分别进行（3个或2个参数，比例对偏差无关紧要）或一起进行（5个参数）。利用这些变换的坐标可以用图形方法将线路设计的差值表达出来。这项工作在描述相对于周边建筑的几何尺寸图形时进行。至于变换后的坐标是否超出了相对于周边建筑物几何尺寸10 mm的容许偏差，就不再用计算方法进行检验。图形只是用于说明上述不平顺的存在，以便能及时采取措施。

（3）验收

施工完毕后，由业主进行验收。

1）内部尺寸的验收

内部尺寸根据轨检车（OMWE）检测的轨道几何图形和行车技术试验进行验收。测量结果的鉴定评价以轨检车50 m滤波检测信号为根据进行。轨道位置的个别缺陷见表5-4的SR_0值。

对于用轨检车测量信号检测的250 m以上轨道位置质量的区段鉴定可根据表5-5验收值的标准误差。

SR_0值的修改应显示在一个修改记录上。如果表5-4和表5-5的SR_0值要修改，应

表 5-4　轨检车检测信号中轨道位置个别缺陷的鉴定标准

鉴定范围	滤波/m	分析评价	SR_0 值
垂直断面	50	零/峰值	① 标准：±4 mm 所有的测量值
			② 标准：±3 mm 在 50 m 的线路区段上每段 25 m，95%的测量值
水平断面（注 1）	50	零/峰值	① 标准：±4 mm 所有的测量值
			② 标准：±3 mm 在 50 m 的线路区段上每段 25 m，95%的测量值
相对的标高	40	零/峰值	±3 mm
轨距（注 2）	—	1 435/峰值	±2 mm
扭曲	测量基线 1.5～19.5	零/峰值	<1‰

注1：Fakop—道岔和钢轨伸缩缝范围内结构的轨距加宽会在方向信号中出现系统缺陷。在测量值修改时，应根据结构图纸的尺寸。

2：关于道岔和钢轨伸缩缝和车辆在轨道上运动的程度可根据 Ril 821.2005 试验规定 E 的鉴定标准。

表 5-5　用轨检车测量的 250 m 区段轨道位置质量鉴定的标准误差（每段 25 m）

鉴定范围	滤波/m	分析评价	SR_0 值/mm
S250 垂直断面	50	零/峰值	1.2
S250 水平断面	50	零/峰值	1.2
S250 相对的标高	40	零/峰值	1.2

就地现场调查研究，决定是否用改善轨道位置的措施进行修改。

如果轨道内部尺寸个别地方出现不容许的偏差，就依长弦原理用大地测量学的方法确定其位置。除上述外，检查轨道位置波动性的补充措施如下。

① 最长 50 m 的波动性

为了避免最长 50 m 波动性轨道误差对铁路机车车辆运行技术性能产生的副作用，除调查个别缺陷和区段波浪形外，还应调查垂直断面和水平断面的测量数据。

轨道位置的误差应用行程频率部分（波长）分析功率密度谱，并与标准值进行比较。计算的功率密度谱不应超过标准值。在超过时要与股份公司商定后采取改善轨道位置的适当措施。

图 5-40 中光谱的功率密度 $G_x(i)$ 计算如下：

$$G_x(i) = \frac{Xeff(i)^2}{dF} \quad (\mathrm{m}^2/1/\mathrm{m})$$

通过行程频率的光谱功率密度可得到垂直和水平断面误差所需的功率密度谱。

② 50 m 以上长度的波动性

为了在 50 m 以上的长波形区避免对机车车辆的不良影响，作为轨检车测量的验收

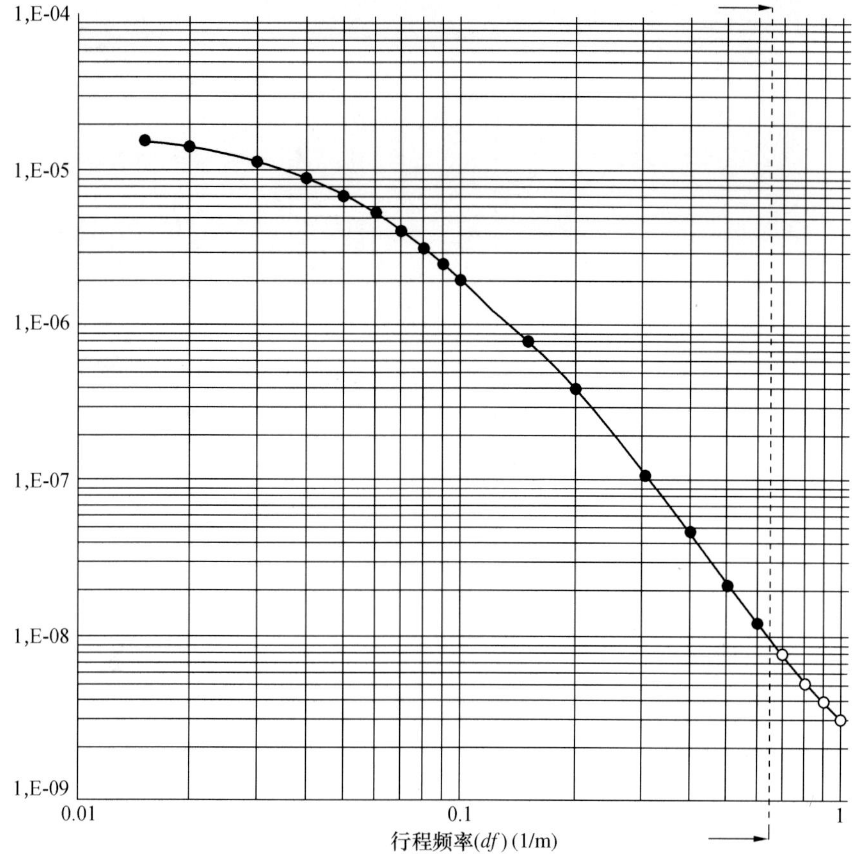

图 5 40　光谱的功率密度

标准，可允许曲线和相对标高信号的高通滤波的欠超高值（uf）最大为±12 mm。

由各种数值（两条钢轨的纵向高度、方向位置等）的欠超高值（uf）组合在一起，仅说明有长波的存在。为了准确测定各个干扰值大小，必须进行长弦测量，由此计算出所需的轨道修改值。

2）外部尺寸的验收

外部尺寸的验收采用施工单位自身监督检测的结果。自身监督检测结果要证明没有超出设计平面位置和设计高程的容许误差。这些结果的正确性，要通过业主的控制检验来验证，还要通过业主对施工单位提出的测量大纲做出鉴定，并监督大纲的执行。

六、道岔区无碴轨道施工

道岔区无碴轨道施工多采用吊篮式施工方法。对于雷达 2000 型无碴轨道，铰接式岔枕道岔侧向带护轨部分轨道及可动心轨辙叉的组装见图 5-41 和图 5-42，无碴轨道基础混凝土灌注前的道岔转辙器部位铺设见图5-43，道岔灌注前的检查调整见图 5-44，支架局部加固见图 5-45。

图 5-41　铰接式岔枕在道岔护轨区段的组装调整

图 5-42　可动心轨辙叉部位的铺设

图 5-43　转辙器部位的铺设

图 5-44　混凝土灌注前道岔位置的检查与调整

图 5-45　支架的局部加固

第二节　日本板式轨道施工技术

一、轨道板的制造

轨道板在预制工厂里高精度制造。图 5-46 为无碴轨道板预制工厂局部图。图 5-47 为无碴轨道板制造工艺流程。

图 5-46　无碴轨道板预制工厂局部图

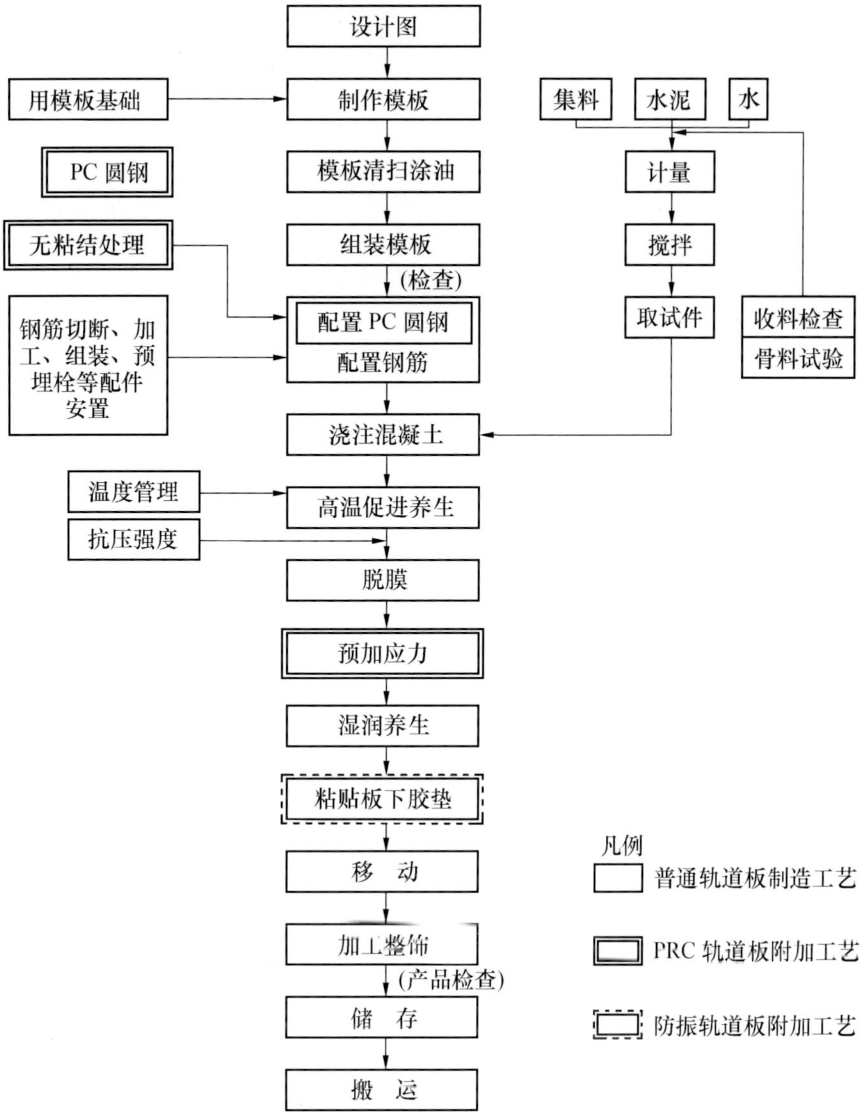

图 5-47 无碴轨道板制造工艺

二、板式轨道施工方法

板式轨道施工方法，依轨道板的搬运方式、CAM 的运输和注入方式及其两者的组合，有几种不同的类型。

板式轨道基本铺设流程如图 5-48 所示。

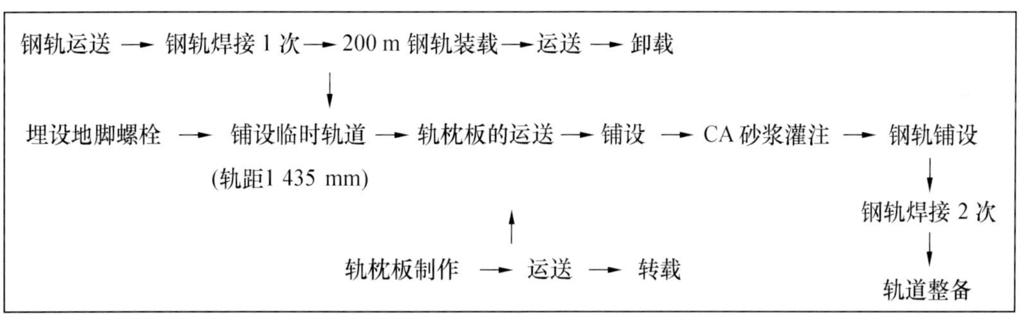

图 5-48 板式轨道基本铺设流程

（一）复线区间施工方法

（1）线间临时轨道（线间走行轨道）和车载龙门搬运机（轨道板搬运车和长轨条搬运车）施工方法

该方法是在上下行线间铺设临时轨道（在隧道中是利用弃碴线），用作轨道板搬运车、搅拌注入车和长轨条搬运车的走行线。如能协调好各项作业使之互不干扰，便能获得优质高效的施工效果。

（2）线间和邻线（上下行中的一条）临时轨道和车载龙门搬运机或龙门吊施工方法

该方法是在上下行线间和邻线上设有 2 条新建的临时轨道，作为轨道板搬运车和注入搅拌车的走行线，与施工方法（1）相比多出 1 条线。当邻线（上行线或者下行线）竣工后，也可利用既有线进行施工，属于各项作业干扰少的一种施工方法。

（3）线间临时轨道和跨两线（上下行）的龙门吊施工方法

该方法是在线间铺设临时轨道，在铺设现场用跨 2 线的龙门吊车横移轨道板。因注入作业是利用线间临时轨道施工，故应考虑是在轨道板搬入的另一端进行注入作业，还是待全部轨道板搬入完之后再行注入作业。

（4）便道动臂起重车施工方法

该方法仅限于在露天区间铺设施工。它是沿轨道纵向铺设施工便道，并在便道上堆放预制轨道板，用吊车、汽车吊或在对面的高架桥桥板上用吊车直接吊起轨道板并暂置，在线间铺设临时轨道，搅拌车在临时轨道上走行并进行注入作业。这种方法各项作业相互不干扰，是最简单的施工方法。

（二）单线区间施工方法

（1）临时轨道和龙门吊车、特殊搅拌车施工方法

它是针对单线的施工方法，先将轨道板搬运至预定铺设地点，铺设临时轨道，再从轨道板堆放地用手推轨道车（依其形式可装载 1～2 块轨道板）将其搬运至铺设现场，用龙门吊吊起手推车上的轨道板，并用手推或动力来移动并暂置。搬运轨道板的临时轨道，也可利用设在两侧并可移动的龙门吊用的走行钢轨，注入作业在搬运轨道板的临时轨道另一侧进行。该方法是一种轨道板搬入作业和注入作业时间相错开的方法。如能在两侧的任何一侧行驶小型手推轨道车的话，也可考虑用手推车载搅拌机的注入作业方法。

（2）便道动臂起重车施工方法

便道动臂起重车施工方法同复线区间的便道动臂起重车施工方法。

（三）几种典型板式轨道施工过程

板式轨道施工中最主要的问题是轨道板的搬运和 CAM 注入搅拌车的运行。因此，究竟采用哪种施工方法，应考虑到选址条件及其他相关条件，选取最能提高施工效率的方法。

图 5-49～图 5-53 给出了几种典型板式轨道的施工过程。

三、板式轨道施工设备

（一）轨道板铺设设备

在板式轨道施工中，控制施工进度的最主要作业是轨道板的搬运作业。

（1）动臂起重车

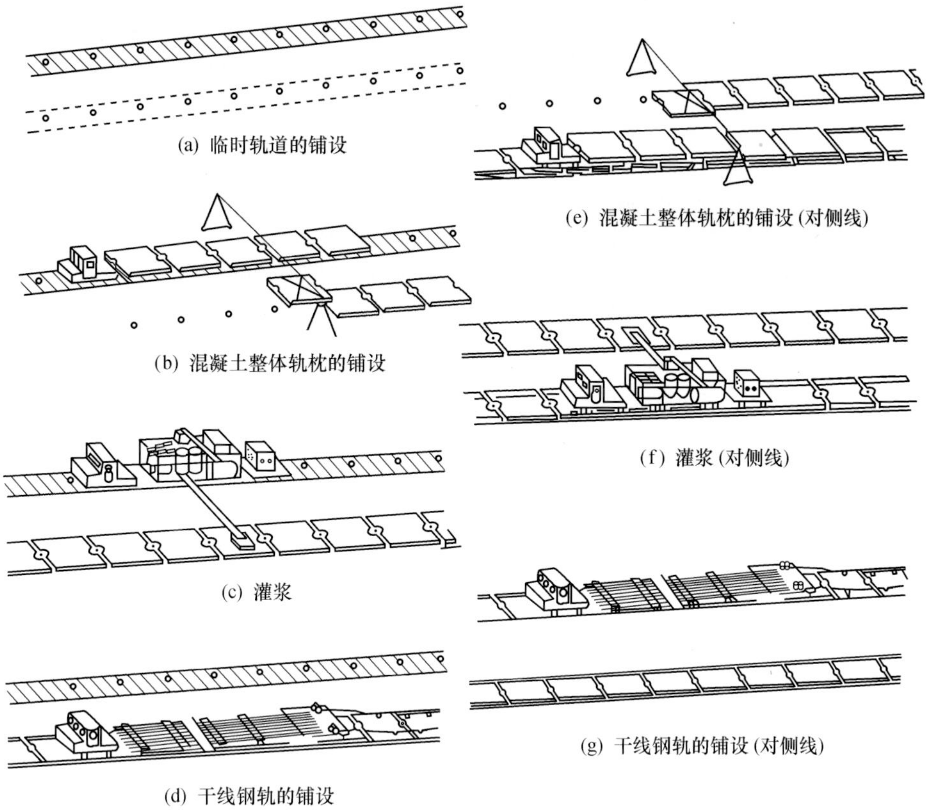

图 5-49 线间临时轨道施工法(复线用)

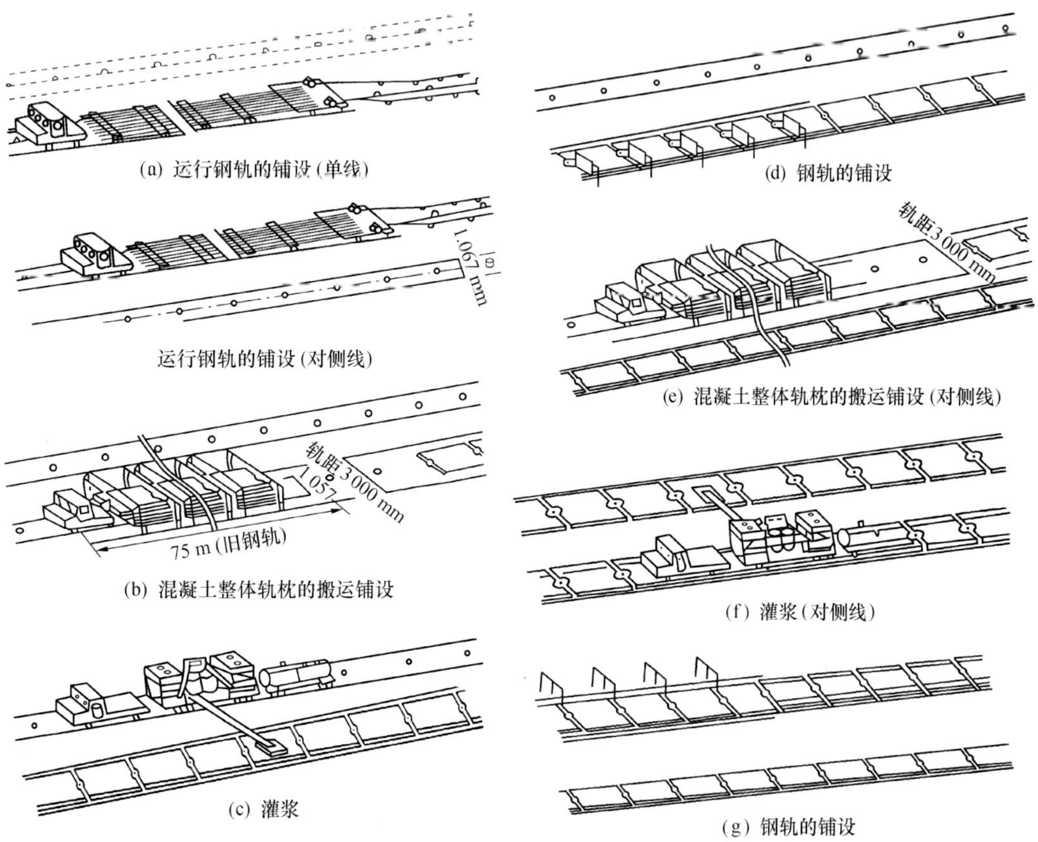

图 5-50 运行钢轨施工法(复线用)

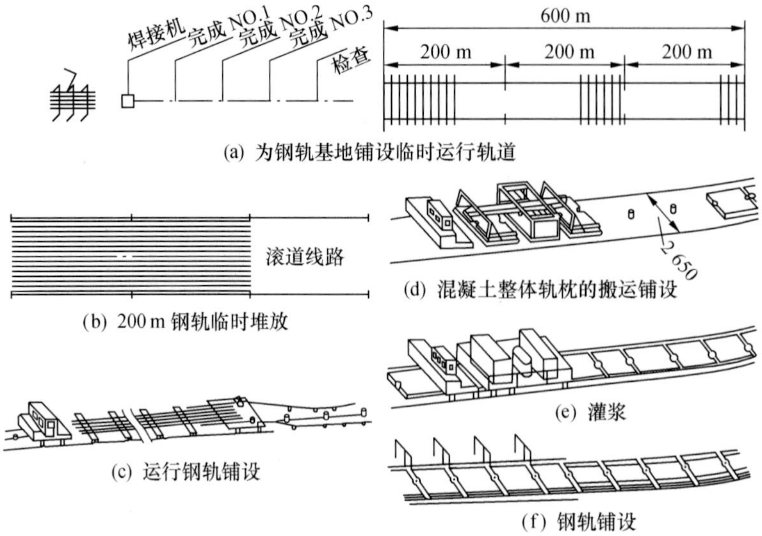

图 5-51　宽幅施工法（单线用）

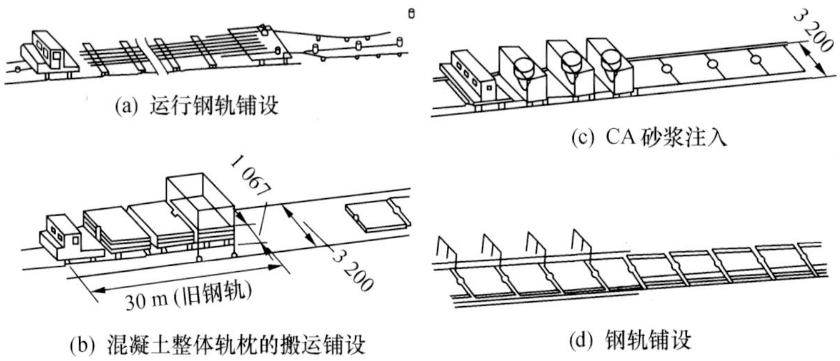

图 5-52　运行钢轨施工法（单线用）

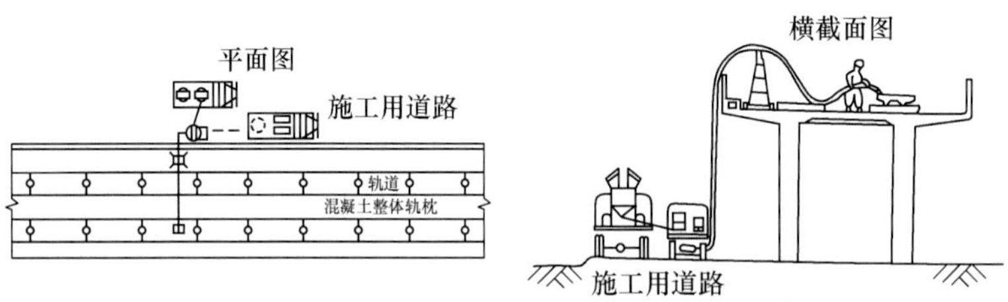

图 5-53　便道施工法

在露天区间，使用动臂起重车（见图 5-54），在便道横移搬运轨道板。

（2）轨道板搬运车

无论是隧道区间还是露天区间，均可采用复线区间所采用的搬运方法，即使用轨道板搬运车（见图 5-55）。

（3）龙门吊车

龙门吊车有跨 1 线和跨 2 线区分。跨 1 线龙门吊车虽可用国铁标准的轨排起吊机代用，但必须用 2 台吊机吊一块轨道板。铺设方法采用倒退卸车法，一边拆除搬运轨道板用的临时轨道，一边进行施工。另外，需要平行进行注入作业时，相邻的新建线有必要成为一条临时轨道。

图 5-56 为跨 2 线装卸轨道板的龙门吊车。若采用这种铺设方法，在两线间铺设一条临时轨道，便能保证施工作业。

图 5-54 动臂起重车

图 5-55 轨道板搬运车

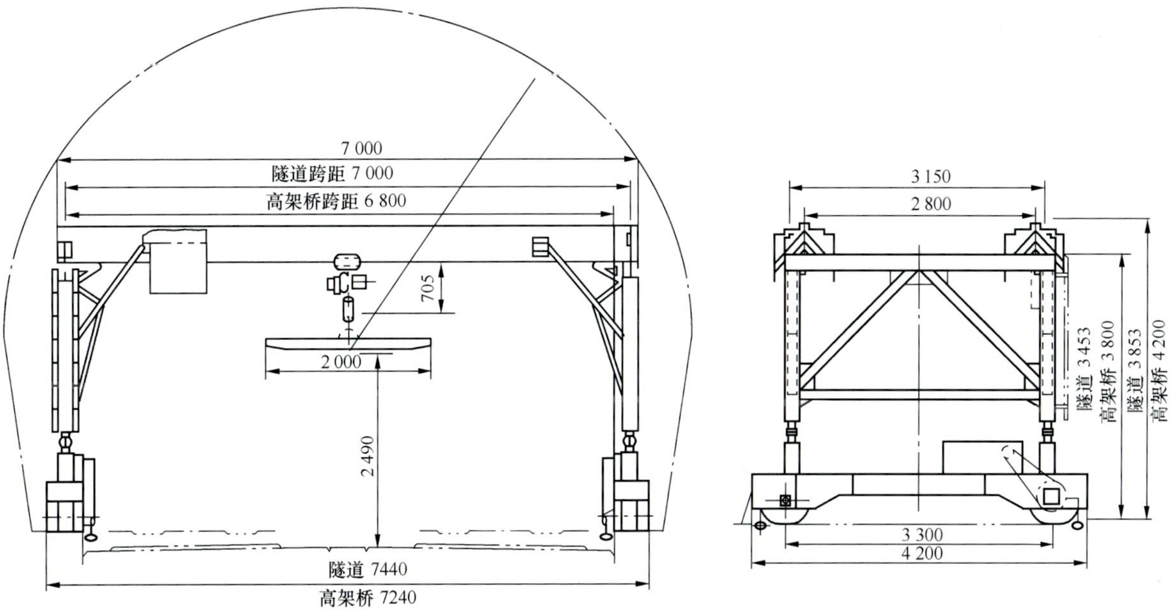

图 5-56 跨 2 线装卸轨道板的龙门吊车（单位：mm）

（4）轨道板搬运铺设车

从图 5-55 所示的轨道板搬运车上直接吊起轨道板，运送到安装地点，并准确就位（见图 5-57～图 5-59）。

图 5-57　轨道板搬运铺设车

图 5-58　轨道板搬运铺设车吊运轨道板

（5）用调整水平尺调整轨道板的位置

用调整水平尺调整轨道板的位置（见图 5-60）。

（二）钢轨铺设设备

钢轨铺设设备包括钢轨运输车（见图 5-61）、龙门排吊（见图 5-62）、车载龙门搬运车（长轨条搬运车）、长轨搬运车（见图 5-63）及钢轨焊接机。

车载龙门搬运车（长轨条搬运车）属于小型轨道板搬运车，是专门为只需少数人员简便操作而研发的，具有对铺设终了后的轨道板无冲击作用一次定位的特征。

此外，该搬运车还能用于将来更换钢轨的作业，它可在邻线运行（这时必须改造臂杆的长度）。在换轨现场卸新轨装旧轨，可将本需 2 天的新旧轨换轨作业在 1 天（1 次）内完成。至于所用搬运机的台数，长轨条长 100 m 时以 11 台、200 m时以 21 台为标准。

（三）CA 砂浆搅拌灌浆设备

移动式 CA 砂浆搅拌车见图 5-64。

图 5-59 轨道板搬运铺设车使轨道板就位

图 5-60 用调整水平尺调整轨道板的位置

图 5-61 钢轨运输车

图 5-62　龙门排吊

图 5-63　长轨搬运车

图 5-64　移动式 CA 砂浆搅拌车

四、钢轨焊接

钢轨接头是钢轨中最弱的地方，列车在这里产生振动，乘车舒适度下降；此外，可因冲击造成松弛，发生接头偏差，导致材料早期磨损，养路工作量增大。为了避免这种缺陷，正在推进采用增加钢轨长度的方式。目前主要的焊接方法如图 5-65 所示。

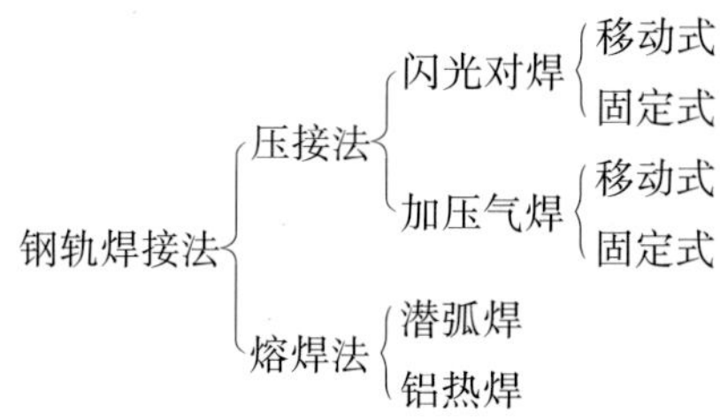

图 5-65　钢轨焊接方法

（1）闪光对焊

让 2 根钢轨的端面轻轻接触，当大电流（15 000～22 000 A）通过时，在端面接触点上因为电阻使得温度急剧上升达到融化状态，同时，产生电火花（电弧）。反复上述过程，当端面完全处于融化状态后，施加冲击力，使钢轨结合。

这种焊接方法的特点是：焊接机本身由精密度高的机器组成，焊接过程基本上全自动进行。所以，焊接时没有人为因素介入，可靠性极高。但由于设备庞大，目前多数在基地焊接中使用。

（2）加压气焊

将 2 根钢轨端面相对，从轴向施加很大的压力，在接触部分用火焰加热使之软化，最后达到结合。

这种焊接方法的特点是：钢轨被加热到 1 200 ℃左右，处于炽热状态相互结合，因而结合强度可与母材接近。

设备重量大约 450 kg，用于基地焊接和现场焊接，是新线建设具有代表性的焊接方法。

（3）潜弧焊

将 2 根钢轨相距一定间隔放置，两侧用铜制的挡板（水冷）围住，然后让母材和焊条之间在电流（120～260 A）下起弧，在电弧的加热下焊条熔化，这样分层逐渐熔合。

与闪光对焊、加压气焊等方法相比，该方法的特点是不会使钢轨变短，因而适合于正在推广的长轨化轨道的现场焊接。但是，焊接分层进行，焊接手法极为繁琐，焊接效果的好坏很大程度上取决于操作人员的技术水平。

（4）铝热焊

铝热焊利用氧化铁和铝的氧化—还原反应，将两种粉末混和后点火便可引发反应。该反应放出大量的热，并生成温度高达 3 000 ℃的熔融态铁液。另一方面，氧化铝及添加剂等因为比重关系上浮形成熔渣。熔融铁液流向钢轨接头处，硬化后形成接合部。

该方法的特点是：

1）在 60 min 内完成养路作业，可十分灵活地实施在线作业；

2）用具简便易携，操作方便，机动性、作业性良好；

3）也可用于钢轨的打孔作业，使用范围广。

五、轨道板铺设

轨道板铺设的标准施工方法有如下几种。

（1）铺设车法

从基地到干线路基上，为铺设车（特殊轨距）铺设临时轨道，在铺设车上装载轨道板后，由轨道摩托车（特殊轨距）通过临时轨道，运送到施工现场，卸下轨道板后，再进行铺设（宽轨式）。

（2）卡车吊车法

在干线或侧面道路上，安装卡车吊车，将轨道板向高架上吊起，然后铺设。在单线或复线上都可以使用。

（3）门式吊车法

在复线区间，单线上铺设临时轨道，用钢制轨道小车把混凝土轨道板搬运到现场，再用门式吊车将其放置于相邻线路（见图 5-66）。

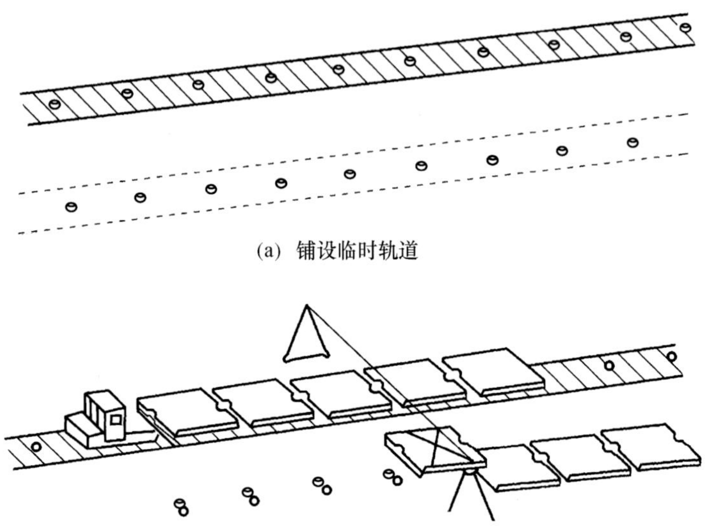

(a) 铺设临时轨道

(b) 铺设混凝土整体轨枕

图 5-66 门式吊车法

（4）走行钢轨法

在上下线，用干线使用的 200 m 钢轨铺设临时轨道（轨距 1 067 mm 或 1 435 mm）。在一条线的第一个 200 m 区间内，将轨距扩大，在其后端用 75 m 的旧轨续接，然后使之与轨距为 1 067 mm 或 1 435 mm 的钢轨连接。用钢制轨道小车在接续区间搬运轨道板，最后由轨道板搬运铺设车吊起后自动行走到所定的地点铺设轨道板（见图 5-67）。

六、CA 砂浆灌注

CA 砂浆灌注标准施工方法有如下几种。

（1）移动设备方式

图 5-68 给出了移动设备方式的作业过程。

在 CA 砂浆灌注基地往作业设备车（MO＋EG 车＋材料 A，B＋搅拌机）上装入一天作业所需要的 CA 灌浆量（约 200 m 线路用），运送到灌注现场，边搅拌边灌注。

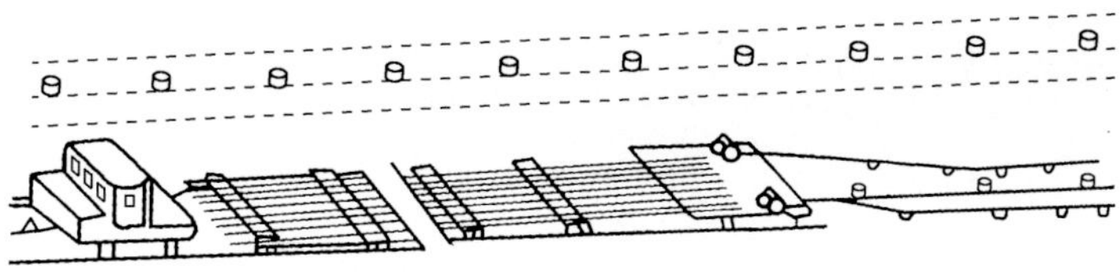

(a) 走行钢轨铺设(单线)

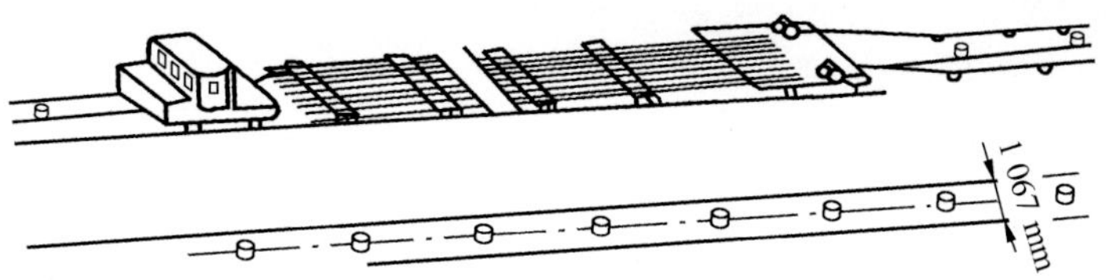

(b) 走行钢轨铺设(对应线)

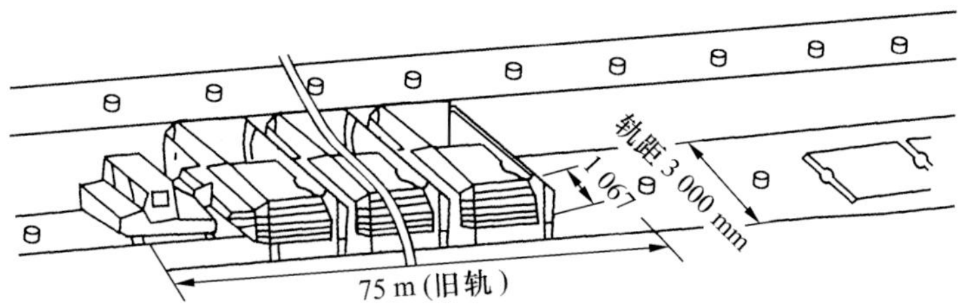

(c) 混凝土整体轨枕搬运铺设

图 5-67 走行钢轨法

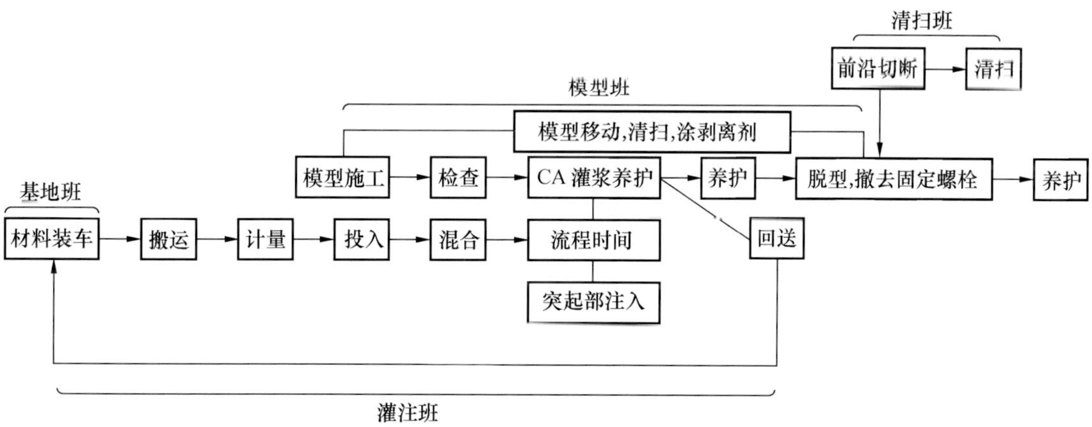

图 5-68 移动设备方式的作业过程

也可用移动式 CA 砂浆灌注车灌注(见图 5-69)。

(2) 固定设备方式

在 CA 砂浆灌注基地将计算好的砂浆量装入搅拌机(钢制轨道小车装载的搅拌装置),在运往现场的过程中一直搅拌,直到现场将其灌入。

在搬运距离短的场合下采用。

(3) 压送方式

侧道式铺设轨道板时多采用此法。在卡车上装有搅拌机,从固定设备运到现场,由压送装置供给 CA 灌浆系统,注入混凝土轨道板下。路基工程迟缓的区间、或不能用前述方式施工的区间,可采用此方式。

图 5-69 移动式 CA 砂浆灌注车注浆

七、钢轨铺设

轨道板经调整、检验、固定后，开始板式轨道的钢轨铺设。板式轨道的钢轨铺设与轨道板的铺设施工法相关联，有许多种，但一般常用的作业过程如图 5-70 所示。部分作业见图 5-71～图 5-74。

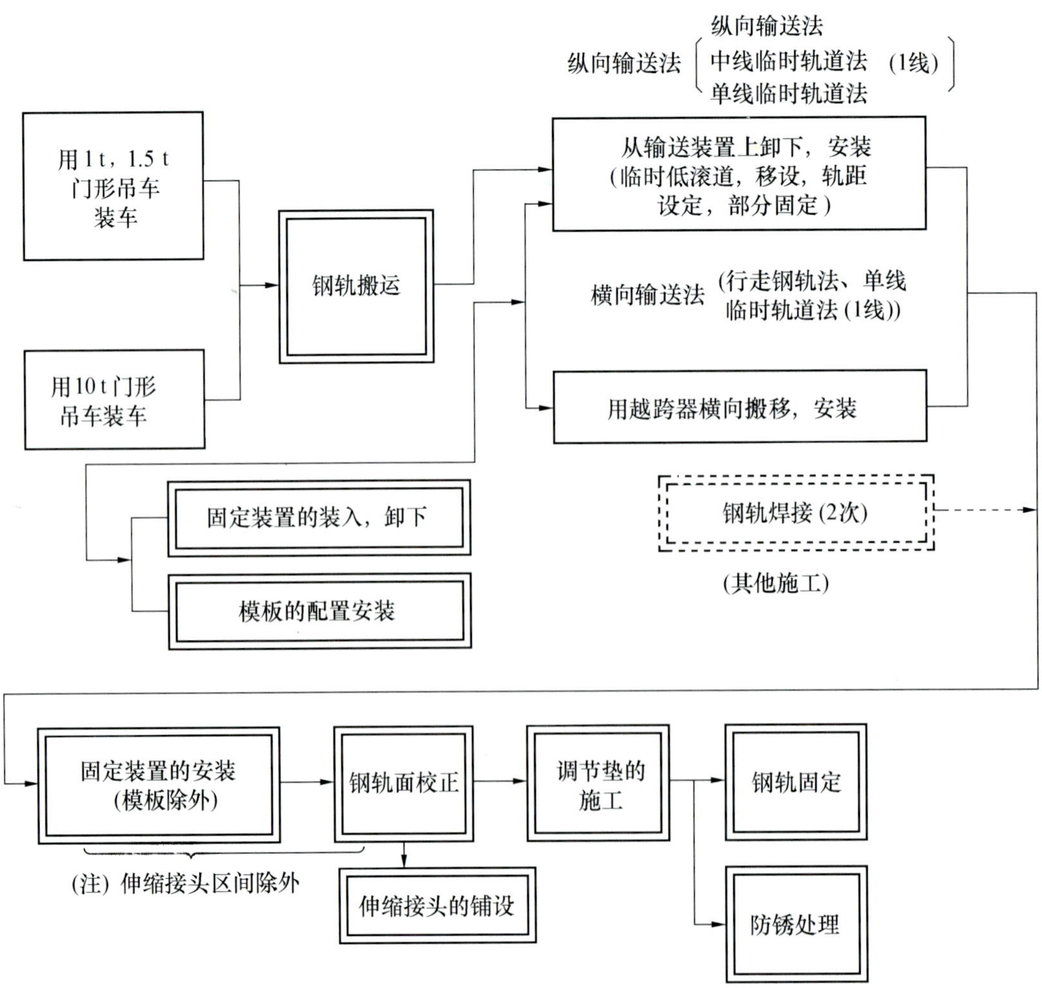

图 5-70 钢轨铺设作业过程

图 5-71　跨越器横向搬移钢轨

图 5-72　钢轨二次焊接

图 5-73　可调衬垫施工

图 5-74 钢轨检测与调整

八、板式轨道施工质量要求

（一）底 座

1. 轨顶面至底座高度

在各种类型板式轨道的轨顶面至底座表面中，能改变其高度的仅有作为道床的CAM层厚度。CAM层的允许厚度见表5-6。

表 5-6 CAM 层的允许厚度

类 别	线 性	标准/mm	最薄/mm	最厚/mm
普通板式轨道	直 线	50	40	100
普通板式轨道	曲 线	60	40	100
防振板式轨道	直 线	40	30	100
防振板式轨道	曲 线	50	30	100

对于板式轨道的高度标准而言，把混凝土底座面或隧道内混凝土底座板面的竣工精度要求在±10 mm以内，若允许公差变大，势必会增加CAM层的厚度，从而增大工程费用。因此，最经济的结构自然是允许公差要小。

2. 超高设置

当需设置超高时，超高应设置在底座上，并且在轨道板的两侧至300 mm处应为同一平面（见图5-75）。

（3）挡台灌注允许误差

现场灌注混凝土凸形挡台时的施工允许误差见表5-7。

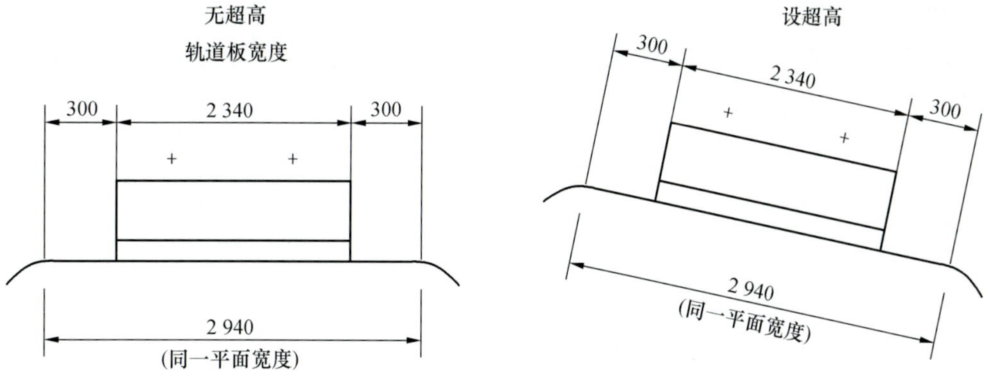

图 5-75 超高设置（单位：mm）

表 5-7 挡台灌注允许误差

	允许误差/mm	备 注
前后方向	±10	距计划位置
左右方向	±10	距轨道中心线
高 度	−0～+7	距计划高度

当在高架桥等接缝处设置挡台时，应将其做成两个半圆形，并填入嵌缝材料。对在设有超高的底座上的挡台，应与超高斜面呈垂直状态。

（二）轨道板铺设工程的施工要求

1. 临时基准点的设置

在板式轨道的铺设过程中，应标出所必要的轨道中心线，并每隔 5～20 m 设立一个临时高低基准点。

临时基准点的设置，是作为确定轨道中心位置、轨道板高低的调整和设定轨顶面标高基准中最重要的一项工作。特别是在坡道、缓和曲线等地段，由于每块轨道板的设置标高均不相同，所以在设置前，应把事先经计算的临时基准点，按每隔 5～20 m 设置一处，以减少误差和便于施工作业。

对于设有凸形挡台的板式轨道，临时基准点设置在挡台上。其设置方法如下：

1）在挡台顶面埋设带脚的平板，测量时，以在其上的刻线作为中心线、高低的测点；

2）把刻有×印的玻璃制平板粘贴在挡台顶面作为测点；

3）在灌注挡台混凝土时，预先在挡台顶面埋入木片，并钉上测点钉作为基准点，这时应注意以不减少钢筋保护层厚度为原则。

目前所采用的基准器见图 5-76。

2. 标线

在轨道板暂置之前，应在混凝土底座和挡台上用墨汁标出轨道中心线。而在挡台上（无挡台时是在混凝土底座上）应标出与轨道方向成垂直的轨道板间隔线，以利于铺设作业。这是由于暂置轨道板时，可以一直看到标出的轨道中心线和预先刻画在轨道板上的轨道中心线，或者用绳正法使其相重合，以便于把轨道板大致安放在所规定的位置上，同时也便于以后进行轨道板的调整作业。至于与轨道方向成垂直标出的轨道板间隔线，则可作为确定轨道板前后位置的基线。

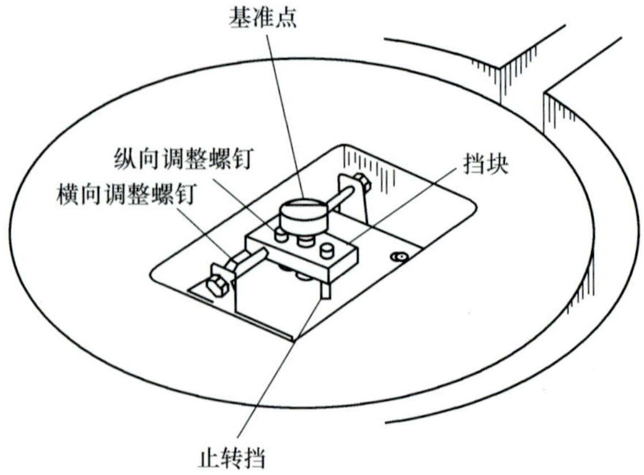

图 5-76　基准器

特别是对于曲线地段轨道板的暂置安放，虽然每块轨道板是沿曲线画出圆弧线，但长 5 m 的轨道板却为一直线，故应按 5 m 的偏角来设置。

3. 轨面标高

测量基准轨面和底座面之间的标高差，核对板式轨道的标高，当受到 CAM 填充层厚度低于 40 mm（普通板）或 30 mm（防振板），或者超过 100 mm 的限制时，必须修正轨面标高。

此外，当施工作业分别由不同工区进行时，若相互工区之间联络不密切，将会在边界处出现台阶现象，因此必须十分注意对轨面高程的修正。

用水平仪按图 5-77 所示测量全线的挡台及其附近底座面的标高，检查复核 CAM 或合成树脂填充层厚度的受限程度。

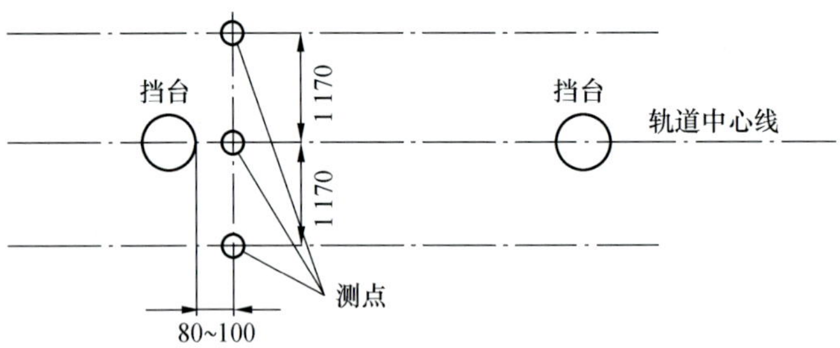

图 5-77　水准测量（单位：mm）

4. 清扫轨道板铺设表面

在轨道板安放之前，应对铺设轨道板的混凝土底座表面进行认真清扫，并且对可能有滞水的地方事先做好排水工作。

5. 轨道板暂置作业

在混凝土轨道板暂置过程中，为了不损坏轨道板和挡台，应小心谨慎地操作，暂置时可使用板下支座。对轨道板的定位而言，其前后方向和左右方向暂置公差应在10 mm以内。

当暂置搬运来的轨道板时，为了不损坏轨道板和挡台，可用方木或圆木支承被卸下来的轨道板。这时，挡台和轨道板之间的距离标准为 50 mm。如果距离是 45～48 mm或使用方木，因符合标准要求，故能把轨道板的前后方向大致暂置在所规定的位置上。

至于轨道板暂置时前后、左右的允许公差，可用托架装置进行微调，对轨道板所规定的位置而言，应在±10mm以内。

另外，在曲线地段的挡台周围使用木制垫板，是为了使轨道板不致从超高斜坡上滑落。

对于防振板的暂置，因用方木支承时会使板下胶垫发生变形，故应采用筏形支承方法。

6. 轨道板调整作业

调整作业是在轨道板侧面预埋件上插入螺栓（∅20 mm），安置4个托架，再在托架之下放入调整用千斤顶，并用水平仪或水准器，相对于基准点位置，边测量边调整定位，最后用轨道板保持螺栓定位。

（1）调整要求

以基准器为准把轨道板调整到所规定的正确位置上，使轨道中心线与轨道板中心线一致，把轨道板顶面调整到所规定的标高上，使前后两侧的挡台中心线与轨道板中心线一致，以及在曲线区间调整至所规定的超高。

（2）轨道板的定位公差

轨道板的定位公差（见表5-8）直接影响板式轨道竣工后的质量，因此必须仔细地进行调整。

表 5-8　新干线轨道板的定位公差

板　　别	距轨顶面的高度及其公差/mm	前后方向/mm	左右方向/mm
A-51～A-54	191±1	±5	±1
A-55～A-56	212±1	±5	±2

注：前后方向是指对轨道板规定位置的公差；左右方向是指对准确的轨道中性线的公差。

曲线区间设有超高时，应将轨道板相应于超高值倾斜设置。

缓和曲线区间采用1、2、3、4、7型轨道板时，缓和曲线长度的限制，是指在缓和曲线中1块板（标准长5 m）的超高值，以取5 mm以下的距离为宜。

但采用5型轨道板时，因高低可用铁垫片来调整，故不受缓和曲线长度的限制。

（3）挡台与轨道板间的允许间距

在挡台与轨道板之间，有使用和不使用胶垫的挡台结构之分。

露天区间：使用挡台胶垫。

隧道区间：不使用挡台胶垫。

挡台与轨道板间的允许间距见表5-9。

表 5-9　挡台与轨道板间的允许间距

铺设区间	标准/mm	最小/mm	最大/mm
露天区间	60	30	100
隧道区间	50	30	100

比最小间距30 mm限制还小时，应改用树脂，并且使用树脂时的最小厚度为

5 mm。若低于5 mm，就去掉挡台胶垫而仅用树脂。

（4）轨道板标高的调整

轨道板的定位标高，虽依板型而异，但都应按规定的测量方法在已标出的轨道中心线上进行测量。这是因为在轨道板的制作中，虽对承轨槽面规定制作精度，但对其他部分却无规定，因此可能会定位不准确。

至于测量方法，因调整的量值是以毫米为单位，故所用读尺也应以毫米为单位。

目前，轨道板铺设用的水准标尺（见图 5-60）。

对于 1、4、7 型轨道板，因在承轨槽上设有 1/40 的轨底坡，故其标高会依其测点位置有所不同。因而，为测量准确，应将标尺前端修尖，以防与测点接触面过大而造成不准确。

视准是以轨道板搬入前检测定位标高的临时水准点（可利用挡台顶面）为准，操纵安置在轨道板四角的千斤顶，边测量边定位。定位公差为±1 mm。

（5）前后、左右方向的调整

前后、左右方向的调整，是靠操纵安置在轨道板侧面上的托架下方的千斤顶，并用方木纵推横挤轨道板使其定位。这里应当指出，严禁用撬棍挤压，不得已时，应在撬棍和轨道板之间加垫缓冲垫片，以防混凝土轨道板破损。至于定位公差，前后方向以轨道板规定位置 5 mm 为准；左右方向以轨道中心线为准，并依据轨道板类型为 1～2 mm。

（6）轨道板保持螺栓

前后、左右和高低经反复测量调整后，定出轨道板的正确位置。轨道板一经正确定位后，为保持和固定其正确位置，可利用轨道板保持螺栓暂时支撑。

在轨道板的四角预埋有保持螺栓用的锚板，在其上插入保持螺栓以固定轨道板，同时置换调整用千斤顶。

当用保持螺栓置换以后，应再行测量并检测轨道板的定位是否正确。如果检测结果超出允许公差，就必须再次进行调整作业。为不使横向移动时损坏由保持螺栓支撑着的轨道板，须再次安置托架并由千斤顶来承受，松开保持螺栓后再进行调整作业。

此外，由于保持螺栓是反复使用的零件，并且是在 CAM 层硬化后才能拆卸，因此，为便于作业，在使用中应对螺纹、尖端部分涂抹润滑脂。

（三）钢轨铺设工程的施工要求

1. 长钢轨的搬运作业、伸缩接头的位置

长钢轨在轨道板上的搬运及其作业，要求 CAM 层的抗压强度至少达到 30 N·cm^{-2}才能进行，并且作业中不能冲撞轨道板。

列车运行要求 CAM 层的抗压强度在 180 N·cm^{-2}以上。

长钢轨之间的伸缩接头，应使用板式轨道专用伸缩接头。当使用标准长的钢轨时，钢轨接头应位于一块轨道板（标准长 4 m 或 5 m）的中间 1/3 范围内。

2. 钢轨铺设作业

钢轨铺设作业应在表 5-10 给出的标准公差以内。

表 5-10 轨道铺设标准

项　目	相对偏差	
	允许限度/mm	变 化 率/‰
轨　距	+1～−2	1
水　平	1	
高　低	±2/10	
轨　向	±2/10	

3. 可调衬垫

钢轨的方向和水平经准确整正后，对直结 4 型扣件是在轨下胶垫和轨道板表面之间，对直结 5 型、6 型扣件是在轨下胶垫和铁垫板之间插入可调衬垫，用以整正施工中的不平整现象，以达到高质量、高精度的轨道铺设标准。

至于在竖曲线、缓和曲线区间，各扣件处的高低和超高是各不相同的，而长为 5 m（或 4 m）的轨道板又为一平面板，故其标高可依靠改变插入在各扣件处的可调衬垫的厚度来铺设符合设计标准的轨道。

可调衬垫的允许注入厚度在 3～14 mm 之内。

第三节　我国无碴轨道施工技术

桥上无碴轨道施工应在梁体预应力终张拉结束后至少 60 d，且桥梁主体完成（桥面防水层除外）后进行。

隧道内无碴轨道施工应在隧道主体工程（包括隧道铺底、仰拱及填充）完成及检验合格后进行。

路基上无碴轨道施工应在路基沉降变形满足设计要求后进行。

一、无碴轨道基本施工工序

（一）板式无碴轨道基本施工工序

板式轨道施工主要是轨道板铺设与 CA 砂浆灌注，而这两方面都与施工现场的具体条件密切相关，同时也取决于可利用的施工工期，以及施工单位现有的机具、材料。

板式无碴轨道基本施工工序见图 5-78。凸形挡台周围填充树脂灌注工艺流程按图 5-79 执行。轨道用无级调高充填式垫板施工工艺流程按图 5-80 执行。

（二）双块式无碴轨道基本施工工序

双块式（包括长枕埋入式）无碴轨道施工方法有螺栓支撑调节法和钢轨支撑架法。

螺栓支撑调节法施工步骤为：钢轨、轨枕及配套扣件系统在轨排场组装成轨排，用平板车运输至施工地点，利用两台小龙门吊吊运，与已铺或已施工的轨排相接，利用轨枕上预埋的带螺纹的套管及调节螺栓支承起轨排，然后立模，利用基标、直角道尺、万能道尺调整轨道（①调整轨排两侧轨枕与模板间的侧向支撑来调整轨排平面位置；②用轨枕上的调节螺栓调整轨排高度。通过粗调、精调、微调三次调整来确定轨

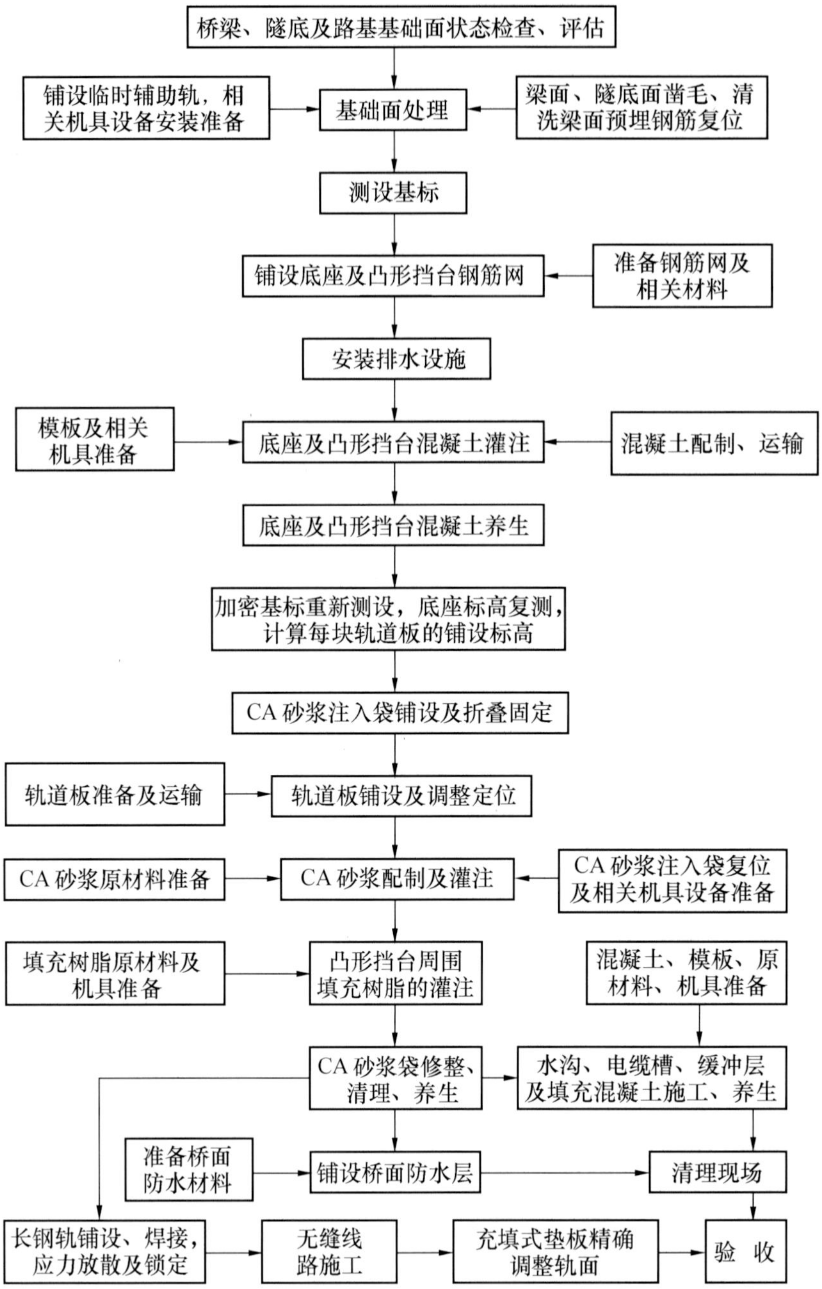

图 5-78 板式无砟轨道基本施工工序

排的方向和高低)，全面检查包括模板支撑、轨距、标高、水平位置等全部合格后即可就地灌注道床混凝土，待道床混凝土强度达到 5 MPa 时拆除模板，拧下调节螺栓以重复使用，调节螺栓形成的孔洞采用同标号的混凝土充填密实。这种施工方法更适合长枕埋入式无砟轨道。

钢轨支撑架法施工的步骤是：将钢轨、轨枕及配套扣件系统按设计的支承间距组装成轨排，用平板车运输至施工地点后，采用两台小龙门吊运至特制的钢轨支撑架上，利用钢轨支撑架精密调整轨道的方向、水平高低，就地灌注混凝土道床，待混凝土硬结并具有一定强度后拆除钢轨支撑架，以重复使用。采用钢轨支撑架施工法时，双块

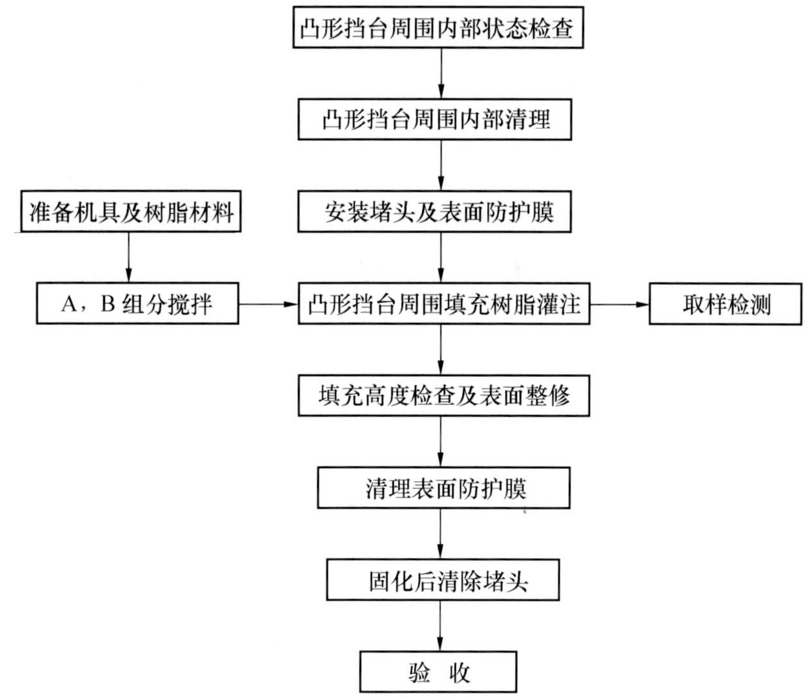

图 5-79 凸形挡台周围填充树脂灌注工艺流程

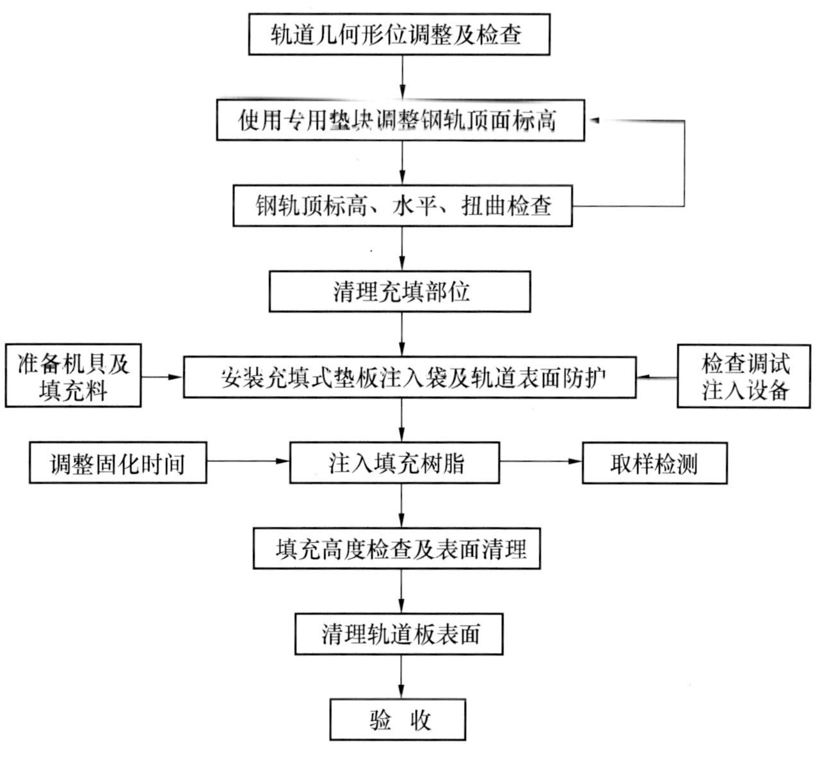

图 5-80 充填式垫板施工工艺流程

式无碴轨道基本施工工序见图 5-81。

无碴轨道施工时，可并行施工的工序应尽可能安排同时进行，顺序施工的工序应尽量减少时间间隔，以加快施工进度。轨排一次组装长度宜为 100 m。

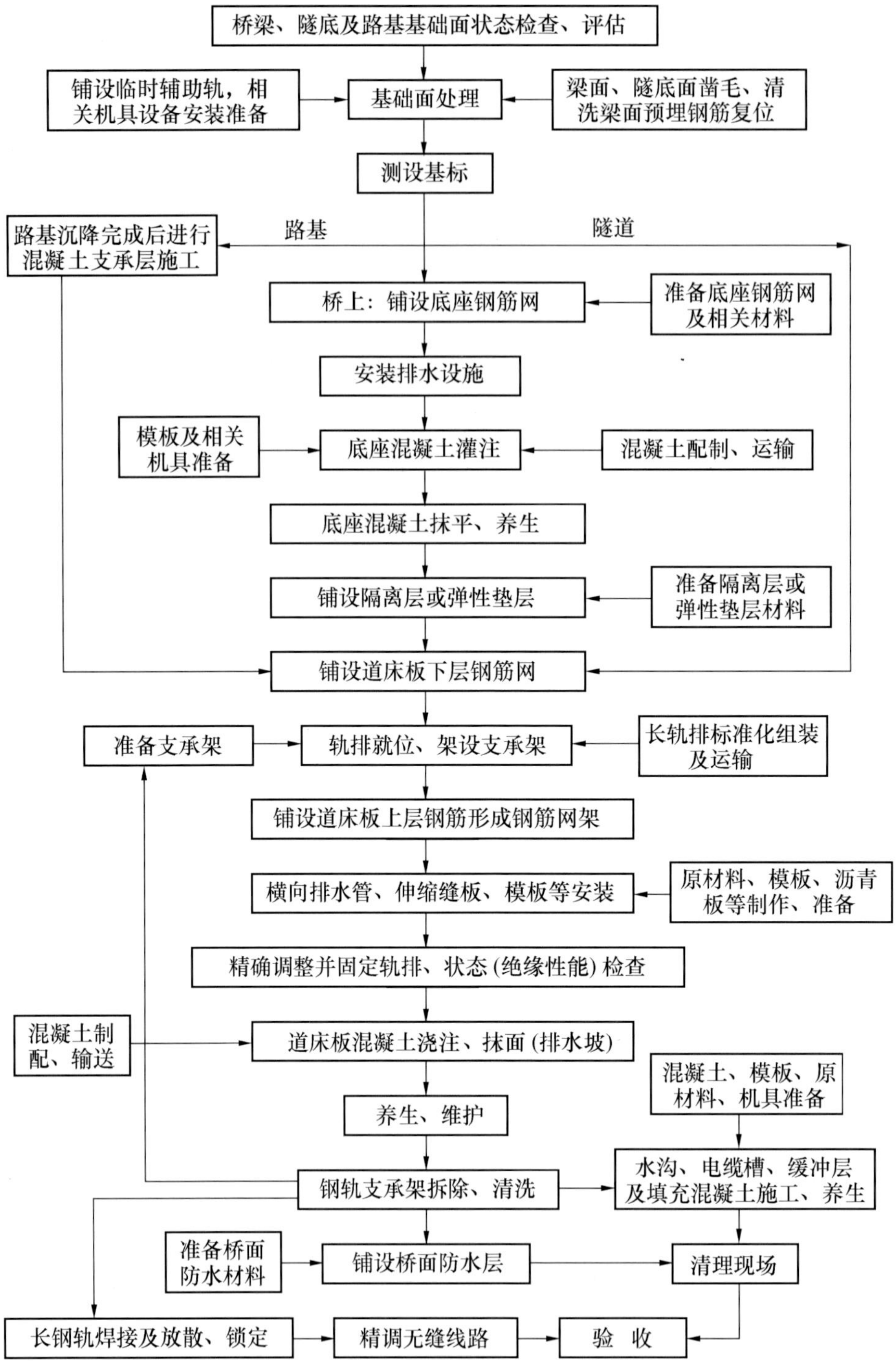

图 5-81　双块式无砟轨道基本施工工序

二、施工机具

（一）板式无砟轨道主要施工机具

（1）龙门吊：用于轨排场内各种原材料、半成品等的水平及垂直运输。

（2）轨道车：用于在已铺的无砟轨道上牵引平板车。

（3）平板车：由轨道车牵引，在已施工的无砟轨道上运输各种原材料、半成品等。

（4）现场混凝土浇注设备。

（5）运输车：满足无碴轨道的尺寸和载荷要求，有足够的支架保证多层无碴轨道预制构件在运输过程中码放整齐，车辆疾驶或刹车不产生任何错动；保证在运输过程中轨道板或轨枕不被磕碰或损坏。

（6）龙门吊车：该龙门吊可以跨越施工道路，仅需平移就可以一次将预制轨道板铺放到位。无碴轨道的施工组织应当精确计算，保证运输与就位的衔接，不出现二次搬运的情况。

无碴轨道的运输设备与吊装设备联合使用，可以确保预制轨道构件安全正确就位。

（7）CA 砂浆灌注车：CA 砂浆灌注是板式无碴轨道施工的重要环节。需要保证在 30～100 mm 厚度的空间内将 CA 砂浆灌满轨道板下部。要求严格控制 CA 砂浆的配合比、灌注速度以及搅拌及输送的技术要求。

（二）双块式无碴轨道主要施工机具

双块式无碴轨道施工主要机具除与板式无碴轨道主要施工工具相同的外，还有钢轨支撑架。钢轨支撑架的作用在于临时支承轨排。图 5-82 为遂渝线双块式无碴轨道铺设用上承式钢轨支撑架。

图 5-82　遂渝线双块式无碴轨道铺设用上承式钢轨支撑架

三、基础施工

（一）桥梁基础

（1）桥梁徐变上拱：自无碴轨道铺设后，梁体产生的残余徐变上拱值不大于 7 mm。

（2）梁体横向水平挠曲：水平挠曲变形不大于梁体计算跨度的 1/4 000，且相邻梁跨水平挠曲变形引起的钢轨相邻支点的横向相对位移不大于 1 mm。

（3）墩台应控制沉降，自无砟轨道铺设后，墩台的均匀沉降不大于 20 mm，相邻墩台的沉降差不大于 5 mm。

（二）隧底基础

隧道基底承载力不应低于 0.2 MPa，仰拱回填混凝土强度不应低于 C20。应严格控制基础顶面标高及表面平整度。隧道基础施工允许偏差应满足表 5-11 要求。

表 5-11　无砟轨道基础施工允许偏差

序号	项　目	允许偏差
1	基础顶面高程	+0～−20 mm
2	基础表面平整度	凹陷深度不大于 4 mm·m^{-1}或低洼长度不超过 50 mm

（三）路基基础

路基基床底层与表层填筑应按表 4-13 和表 4-14 的规定进行检测。路基的工后沉降应不大于 3 cm，不均匀沉降应不大于 2 cm/20 m。且由建设、设计、施工及监理单位共同核对路基施工基础记录和影像资料，对路基工后沉降做出评估，满足设计沉降标准后方可进行无砟轨道施工。

四、基标测设

混凝土底座施工前，应采用起闭于 GPS 点（B）级的四等导线测量的精度对线路中线进行贯通测量，且在试验段范围内建立独立、完整、精准的基标控制网。采用二等水准测量精度，对试验段内高程进行系统复测。

按设计要求在无砟轨道施工范围内埋设基标。基标分为控制基标和加密基标两种。控制基标原则上直线段 100 m 设一个，曲线段 50 m 设一个。对线路特殊地段、曲线控制点、线路变坡点、竖曲线起止点均应增设控制基标。加密基标直线段每 6 m 设一个，曲线段每 5 m 设一个，加密基标间偏差应在相邻两控制基标内调整。基标桩可设置于线路中心、水沟、电缆槽、接触网电杆或挡碴墙上。

对于板式无砟轨道，在混凝土底座和凸形挡台施工完毕后，宜在凸形挡台上重新沿线路中线方向设置控制基标，并在每个凸形挡台上设置加密基标。方向基标和水准基标宜设置在同一位置。

对于双块式无砟轨道，在道床板混凝土施工后应及时在道床板表面埋设控制基标。无砟轨道铺设完成后，应对控制基标进行复测，根据复测结果调整控制基标，调整后控制基标精度应符合设计要求。无缝线路施工时，应利用调整后的控制基标精细调整轨道几何形位。

用极坐标法放样时，应满足下列要求。

（1）放样时应置镜于导线点且不得转点，前视边长度不得大于 150 m。

（2）两测回定点，一测回检核，测站限差要求同精密导线。检核水平角校差不大于 6″，距离校差不大于 2 mm。

（3）基标高程自水准基点引出，按精密水准方法往返观测。

基标允许误差具体如下。

（1）控制基标

① 方向允许误差为 6″；

② 高程允许误差为±1 mm；

③ 距离允许误差为直线 1/5 000、曲线 1/10 000。

（2）加密基标

① 直线上偏离控制基标方向误差为±1 mm；

② 曲线上偏角法测量，在偏角方向线上允许误差为±1 mm；

③ 每相邻基标间距离允许误差为±2 mm；

④ 每相邻基标高程允许误差为±1 mm。

基标测设和施工测量应符合《新建铁路工程测量规范》TB 10101—99 的有关规定。

五、底座及凸形挡台混凝土施工

底座及凸形挡台钢筋网绑扎前，应对底座、凸形挡台及道床板范围内的基础混凝土表面凿毛，用高压水或高压风冲洗干净，并将水排干。

底座及凸形挡台混凝土用水泥、砂、石、水等原材料及施工应符合《铁路混凝土与砌体工程施工规范》TB 10210—2001 及《铁路耐久性混凝土施工指南》的有关规定。

底座施工前应先沿线路中心线做桥面、路基面或隧底面高程检测，且高程按精密水准要求往返测量，闭合于水准基点，根据实测高程和相应轨面设计高程推算混凝土底座实际厚度。底座实际厚度与设计值相差在桥上±10 mm、路基±10 mm、隧道－20～0 mm 以内。

底座及凸形挡台混凝土应连续浇注。混凝土浇注时，应在浇注地点随机取样制作试件，同一配合比每 50 m^3 混凝土或每班组制作一组试件，并与底座及凸形挡台混凝土同条件养护，试件的强度应符合《混凝土强度检验评定标准》TB 10425—94 和设计文件的有关规定。

板式无砟轨道底座及凸形挡台的尺寸允许偏差应满足表 5-12 的要求。根据凸形挡台上水准基标测量底座顶面高程，底座顶面高程允许偏差也应满足表 5-12 的要求。

表 5-12　板式无砟轨道底座及凸形挡台允许偏差

序　号	项　　目		允许偏差值/mm	
			桥　上	隧道内
1	底　　座	宽　度	＋5～－5	＋5～－5
		顶面高程	＋3～－3	＋0～－10
2	凸形挡台	直　径	±3	±3
		挡台中心偏离线路设计中心线	±1	±1
		挡台中心间距	±3	±3
		顶面高程与设计值	±2	±2

双块式无砟轨道底座混凝土施工完成后，其尺寸允许偏差应满足表 5-13 的要求。双块式无砟轨道底座混凝土养生期满后，在其表面铺设隔离层，在凹槽的竖直侧面粘贴弹性垫层。

表 5-13　双块式无砟轨道底座及凹槽允许偏差

序　号	项　　目		允许偏差值/mm
1	底　座	宽度	±5
		顶面高程	±3
2	凹　槽	中心线偏离线路设计中心线	±3
		两凹槽中心间距	±3
		横向宽度	±3
		纵向宽度	±3

六、板式无砟轨道板铺设、CA 砂浆及挡台周围树脂灌注

（一）轨道板吊运和安装

轨道板强度符合要求后方可吊运，并必须按设计吊点位置起吊。起吊应平起平落，吊运应匀速前进。

轨道板在两凸形挡台之间大致就位后，应根据凸形挡台上方向和水准基标采用专用机具精确调整对位。轨道板位置的允许偏差应满足表 5-14 的要求。

表 5-14　轨道板安装位置允许偏差

序　号	项　　目	允许偏差值/mm
1	轨道板中心线与线路设计中心线的偏差	±1
2	轨道板顶面高程	±1
3	轨道板纵向位置	±3

（二）CA 砂浆灌注

板式轨道 CA 砂浆调整层的厚度在一般区段不得小于 40 mm，在板底粘贴橡胶垫层区段，厚度不得小于 30 mm，高限不得超过 100 mm。

CA 砂浆的施工应符合以下技术要求。

（1）配制 CA 砂浆的乳化沥青、水泥、细砂、水及外加剂等原材料及配制后的 CA 砂浆的技术性能必须符合《板式无砟轨道 CA 砂浆技术条件》的规定。

（2）现场拌制 CA 砂浆前，应根据具体工点的温度、湿度、原材料的性能等现场具体条件，通过现场试验修正标准配合比，满足设计要求后，方可拌制灌注。

（3）CA 砂浆所用的各种原材料应精密称量，误差应控制在 1%以内。CA 砂浆拌制必须严格按照标准拌制工艺进行操作。

（4）CA 砂浆注入袋在铺设轨道板前应按要求平铺、折叠固定牢靠。轨道板铺设、调整、侧向支撑固定好后，CA 砂浆注入袋打开折叠，且不得有折皱。

（5）CA 砂浆在搅拌好后放置在缓冲灌注罐中，必须保持 30 转 · min^{-1}的搅拌状态。

(6) 拌制后的CA砂浆应在规定时间内灌注完成。

(7) CA砂浆的灌注宜在5 ℃～25 ℃的环境温度下进行。

(8) CA砂浆灌注时，应将注入口与CA砂浆注入袋口牢固连接，由专业施工人员控制阀门注入。

(9) 每块轨道板下的CA砂浆应一次灌注完成。

(10) 在纵坡及曲线地段，应从较低一侧注入口灌注CA砂浆，且CA砂浆注入袋必须固定牢靠。

(11) 注入作业结束时，CA砂浆注入袋四周边缘应饱满圆顺。

(12) CA砂浆强度指标达到0.1 MPa（可承受轨道板重量）后，应及时撤除支撑螺栓。

(13) 同一配合比每班次制作2组强度及弹模试件，以备验收。

(三) 挡台周围树脂灌注

在板底CA砂浆固化、轨道板支撑螺栓撤除后，灌注凸形挡台周围的填充树脂。凸形挡台与轨道板之间的间隔缝不得小于30 mm。

凸形挡台周围填充树脂施工应符合如下技术要求。

(1) 灌注前，应将填充间隙的垃圾、尘土、浮浆等异物处理干净，擦去水、油类物质，保证施工面干燥、清洁。

(2) 树脂A，B材料及配制后的填充材料应符合《板式无碴轨道树脂材料技术条件》的规定。

(3) 树脂应在混合后20 min内注入。

(4) 树脂应缓慢、连续注入，防止带入空气及水分，保证灌注密实。

(5) 相同材料、相同配合比情况下，每作业班次随机取样制作2组强度及弹模试件。

(6) 树脂材料注入过程中，应用塑料薄膜覆盖凸形挡台周围的轨道板，溢出、漏泄的树脂应立即擦除，不得残留脏污。

(7) 树脂灌注施工应避开明火，隔离热源。

七、长轨排组装、架设及道床板混凝土施工

(一) 长轨排组装及架设

双块式轨枕、钢轨、扣件等轨道部件进场时，必须按相应技术条件及有关标准进行检验。应采用无损伤、顺直、合格新钢轨组装轨排，扣件锚固螺栓拧紧扭矩为700 N·m，T型螺栓拧紧扭矩为300 N·m，轨排组装经检查合格后方可使用。

轨排组装时，应根据设计图纸要求正确安放扣件。轨枕应与轨排中线垂直，枕间距允许偏差应符合表5-15的规定，并应采取必要加固措施，保证轨排在吊装、运输中不发生变形。

轨排采用专用运输车与吊装龙门机组进行吊装运输，吊运到施工位置后，应对轨排状态进行复测，以基标为基准，调整轨排的方向、高低、水平和中心线位置。轨排架设时，直线上以左股钢轨、曲线上以内股钢轨为准，调整轨顶标高和方向，再调整右股或外股钢轨。轨排架设符合要求后，应对所有支承架的竖直顶丝、水平顶丝和轨

卡螺栓进行复检。

轨排架设完成后的允许偏差应满足表 5-15 和表 5-16 的要求。

表 5-15　轨排架设允许偏差

序　号	检查项目	偏差要求
1	轨枕间距	±5 mm
2	轨　　距	+2～−1 mm，变化率不得大于 1‰
3	水　　平	以一股钢轨为准，与设计高程偏差在±2 mm 之内；两股钢轨相对水平差不得大于 1 mm
4	轨　　向	以一股钢轨为准，与线路中线偏差在±1 mm 之内，最大矢度不得大于 1 mm/10 m 弦
5	高　　低	最大矢度不得大于 2 mm/10 m 弦
6	扭　　曲	测量弦长（基长 6.25 m）小于 1 mm

表 5-16　轨排架设曲线正矢允许偏差

缓和曲线的正矢与计算正矢差/mm	圆曲线正矢连续差/mm	圆曲线正矢最大最小值差/mm
1	2	3
20 m 弦量		

轨排支承架设计与加工制造时，应充分考虑浇注混凝土时轨排的上浮及变形，支承架自重不宜太轻，单台支承架重量应在 250 kg 以上。

（二）道床板混凝土施工

路基与隧道内道床板底层钢筋绑扎前，应将道床板范围内的基础面清除杂物、无积水。桥上可直接在底座的隔离层上绑扎钢筋，混凝土浇注前，应将轨枕混凝土表面充分润湿。

道床板混凝土浇注前，应复测轨排几何形位、保护层厚度，且由专业人员检测长轨排绝缘性能，符合要求后（每一块道床板单元的钢筋网架绝缘指标均需有检测、确认、签字记录）方可进行混凝土浇注。

在浇注过程中应加强对轨枕底部及其周围混凝土的振捣。应随时监测轨排几何形位的变化。

道床板混凝土浇注振捣密实后，道床板表面需按设计认真做好横向排水坡及标高，且整平、抹光。

道床板混凝土施工完成后，其尺寸允许偏差应满足表 5-17 的要求。

表 5-17　道床板混凝土施工允许偏差

序　号	检 查 项 目	允 许 偏 差/mm
1	道床板顶面宽度	±10
2	道床板面与轨枕顶面的相对高差	±3
3	道床板间伸缩缝位置	±5

道床板混凝土施工完成后，应及时覆盖养生。当道床板混凝土初凝后应及时松开

所有钢轨扣件。

道床板混凝土强度达到 5 MPa 时可拆除支承架，混凝土强度达到设计强度的 75% 方可承重。

八、道岔区无碴轨道施工

道岔区无碴轨道采用轨枕埋入式结构型式，由道岔、扣件、岔枕及道床板组成。

（一）施工工序

道岔区无碴轨道施工流程见图 5-83。

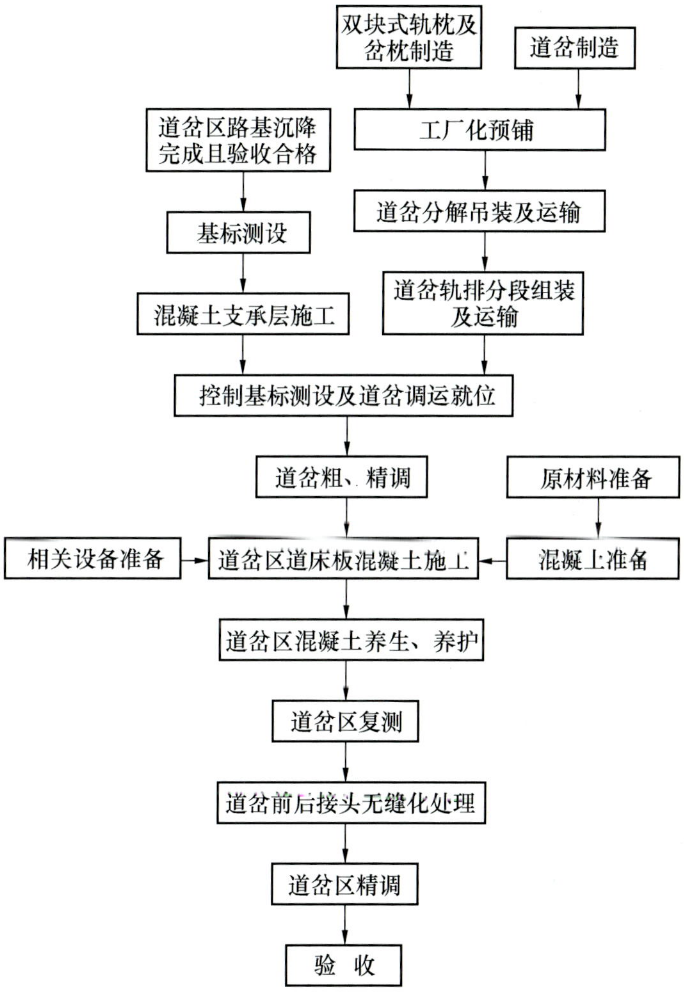

图 5-83 道岔区无碴轨道施工工艺流程图

（二）道岔预组装、调试及运输

每组道岔出厂前，均进行厂内预组装，调试组装完毕，严格检测道岔各部分尺寸和几何形位，消除超限点位。同时应安装电务转换和锁闭装置，进行道岔工务和电务系统的联合调试。预组装、调试合格后，对道岔各部件做出对号标记，拆解后包装发运。如果道岔较短（如 12 号道岔），可在厂内预铺后分段直接装运，不再分解成散件，避免重复预铺。

道岔运输应符合相应技术条件的规定。

（三）道岔的现场组装、吊装及调整

在施工现场，建立道岔组装平台，进行道岔预铺组装。道岔轨排组装后，其各部分的几何形位及各部位螺栓扭矩应满足设计要求，限位器子母块安装允许偏差±0.5 mm。

道岔轨排分段运至铺设地点，用大型吊车和道岔专用吊具整体吊装。

采用平移小车、抬轨梁、起落支座，使道岔轨排轨向及高低达到粗调。

采用方尺方正道岔始端和尖轨尖端，调整尖轨、心轨密贴和顶铁间隙应同调整轨距、支距相结合，经反复调整，直至满足设计技术要求。

精调起平道岔，道岔高低、水平不超过设计限值；滑床台板坐实坐平，精确控制垫板与台板的间隙不超标。

精确安装道岔尖轨、可动心轨转辙机构，进行工电联调。

使用轨检小车检测道岔方向、高低、水平、轨距等几何形位指标，对超限点做局部精细调整。

（四）道岔无碴轨道道床混凝土施工

道岔无碴轨道道床混凝土施工工艺的特殊要求如下。

（1）进行模板加固状态检查和混凝土泵送、捣固设备的工前检查，确保混凝土浇注施工顺利进行。道岔位置应由调整螺栓牢固保持，在混凝土初凝后，调整螺栓应及时取出。为保证道岔的铺设精度，道床应隔块浇注。

（2）道岔区与区间轨道高度不一致时，应在区间混凝土支承层上补偿。

（3）施工期间应封闭作业，道岔精调后至道床浇注后 2 天止，严禁行人和施工车辆行驶。

九、过渡段施工

过渡段工后沉降差应符合设计要求，下部结构物和上部轨道结构的过渡点应相互错开施工。

1. 桥上有碴轨道与隧道内板式轨道间的过渡

轨道过渡段总长度 45 m，其中有碴轨道长 20 m，板式轨道长 25m。即与隧道相连的第一跨桥上 20 m 有碴范围内，采用 2.6 m 过渡段轨枕及配套的弹性分开式扣件，有碴道床厚度在与隧道相邻的 9 m 范围内由 250 mm 逐渐过渡到桥上道床设计厚度 350 mm。从隧道口第一块轨道板开始的五块轨道板底粘贴 20 mm 厚微孔橡胶垫板，微孔橡胶垫板应符合相关技术要求。对应隧底回填层在轨下位置按 400 mm 间距埋设“门”型连接钢筋，钢筋伸出部分与混凝土底座内钢筋网相连。

桥上设置 50 kg·m^{-1}钢轨作为过渡段辅助轨，延伸至隧道内板式无碴轨道 4.8 m，且要求辅助轨在 25 m 过渡段范围内采用 50 kg·m^{-1}新轨，辅助轨弯折后与基本轨中心距为 520 mm。

2. 路基上双块式无碴轨道与有碴轨道间的过渡

过渡段总长度 45 m，其中双块式无碴轨道长 25 m，该范围对应轨下位置在混凝土承载层基础上按 400 mm 间距预埋“门”型钢筋，钢筋伸出部分与道床板内钢筋相连。

有碴轨道长 20 m，采用长度为 2.6 m 过渡段轨枕，基本轨扣件采用弹条Ⅱ型扣件。路基上无碴轨道的混凝土支承层延伸至有碴轨道的长度为 15 m，板厚由300 mm递减至210 mm，对应过渡段内道碴厚度由210 mm逐步渐变到 300 mm。

过渡段设 60 kg·m^{-1}的辅助轨及配套扣件，辅助轨长度 25 m，伸进无碴轨道内4.8 m，辅助轨与基本轨中心距为 520 mm。

3. 不同无碴轨道间的过渡

不同无碴轨道结构间的过渡与基础结构物的过渡段应错开设置。减振型板式轨道与普通型板式轨道，或与框架式板式轨道连接处，通过采用不同静刚度轨下弹性垫板过渡，过渡长度为每边 15 m。板式无碴轨道与双块式无碴轨道间直接连接，不设置过渡段。

4. 道岔区与区间无碴轨道过渡段

按设计规定通过调整道岔区前后扣件弹性垫板的静刚度来实现刚度过渡。

十、无缝线路

桥上、路基上与隧道内无碴轨道铺轨工程，应按设计要求进行无缝线路施工。

(一) 准备工作

(1) 了解与轨道施工有关的工程进展情况，核实铺轨进度计划。

(2) 调查沿线交通运输条件、地物和地貌情况，选择铺轨基地位置。

(3) 搜集沿线气温、轨温资料，建立气温、轨温观测点，以便在不同季节条件下，选择无缝线路锁定的作业时间。

(4) 按铺轨进度计划，落实轨道材料和设备来源、材料供应计划及运输、储备办法。

(5) 按规定做好线路复测工作。

(二) 钢轨焊接

(1) 在无碴轨道生产基地焊轨厂焊接成 100 m 长定尺钢轨。

(2) 钢轨技术条件应符合《时速 200 km·h^{-1}以上客运专线 60 kg·m^{-1}钢轨暂行技术条件》的规定。

(3) 现场焊接前必须进行焊接型式试验。施工现场焊接长钢轨，应充分利用工装，合理安排工序，正确选择与之匹配的各种设备，确保焊接质量、安全和环保。

(4) 焊接后必须对轨头顶面、轨头侧面和轨底进行严格的打磨，其平直度允许偏差见表 5-18。

表 5-18 焊接接头平直度允许偏差

部 位	接 触 焊/mm	铝 热 焊/mm
顶 面	0～+0.3	0～+0.3
侧 面	0～+0.3	−0.3～+0.3
轨 底	0～+0.5	0～+0.5

(5) 钢轨焊接宜按如下工序进行：输送钢轨、配轨、轨端矫直、轨端打磨、焊接

（对轨、焊接、推凸）、正火、粗磨、四向矫直、精磨、探伤。

（6）钢轨焊接时，必须严格遵守《焊接设备安全技术操作规程》和《铁道部机械设备安全技术操作规程》。焊接机具设备必须设专人负责管、用、养、修工作。

（三）无缝线路铺设

无砟轨道无缝线路的施工方法是，将标准轨焊接成长钢轨，铺设后焊接成单元轨，在设计锁定轨温条件下最终进行单元轨的应力放散及锁定焊接成无缝线路。

长钢轨铺设前，应先按设计要求安装橡胶垫板、铁垫板及锚固螺栓。采用长钢轨推送列车进行长钢轨铺设。

采用接触焊列车进行单元轨焊接，焊接应满足表5-18及相关技术条件要求。

无缝线路锁定之前应采用支垫滚轮、撞轨器等专用机具进行应力放散，使其在设计锁定轨温范围之内准确地锁定成为无缝线路。无缝线路相邻单元轨节间的锁定轨温差不大于5 ℃，左右股钢轨的锁定轨温差不大于3 ℃，同一区间内单元轨节的最高与最低锁定轨温差不大于10 ℃。

对于板式无砟轨道，采用充填式垫板及配套机具进行轨道几何形位精细调整。充填式垫板施工应遵守《充填式垫板施工技术条件》的规定。

轨道几何状态精细调整并检验合格后，必须按设计扭矩拧紧扣件螺栓，扣件螺栓扭矩不低于300 N·m，扣件锚固螺栓扭矩不得低于700 N·m。

长钢轨铺设、焊接完成后，应利用凸型挡台上的基标对线路进行精密测量，调整轨道几何形位，调整后轨道精度应符合设计技术条件要求。

无缝线路施工完成后，应按设计要求在桥上、隧道边墙上或路基上的接触网电杆上设置位移观测桩。

（四）道岔区无缝线路施工

1. 道岔及线路检查

道岔焊接及锁定前，应对道岔及线路进行检查。主要内容为：

（1）道岔几何形位符合设计要求；

（2）可动心轨位置、尖轨尖端与限位器位置正确；

（3）道岔直、曲尖轨方正，偏差不得大于4 mm，并使限位器的子母块居中，偏差不应超过1 mm；

（4）道岔方向正确，道岔导曲线或岔后附带曲线圆顺，正矢符合规定。

2. 作业准备

道岔焊接及锁定当天，每隔25 m拆除一根轨枕上的扣件，抽出轨下垫板，用位移测量尺在钢轨底做纵向位移观测标记。

整备钢轨液压拉伸器、铝热焊或气压焊、接触焊机具、撞轨器，并测量钢轨温度。

根据计算的放散量，考虑铝热焊的预留焊缝值，若是气压焊或接触焊则要留到轨端顶锻量，在钢轨接头划出锯切量。

3. 道岔焊接及锁定

将道岔区划分为若干单元，分别进行应力放散→焊接→锁定作业循环，最后完成岔首、岔尾与无缝线路的焊联。

4. 施工

相邻正线间的渡线采用道岔的岔尾相连布置，同时道岔与相邻无缝线路直接相连，所以铺设和锁定轨温应相近，允许偏差值分别不超过 10 ℃和 5 ℃。

道岔铺设和锁定时，在岔尾和岔首分别测量轨温，以两处测得轨温的平均值作为铺设和锁定轨温。道岔应力放散时，道岔的中心和辙叉咽喉的位置保持不变。直、曲基本轨应力放散必须做到彻底、均匀，锁定轨温准确。辙叉前后的钢轨扣件拆除后放散应力；辙叉部分扣件不拆除，固定不动。

道岔焊接及锁定开始，首先拆开辙叉前后钢轨扣件，由道岔中部向两头安设滚轮，每隔 6 m 在钢轨下安设滚轮，保证道岔钢轨全部由滚轮支承；与基本轨连接的钩锁器螺栓应拆除，以免影响应力放散；拆除道岔内钢轨接头处用于临时连接的断轨急救器。

安装钢轨液压拉伸器，张拉钢轨，并辅助撞轨。测量轨温和各测点钢轨位移量，若位移分布不均匀，可采取撞轨调整。

当终点位移测点所测得的钢轨位移量达到预定放散量，且断口宽度与预留焊缝宽度相等时，立即停止张拉和撞击钢轨，迅速撤除滚轮，使钢轨落槽。

采用铝热焊时，钢轨液压拉伸器保持压力，实施铝热焊接，并推除焊瘤，直至焊接完成。

曲基本轨用钢轨液压拉伸器张拉后，应注意调整正矢达到规定标准。

十一、轨道状态调整

轨道状态调整是板式轨道施工的一个关键过程。

轨道板准确定位、CA 砂浆灌注、无缝线路铺设完成后，轨道几何形位的精细调整是保证板式轨道达到线路铺设精度的一个关键过程。轨道状态调整时，应先确定一股钢轨的方向和高低，再以此股钢轨为基准，确定另一股钢轨的状态。就秦沈客运专线双何特大桥板式轨道弹性分开式扣件来说，线路的轨距、方向通过扣件不同规格的调距扣板与轨距块进行调整。

线路的高低、水平通过铁垫板下预制的调高垫板以及铁垫板上的充填式垫板进行调整。根据秦沈客运专线双何特大桥板式轨道范围内采用的弹性分开式扣件（弹条Ⅱ型扣件）的设计参数，其扣件最大调高量为 30 mm，其中轨下允许最大调高量为 10 mm，铁垫板下 20 mm。在钢轨高低、水平状态调整好后，用塞尺等实测每个扣件节点轨下实际所需的调高量。尽管在前期研究过程中，该扣件在调高 30 mm 状态、横向荷载 50 kN 的条件下通过了 200 万次的疲劳试验，考虑到弹条尽可能地处于正常工作状态，充填式垫板的填充厚度以 4～6 mm 为宜，超出部分应在铁垫板下垫入预制的调高垫板。

在插入充填式垫板注入袋之前，必须在钢轨扣件节点之间的轨底下按一定间距插入调整垫块。调整垫块由两部分组成：其一为基准垫块，基准垫块的尺寸根据钢轨类型、轨底与轨道板顶面的设计高度、轨底坡的大小确定；在基准垫块的基础上，再配置微调垫块，微调垫块的厚度规格可分为 0.5，1，2，4 mm 等级。

为保证轨道状态调整达到铺设精度，在每块轨道板范围内，每股钢轨的轨底与板顶之间插入调整垫块。必须注意的是：（1）调整垫块轨底坡的方向；（2）调整垫块前后的扣件必须按规定的扭矩拧紧，其他扣件螺栓用手拧紧即可，否则充填式垫板注入树脂时，有可能将钢轨抬起。

如调整不精细，即使使用充填式垫板，轨道同样存在不平顺，这样就达不到充填式垫板的使用目的。

日本板式轨道成功的实践经验表明，充填式垫板是板式轨道结构中的一个必要组成部分，特别是位于缓和曲线与竖曲线钢轨高低变化区段。从日本充填式垫板的发展过程看，从最初的PV—101型发展到现在的PV—401型，其根据实际使用情况，性能指标不断在改变。我国在秦沈客运专线首次采用板式轨道结构，充填式垫板的研究也才刚刚起步，目前只能借鉴日本充填式垫板的基本性能指标，结合我国的材料工业水平、制造与施工技术，制订适合我国铁路的相应产品的性能指标要求。通过今后的运营考验，不断在结构设计、材料性能、施工机具及施工工艺等方面进行改进、完善。

无砟轨道铺设完成后，其铺设精度应满足表5-19的要求，并符合TB 2098—89《无缝线路铺设及养护维修》的有关规定。

表5-19　无砟轨道铺设精度（竣工后，静态）标准

项　　目	高低	轨向	水平	轨距
幅值/mm	2	2	1	±1
10 m弦量				

十二、无砟轨道工程质量检验标准

（一）质量检验项目的划分

无砟轨道工程施工质量划分为分项、分部和单位工程进行检验和评定。

分项工程按工种和工序划分，其检验项目包括保证项目、基本项目和允许偏差项目。

分部工程按一个完整部位或主要结构及施工阶段划分。

单位工程按完整工程或一个相当规模的施工范围划分。

（二）质量标准

分项工程、分部工程、单位工程的质量检验标准如下。

（1）分项工程质量合格标准

保证项目必须符合本标准对该项目规定的质量要求；基本项目抽验的点（处、件，下同）应符合本标准对该项目规定的合格要求；允许偏差项目抽验的点数中应有80%及以上的实测值在该项目规定的允许误差范围内。

（2）分部工程质量合格标准

所含分项工程的质量全部合格。

（3）单位工程的质量合格标准

所含分部工程的质量全部合格。

（三）质量检验评定程序和组织

分项工程质量应在工班自检合格的基础上，由工点负责人组织有关人员进行检验评定，经项目队质量检查工程师、项目经理部质量检查工程师和监理工程师核定后，由项目队填写分项工程质量检验评定表一式三份，自留一份，报项目经理部一份，报监理单位一份。

分部工程质量应由项目队负责人组织有关人员进行评定，经项目经理部质量检查工程师、监理工程师和监理分站长（或组长）核定后，由项目队填写分部工程质量评定表一式三份，自留一份，报项目经理部一份，报监理单位一份。

单位工程质量应由项目经理部负责人组织有关部门进行评定，经监理工程师和总监理工程师核定后，由项目经理部填写单位工程质量评定表一式四份，项目经理部、队各存一份，报监理单位一份，另一份作为质量评价资料在竣工验交时提出。

建设单位在收到施工单位提交工程验收申请报告后，组织施工、设计、监理单位进行单位工程验收。无砟轨道分项工程、分部工程和单位工程的划分参见附录《秦沈客运专线桥上无砟轨道工程的质量检验评定标准》。

根据德国的经验，工程的竣工验收，在全部工程完成后由建设单位组织列车试运行。试运行的列车速度为设计速度的1.1倍运行，检验工程各部分是否满足设计要求。

附录　秦沈客运专线桥上无碴轨道工程的质量检验评定标准

一、桥上无碴轨道工程检验项目划分及检验范围（见附表1）

附表1　轨道工程质量检验项目划分及检验范围

项次	单位工程	分部工程	分项工程	工班自检	施工单位验评		监理单位验评	检验项目条款号		
					项目工程队	项目经理部		保证项目	基本项目	允许偏差项目
1	板式无碴轨道（一座桥）	混凝土底座及凸形挡台	桥面处理	√	√	√	√	五.(一).1.(1)	五.(一).1.(2)	
			模板	√	√		√		五.(一).2.(1)	五.(一).2.(2)
			钢筋	√	√	√	√	五.(一).3.(1)	五.(一).3.(2)	五.(一).3.(3)
			预埋件	√	√		√	五.(一).4.(1)	五.(一).4.(2)	五.(一).4.(3)
			混凝土灌注及外形外观	√	√	√	√	五.(一).5.(1)	五.(一).5.(2)	五.(一).5.(3)
			桥面防水层、保护层及伸缩缝	√	√	√	√	五.(一).7.(1)	五.(一).7.(2)	
		轨道板铺设及CA砂浆灌注	轨道板铺设	√	√	√	√	五.(二).1.(1)	五.(二).1.(2)	四.(三).1.(3)
			模板	√	√		√	五.(二).2.(1)	五.(二).2.(2)	
			CA砂浆配制及灌注	√	√	√	√	五.(二).3.(1)	五.(二).3.(2)	
		轨道铺设	无碴轨道	√	√	√	√	五.(四).1.(1)		
			过渡段	√	√	√	√	五.(四).2.(1)	五.(四).2.(2)	五.(四).2.(3)
		轨道整理及钢轨打磨	轨道整理及钢轨打磨	√	√	√	√	五.(五).(1)	五.(五).(2)	五.(五).(3)
2	双块式（长枕埋入式）无碴轨道（一座桥）	混凝土底座	桥面处理	√	√	√	√	五.(一).1.(1)	五.(一).1.(2)	
			模板	√	√		√		五.(一).2.(1)	五.(一).2.(2)
			钢筋	√	√	√	√	五.(一).3.(1)	五.(一).3.(2)	五.(一).3.(3)
			预埋件	√	√		√	五.(一).4.(1)	五.(一).4.(2)	五.(一).4.(3)
			混凝土灌注及外形外观	√	√	√	√	五.(一).5.(1)	五.(一).5.(2)	五.(一).5.(3)
			隔离层铺设	√	√	√		五.(一).6.(1)	五.(一).6.(2)	
			桥面防水层、保护层及伸缩缝	√	√	√	√	五.(一).7.(1)	五.(一).7.(2)	
		轨排组装架设及混凝土道床板	轨排组装架设	√	√	√	√	五.(三).1.(1)	五.(三).1.(2)	五.(三).1.(3)
			模板	√	√		√		五.(一).2.(1)	五.(一).2.(2)
			钢筋	√	√	√	√	五.(一).3.(1)	五.(一).3.(2)	五.(一).3.(3)
			混凝土灌注及外形外观	√	√	√	√	五.(三).2.(1)	五.(三).2.(2)	五.(三).2.(3)
		轨道铺设	无碴轨道	√	√	√	√	五.(四).1.(1)		
			过渡段	√	√	√	√	五.(四).2.(1)	五.(四).2.(2)	五.(四).2.(3)
		轨道整理及钢轨打磨	轨道整理及钢轨打磨	√	√	√	√	五.(五).(1)	五.(五).(2)	五.(五).(3)

二、分项工程质量检验评定（见附表 2）

附表 2　××分项工程质量检验评定表

单位工程名称：　　　　　　　　　　分部工程名称：　　　　　　　　施工单位：

<table>
<tr><td rowspan="9">保证项目</td><td colspan="2">项　目</td><td colspan="11">质 量 情 况</td></tr>
<tr><td>1</td><td></td><td colspan="11"></td></tr>
<tr><td>2</td><td></td><td colspan="11"></td></tr>
<tr><td>3</td><td></td><td colspan="11"></td></tr>
<tr><td>4</td><td></td><td colspan="11"></td></tr>
<tr><td>5</td><td></td><td colspan="11"></td></tr>
<tr><td>6</td><td></td><td colspan="11"></td></tr>
<tr><td>7</td><td></td><td colspan="11"></td></tr>
<tr><td></td><td></td><td colspan="11"></td></tr>
<tr><td rowspan="7">基本项目</td><td colspan="2">项　目</td><td colspan="10">质 量 情 况</td><td rowspan="2">等　级</td></tr>
<tr><td>1</td><td></td><td>1</td><td>2</td><td>3</td><td>4</td><td>5</td><td>6</td><td>7</td><td>8</td><td>9</td><td>10</td></tr>
<tr><td>2</td><td></td><td></td><td></td><td></td><td></td><td></td><td></td><td></td><td></td><td></td><td></td><td></td></tr>
<tr><td>3</td><td></td><td></td><td></td><td></td><td></td><td></td><td></td><td></td><td></td><td></td><td></td><td></td></tr>
<tr><td>4</td><td></td><td></td><td></td><td></td><td></td><td></td><td></td><td></td><td></td><td></td><td></td><td></td></tr>
<tr><td>5</td><td></td><td></td><td></td><td></td><td></td><td></td><td></td><td></td><td></td><td></td><td></td><td></td></tr>
<tr><td>6</td><td></td><td></td><td></td><td></td><td></td><td></td><td></td><td></td><td></td><td></td><td></td><td></td></tr>
<tr><td rowspan="10">允许偏差项目</td><td colspan="2">项　目</td><td rowspan="2">允许偏差
/mm</td><td colspan="10">实　测　值</td></tr>
<tr><td>1</td><td></td><td>1</td><td>2</td><td>3</td><td>4</td><td>5</td><td>6</td><td>7</td><td>8</td><td>9</td><td>10</td></tr>
<tr><td>2</td><td></td><td></td><td></td><td></td><td></td><td></td><td></td><td></td><td></td><td></td><td></td><td></td></tr>
<tr><td>3</td><td></td><td></td><td></td><td></td><td></td><td></td><td></td><td></td><td></td><td></td><td></td><td></td></tr>
<tr><td>4</td><td></td><td></td><td></td><td></td><td></td><td></td><td></td><td></td><td></td><td></td><td></td><td></td></tr>
<tr><td>5</td><td></td><td></td><td></td><td></td><td></td><td></td><td></td><td></td><td></td><td></td><td></td><td></td></tr>
<tr><td>6</td><td></td><td></td><td></td><td></td><td></td><td></td><td></td><td></td><td></td><td></td><td></td><td></td></tr>
<tr><td>7</td><td></td><td></td><td></td><td></td><td></td><td></td><td></td><td></td><td></td><td></td><td></td><td></td></tr>
<tr><td>8</td><td></td><td></td><td></td><td></td><td></td><td></td><td></td><td></td><td></td><td></td><td></td><td></td></tr>
<tr><td>9</td><td></td><td></td><td></td><td></td><td></td><td></td><td></td><td></td><td></td><td></td><td></td><td></td></tr>
<tr><td rowspan="3">检验结果</td><td colspan="2">保证项目</td><td colspan="11"></td></tr>
<tr><td colspan="2">基本项目</td><td colspan="11">检查　　　　项，其中优良　　　　项　　　优良率　　　%</td></tr>
<tr><td colspan="2">允许偏差项目</td><td colspan="11">实测　　　　点，其中合格　　　　点　　　合格率　　　%</td></tr>
<tr><td rowspan="3">评定等级</td><td rowspan="3"></td><td colspan="2">工班长：</td><td rowspan="3">核定等级</td><td rowspan="3"></td><td colspan="8">队质量检查工程师：</td></tr>
<tr><td colspan="2">工点技术负责人：</td><td colspan="8">经理部质量检查工程师：</td></tr>
<tr><td colspan="2">工点负责人：</td><td colspan="8">监理工程师：</td></tr>
</table>

年　月　日

三、分部工程质量检验评定（见附表 3）

附表 3　××分部工程质量检验评定表

单位工程名称：　　　　　　　　　　　　施工单位：

项　次	分项工程名称	项　数	其中优良项数	备　注
1				
2				
3				
4				
5				
6				
7				
8				
9				
10				
11				
12				
13				
14				
15				
16				
17				
18				
19				
20				
21				
22				
23				
24				
25				
26				
27				
28				
29				
合　计				优良率　　%

评定等级		队质量检查工程师：	核定等级		监理部质量检查工程师：
		队技术负责人：			监理工程师：
		队负责人：			监理分站长（或组长）：

年　月　日

四、单位工程质量检验评定（见附表 4）

附表 4　单位工程质量检验评定表

<table>
<tr><td colspan="6">单位工程名称：　　　　　　开工日期：　　　　　　年　月　日
施工单位：
工程地点：
工程数量：　　　　　　竣工日期：　　　　　　年　月　日</td></tr>
<tr><td>项　次</td><td colspan="2">分项工程名称</td><td colspan="2">核定质量等级</td><td>备　注</td></tr>
<tr><td>1</td><td colspan="2"></td><td colspan="2"></td><td></td></tr>
<tr><td>2</td><td colspan="2"></td><td colspan="2"></td><td></td></tr>
<tr><td>3</td><td colspan="2"></td><td colspan="2"></td><td></td></tr>
<tr><td>4</td><td colspan="2"></td><td colspan="2"></td><td></td></tr>
<tr><td>5</td><td colspan="2"></td><td colspan="2"></td><td></td></tr>
<tr><td>6</td><td colspan="2"></td><td colspan="2"></td><td></td></tr>
<tr><td>7</td><td colspan="2"></td><td colspan="2"></td><td></td></tr>
<tr><td>8</td><td colspan="2"></td><td colspan="2"></td><td></td></tr>
<tr><td>9</td><td colspan="2"></td><td colspan="2"></td><td></td></tr>
<tr><td>10</td><td colspan="2"></td><td colspan="2"></td><td></td></tr>
<tr><td>11</td><td colspan="2"></td><td colspan="2"></td><td></td></tr>
<tr><td>12</td><td colspan="2"></td><td colspan="2"></td><td></td></tr>
<tr><td>13</td><td colspan="2"></td><td colspan="2"></td><td></td></tr>
<tr><td>14</td><td colspan="2"></td><td colspan="2"></td><td></td></tr>
<tr><td>15</td><td colspan="2"></td><td colspan="2"></td><td></td></tr>
<tr><td>16</td><td colspan="2"></td><td colspan="2"></td><td></td></tr>
<tr><td>17</td><td colspan="2"></td><td colspan="2"></td><td></td></tr>
<tr><td>18</td><td colspan="2"></td><td colspan="2"></td><td></td></tr>
<tr><td>19</td><td colspan="2"></td><td colspan="2"></td><td></td></tr>
<tr><td>20</td><td colspan="2"></td><td colspan="2"></td><td></td></tr>
<tr><td>21</td><td colspan="2"></td><td colspan="2"></td><td></td></tr>
<tr><td colspan="6">合计项数：　　　　其中优良项数：　　　　优良率　　%</td></tr>
<tr><td>评定等级</td><td></td><td>经理部质量检查工程师：
项目经理部负责人：
公　章
年　月　日</td><td>核定等级</td><td></td><td>监理工程师：
总监理工程师：
公　章
年　月　日</td></tr>
</table>

五、检验评定

(一) 检验评定

1. 桥面处理

(1) 保证项目

梁体预埋连接钢筋的位置、长度、数量、状态以及钢筋型号、规格必须符合设计要求。

检验数量：全验。

检验方法：对照设计文件，目测、复检桥梁有关监理文件。

(2) 基本项目

1) 钢筋表面的油渍、漆污、水泥浆和用锤敲击能剥落的浮皮、铁锈等应清除干净。

检验数量：全验。

检验方法：观察，锤击检查。

2) 对无砟轨道结构宽度范围内的桥直进行凿毛处理，桥面浮碴、碎片、油渍等应清除干净。

检验数量：全验。

检验方法：目测。

2. 模板

(1) 基本项目

1) 模板应具有足够的强度、刚度和稳定性。模板的支撑部分必须置于可靠的基础上。

检验数量：侧模、端模均应检查。

检验方法：目测。

2) 模板内侧面应平整光洁、涂刷脱模剂、接缝严密。

检验数量：全验。

检验方法：目测。

(2) 允许偏差项目

1) 底座模板安装允许偏差板式无砟轨道应符合附表 5 中的要求；轨枕埋入式无砟轨道应符合附表 6 中的要求。

检验数量：全验。

检验方法：仪器，尺量。

附表 5　板式无砟轨道模板安装允许偏差

项　次	项　目	允许偏差/mm	备　注
1	放线高度	±3	模板内侧面间的允许偏差
2	宽　度	+5/−0	
3	底座前后位置	±2	
4	与设计中线差	±2	

附表 6 轨枕埋入式无碴轨道模板安装允许偏差

项次	项目	允许偏差/mm	备注
1	放线高度	±3	模板内侧面间的允许偏差
2	长度、宽度	±5	
3	底座间隔	±3	
4	凹槽的长、宽、高	±2	
5	与设计中线差	±2	

2）凸形挡台模板安装允许偏差应符合附表 7 的要求。

附表 7 凸形挡台模板安装允许偏差

项次	项目	允许偏差/mm
1	圆形挡台模板的直径	±2
2	半圆形挡台模板的半径	±1
3	挡台中心偏离线路中心	1
4	挡台中心间距	±2
5	侧模放线高度	±2

检验数量：全验。

检验方法：仪器，尺量。

3. 钢筋

（1）保证项目

钢筋的型号、规格、性能和质量必须符合设计要求，并按《混凝土结构工程施工及验收规范》（GB 50204—92）进行检验。

检验数量：按批检查。

检验方法：检查出厂合格证和试验资料。

（2）基本项目

1）钢筋应平直，无局部折曲，表面的油渍、漆污、水泥浆和用锤敲击能剥落的浮皮、铁锈等应清除干静。

检验数量：全验。

检验方法：观察，锤击检查。

2）钢筋骨架的绑扎量应符合下列要求。

合格：钢筋的型号、规格、数量和位置应符合设计图纸的要求，骨架的绑扎应稳固，缺扣、松扣的数量不得超过应绑扎扣数的 10%。

优良：符合合格规定，且钢筋绑扎缺扣及松扣的数量不超过应绑扎扣数的 5%。

检验数量：底座抽验 20%，并不得少于 3 处；凸形挡台全验。

检验方法：观察，尺量，手扳检查。

（3）允许偏差项目

底座与凸形挡台钢筋的绑扎安装允许偏差应符合附表 8 的要求。

附表 8　钢筋的绑扎安装允许偏差

项　　次	项　　目	允许偏差/mm
1	钢筋间距	⩽20
2	钢筋保护层与设计尺寸偏差	⩽5

检验数量：底座抽验 20%；凸形挡台全验。

检验方法：尺量。

4. 预埋件

(1) 保证项目

凸形挡台内设置的基准器底座的材质与加工精度必须符合设计要求。

检验数量：全验。

检验方法：验收出厂合格证，尺量。

(2) 基本项目

1) 底座内预埋的 PVC 管、PVC 篦质量应符合设计要求。

检验数量：按批抽验，但不少于 10 m。

检验方法：验收出厂合格证，尺量。

2) PVC 管、PVC 篦及底座间伸缩缝用沥青板的规格、数量应符合设计要求。

检验数量：全验。

检验方法：对照设计文件，目测。

(3) 允许偏差项目

1) PVC 管、PVC 篦的竖向预埋位置允许偏差±10 mm。

检验数量：全验。

检验方法：尺量。

2) 基准器底座预埋位置的前后、左右允许偏差±5 mm，其顶面高出凸形挡台顶面混凝土的允许偏差为+5/−0 mm。

检验数量：全验。

检验方法：尺量。

5. 混凝土灌注及外形外观

(1) 保证项目

1) 混凝土应使用通过碱活性试验的原材料。对混凝土原材料的批量检验、混凝土配合比、外加剂的使用以及混凝土运输、灌注与养护均必须符合《秦沈客运专线无碴轨道工程施工技术细则》的有关规定。

检验数量：原材料全部检查。

检验方法：检查各种材料的出厂合格证、试验报告单及施工记录。

2) 混凝土强度必须符合设计要求。混凝土强度的检验评定必须符合《混凝土强度检验评定标准》(GBJ 107—87) 的有关规定。

检验数量：每工班 2 组。

检验方法：检查试验报告单和施工记录。

（2）基本项目

1）混凝土施工模板及拆模要求应符合无碴轨道工程施工技术的有关规定。模板的拆除不应使混凝土受损。

检验数量：全验。

检验方法：检查施工记录。

2）混凝土表面光滑平整，无蜂窝、麻面、露筋、掉角。

合格：局部有少量蜂窝、麻面、露筋或掉角，经修补后不影响外观和质量。

优良：表面光滑平整、美观，无蜂窝、麻面、露筋或掉角等外观缺陷。

检验数量：全验。

检验方法：目测。

3）模板拆除后，混凝土侧面、端面及棱角处应无损伤。

合格：基本无损，个别损伤经修补后不影响使用。

优良：无损伤。

检验数量：全验。

检验方法：目测。

（3）允许偏差项目

1）板式无碴轨道混凝土底座外形尺寸允许偏差应符合附表9的要求。

附表9　板式无碴轨道混凝土底座外形尺寸允许偏差

项　　次	项　　目	允许偏差/mm
1	混凝土底座顶面与设计高程差	±3
2	宽　　度	±10
3	混凝土底座前后位置	±3
4	与设计中线差	3

轨枕埋入式无碴轨道底座外形尺寸及表面平整度允许偏差应符合附表10的要求。

附表10　轨枕埋入式无碴轨道底座外形尺寸允许偏差

项　　次	项　　目	允许偏差/mm
1	底座顶面下设计高程差	±3
2	底座长度、宽度	±10
3	凹槽的长、宽、高	±3
4	与设计中线差	3
5	底座与凹槽表面平整度	凹陷深度不大于2 mm/1 m或低洼长度不超过50 mm

合格：板式无碴轨道外形尺寸符合附表5-9的要求，轨枕埋入式无碴轨道外形尺寸及表面平整度符合附表5-10的要求，底座混凝土表面局部有少量蜂窝、麻面、露筋或掉角，经修补后不影响外观和质量。

优良：板式无碴轨道外形尺寸符合附表5-9的要求，轨枕埋入式无碴轨道外形尺寸及表面平整度符合附表5-10的要求，底座混凝土表面光滑平整、美观，无蜂窝、麻面、露筋或掉角等外观缺陷。

检验数量：每项3处（两端及中间）。

检验方法：仪器，尺量。

2）凸形挡台外形尺寸允许偏差应符合附表11的要求。

附表11　凸形挡台外形尺寸允许偏差

项　次	项　目	允许偏差/mm
1	圆形挡台的直径	±3
2	半圆形挡台的半径	±2
3	挡台中心偏离线路中心	2
4	挡台中心间距	±3
5	顶面高程与设计值	±2

检验数量：全验。

检验方法：对照设计文件，仪器及尺量。

合格：外形尺符合附表11的要求，凸形挡台混凝土表面局部有少量蜂窝、麻面、露筋或掉角，经修补后不影响外观和质量。

优良：外形尺寸符合附表11的要求，凸形挡台混凝土表面光滑平整、美观，无蜂窝、麻面、露筋或掉角等外观缺陷。

6. 隔离层铺设

（1）保证项目

隔离层材料必须符合《铁路混凝土桥梁桥面TQF—I型防水层技术条件》（TB/T 2965—1999）的要求。

检验数量：以5 000 m同规格的卷材为一批，不足此数亦按一批计。每批从3卷中取样。

检验方法：验收出厂合格证，尺量，检查试验记录。

（2）基本项目

隔离层应铺贴平整，与底座表面及凹槽表面、侧立面的粘贴牢固，隔离层无破损、搭接处及周边无翘起，无空鼓，搭接量符合要求，不应有皱折、脱层或封口不严等缺陷。

合格：局部达不到要求，但不影响使用。

优良：达到要求。

检验数量：全验。

检验方法：目测。

7. 桥面防水层、保护层及伸缩缝

（1）保证项目

1）在混凝土底座宽度范围以外（含底座间的伸缩缝），桥面防水层、保护层及伸缩缝所用的材料应符合设计图纸要求及《混凝土桥梁桥面TQF—I型防水层技术条件》（TB/T 2965—1999）。

检验数量：全验。

检验方法：每批抽验，并检查出厂合格证或试验记录。

2）防水层应坚固、耐久、抗渗性好、弹韧性强、粘结性好，且耐高温严寒。

检验数量：每项均应检查。

检验方法：雨后或灌水观察。

3）保护层应采用纤维混凝土，并具有不低于 40 MPa 的强度及良好的抗裂性。

检验数量：全验。

检验方法：检查试验记录。

4）混凝土底座与桥面混凝土垫层的界面处防水层、保护层应符合设计图纸的要求。

检验数量：每处均应检查。

检验方法：雨后或灌水观察。

5）梁端接缝处应设置不透水的伸缩缝，防水层应连续过渡。

检验数量：每孔均应检查。

检验方法：雨后或灌水观察。

6）桥面混凝土垫层的伸缩缝位置应与底座间的伸缩缝对应，宽度一致，用沥青板填充。沿线路横向，伸缩缝应在箱梁两侧防护墙间贯通。

检验数量：每处均应检查。

检验方法：检查施工记录，目测。

（2）基本项目

1）桥面混凝土垫层应平整，无凹凸不平，每米长度内的偏差不大于 5 mm，垫层顶面不应有表面裂缝。排水坡度应符合设计要求。坡度允许偏差 3%。

合格：每 1 m 长度内的偏差不超过 1 处。

优良：平整度满足标准要求。

检验数量：每孔梁不少于 15 处。

检验方法：用 1 m 长的靠尺测量，空隙不大于 5 mm。

2）防水涂料应涂刷均匀，厚度符合设计要求。

合格：局部达不到要求，但不影响使用。

优良：达到要求。

检验数量：每处均应检查。

检验方法：检查施工记录，观察。

3）防水卷材铺贴应平整、粘结牢固、卷材无破损、搭接处及周边无翘起，无空鼓，搭接量符合要求，不应有皱折、脱层或封口不严等缺陷。

合格：局部达不到要求，但不影响使用。

优良：达到要求。

检验数量：每项均应检查。

检验方法：目测，尺量。

4）保护层施工时不得损坏防水层，保护层应表面平整、流水畅通，排水坡度应符合设计要求。

合格：符合规定。

优良：在合格的基础上，保护层厚度均匀密实。

检验数量：每处均应检查。

检验方法：检查施工记录。

5）梁端伸缩缝预埋钢板位置应准确，边压块榫口密贴，橡胶止水带与边压块无缝隙，橡胶止水带外形尺寸符合设计要求，盖板平整。

合格：局部达不到要求，但不影响使用。

优良：达到要求。

检验数量：每处均应检查。

检验方法：检查施工记录，目测。

（二）板式无砟轨道板铺设及 CA 砂浆灌注检验评定

1. 轨道板铺设

（1）保证项目

1）预制轨道板的质量必须符合其技术条件的要求。

检验数量：全验。

检验方法：验收出厂合格证，尺量。

2）过渡段无砟轨道部分轨道板底面铺贴的微孔橡胶垫材料应符合《秦沈客运专线 CEP-1201 型微孔橡胶垫技术条件》的要求。

检验数量：以 1 000 块为 1 批，不足此数按 1 批计。每批从 3 块中取样。

检验方法：验收出厂合格证，尺量。

3）一般情况下，轨道板与混凝土底座的间隙不得小于 40 mm，过渡段范围内，不得小于 35 mm。

检验数量：每块板下检查 3 处（两端及中部）。

检验方法：尺量。

4）轨道板与凸形挡台的间隙不得小于 30 mm。

检验数量：全验。

检验方法：尺量。

（2）基本项目

1）橡胶防护垫与轨道板端口应粘贴紧密、牢固，不得有空隙。

检验数量：全验。

检验方法：目测。

2）过渡段轨道板底铺贴的微孔橡胶垫应平整，粘贴牢固，轨道板铺设与 CA 砂浆灌注过程中，橡胶垫不得变位、脱落。橡胶垫接缝处及周边无翘起、无空鼓。

合格：局部达不到要求，但不影响使用。

优良：达到要求。

检验数量：全验。

检验方法：目测。

（3）允许偏差项目

轨道板安装位置的允许偏差应符合表 5-14 的要求。

检验数量：全验。

检验方法：仪器，尺量，检查施工记录。

2. 模板

(1) 保证项目

曲线地段的内侧模板与低侧轨道板靠紧，曲线外侧及直线地段的侧模与轨道板侧面的间隙不得小于 10 mm，侧模、端模的高度应满足 CA 砂浆灌注溢出高度的要求。

检验数量：全验。

检验方法：尺量，目测。

(2) 基本项目

1) 模板应具有足够的强度、刚度和稳定性。模板的支撑部分必须置于可靠的基础上。

检验数量：侧模、间隔板均应检查。

检验方法：目测。

2) 模板、相邻轨道板间的间隔板内侧面应平整光洁、涂刷脱模剂、接缝严密。模板、间隔板与底座间应采用泡沫塑料及胶条密封。

检验数量：全验。

检验方法：目测。

3. CA 砂浆配制及灌注

(1) 保证项目

1) 配制 CA 砂浆用的水泥、乳化沥青、细集料、水等原材料的质量必须符合板式轨道 CA 砂浆技术条件的要求。

检验数量：全验。

检验方法：验收原材料出厂合格证、试验报告单，检查施工记录。

2) CA 砂浆的性能指标必须符合附表 12 的要求。

附表 12　CA 砂浆的主要性能指标要求

项 次	性　能	指 标 要 求
1	抗压强度/MPa	1.8～2.5
2	弹性模量/MPa	200～600
3	流动性/s	16～26
4	可工作时间/min	≥30
5	膨胀率/%	1～3
6	材料分离度/%	<3
7	含气量/%	8～12
8	耐久性（抗冻性）	同时满足相对动弹模量值不小于 60%和质量损失率不超过 5%时的冻融次数不得小于 300 次

CA 砂浆耐久性（抗冻性）试验在现场施工配方确定后提前进行，提供试验报告。

检验数量：耐久性试验同一种配方检查 1 组，其他指标每工班检查 2 组。

检验方法：检查试验报告单、施工记录。

3）CA砂浆灌筑后应与轨道板、凸形挡台密贴，不得有空隙。

检验数量：全验。

检验方法：检查溢出高度。

（2）基本项目

1）CA砂浆配制、施工的温度宜控制在10 ℃～25 ℃范围内。

检验数量：全验。

检验方法：温度计实测，检查施工记录。

2）拆除轨道板支撑螺栓、轨道铺设与线路锁定时的CA砂浆强度应符合相关施工技术的要求。

检验数量：全验。

检验方法：检查试验报告单、施工记录。模板拆除后，CA砂浆调整层应无损伤。

合格：基本无损，个别损伤经修整后不影响使用。

优良：无损伤。

检验数量：全验。

检验方法：目测。

（三）埋入式无砟轨道轨排组装架设及混凝土道床板的检验评估

1. 轨排组装架设

（1）保证项目

1）轨枕质量必须符合其技术条件的要求。

检验数量：抽验20根。

检验方法：验收出厂合格证，施工单位参照《预应力混凝土轨枕产品检验实施细则》旁站检查。

2）扣件质量必须符合其技术条件的要求。

检验数量：抽验15组。

检验方法：验收出厂合格证，尺量。

（2）基本项目

1）轨排组装时，各种零件应安装齐全，位置正确。扣件组装铺设应符合有关规定。

检验数量：全验。

检验方法：对照设计文件，目测。

2）钢轨支撑架应具有足够的强度、刚度和稳定性，支撑架间距合理，确保施工过程中轨排稳定牢固、不变形。

检验数量：全验。

检验方法：目测。

3）施工用工具轨应采用新钢轨，有硬弯的钢轨必须进行校直。

检验数量：全验。

检验方法：目测。

（3）允许偏差项目

轨排架设调整完成后的几何状态允许偏差必须符合表 5-15 的要求，曲线正矢允许偏差必须符合表 5-16 的要求。

检验数量：全验。

检验方法：仪器，尺量。

2. 混凝土灌注及外形外观

道床板混凝土灌注的检验除下述内容外，应按 1.5 的规定检验。

（1）保证项目

1）按五.（一）.5.（1）.1）的规定检验。

2）按五.（一）.5.（1）.2）的规定检验。

3）道床混凝土灌注前，必须预先在轨枕侧面涂刷界面剂，并用水泥砂浆填充轨枕横向孔内，保证道床板新灌混凝土、上层纵向钢筋与轨枕的粘结。

检验数量：全验。

检验方法：目测。

（2）基本项目

按五.（一）.5.（2）的规定检验。

（3）允许偏差项目

道床板外形尺寸允许偏差应符合表 5-17 的要求。

合格：外形尺寸符合表 5-17 的要求，道床板混凝土表面局部有少量蜂窝、麻面、露筋或掉角，经修补后不影响外观和质量。道床板与底座基本齐平，道床板表面横向排水坡基本符合设计要求，清洁无杂物。

优良：外形尺寸符合表 5-17 的规定，道床板混凝土表面光滑平整、美观，无蜂窝、麻面、露筋或掉角等外观缺陷。道床板与底座齐平、道床板表面横向排水坡符合设计要求，道床整齐美观。

检验数量：全验。

检验方法：尺量，目测。

（四）轨道铺设检验评定

1. 无碴轨道

无碴轨道铺设的检验除下列内容外，有关铺轨、工地钢轨焊接、设置位移观测桩、线路锁定等项应按相应规定检验。

（1）保证项目

1）轨道板配套扣件质量必须符合其技术条件的要求。

检验数量：抽验 15 组。

检验方法：验收出厂合格证，尺量。

2）无碴轨道扣件组装时，应符合下列要求。

① 调距扣板及轨距块的号码配置，应符合无碴轨道工程施工相应规定。

② 各种零件应安装齐全，位置正确。

③ 扣件螺母扭矩应符合设计要求。

检验数量：每孔梁抽验10组。

检验方法：对照设计文件，目测，测力扳手实测螺母扭矩。

3）工地钢轨焊接接头的焊缝部位应平直，偏差控制应符合表5-18的规定。

检验数量：全验。

检验方法：焊接接头外观尺量。

4）长钢轨收入承轨槽后，应按设计的锁定轨温进行线路锁定作业。

检验数量：全验。

检验方法：轨温计测定，检查施工记录。

2. 过渡段

过渡段无砟轨道部分的铺设检验除下列内容外，应分别按无砟轨道的有关规定检验。

（1）保证项目

1）过渡段轨枕质量应符合设计要求。

检验数量：全验。

检验方法：验收出厂合格证，施工单位旁站检查。

2）过渡段轨枕的配套扣件质量应符合设计要求。

检验数量：全验。

检验方法：验收出厂合格证，尺量。

3）过渡段埋入式无砟轨道部分底座上铺贴的微孔橡胶垫与凹槽侧立面铺贴的普通橡胶垫应符合相关技术条件的要求。

检验数量：以1 000块为1批，不足此数按1批计，每批从3块中取样。

检验方法：验收出厂各格证，尺量。

（2）基本项目

1）过渡段辅助轨扣件质量应符合设计要求。

检验数量：全验。

检验方法：验收出厂合格证，尺量。

2）埋入式无砟轨道过渡段橡胶垫应铺贴平整，与底座表面及凹槽表面、侧立面的粘贴应牢固，底座上部施工过程中，橡胶垫不得变位。橡胶垫接缝处及周边无翘起，无空鼓。

合格：局部达不到要求，但不影响使用。

优良：达到要求。

检验数量：全验。

检验方法：目测。

（3）允许偏差项目

过渡段基本轨与辅助轨间距的允许偏差为±10 mm。

检验数量：全验。

检验方法：尺量。

（五）轨道整理及钢轨打磨检验评定

（1）保证项目

1）无碴轨道扣件与辅助轨扣件的螺母扭矩应符合设计要求。

检验数量：每孔梁抽验 10 组。

检验方法：测力扳手实测螺母扭矩。

2）轨向应直线顺直，曲线圆顺，无反弯或鹅头，无反超高。

检验数量：曲线及两端各 500 m 线路全验。

检验方法：仪器测量。

3）线路验交前应使用打磨列车进行钢轨打磨。线路钢轨打磨后不平度允许偏差为 1 m 范围内不超过 0.2 mm。

检验数量：全面察看，连续抽验 100 m。

检验方法：目测，检查施工记录，尺量。

4）轨道动态检查项目应按《秦沈客运专线轨道不平顺管理值》中有关工程验收的规定检验。

检验数量：全验。

检验方法：轨道检查车检验，检查检验记录。

（2）基本项目

1）线路钢轨经过全面打磨后，其外观应符合下列规定。

合格：较光洁，斑点少。

优良：表面光洁，无斑点。

检验数量：全验。

检验方法：目测。

2）轨道板上的防护盖、防护螺栓应安设齐全，位置正确。

检验数量：全验。

检验方法：目测。

3）轨道外观质量应符合下列要求。

合格：轨面远视平腻曲线、变坡点设置的竖曲线连接圆顺；钢轨编号及标记、凸形挡台上的标记等正确齐全、清楚。

优良：轨面远视平顺，曲线、变坡点设置的竖曲线连接圆顺；钢轨编号及标记、凸形挡台上的标记等正确齐全、位置正确，字体端正，字迹清晰；轨道板表面无污渍。

检验数量：每 1 000 m 抽验 100 m。

检验方法：目测，尺量，检查施工记录。

（3）允许偏差项目

轨面静态高程、高低、水平、扭曲、轨道中线、线间距、轨向允许偏差及检验方法应符合附表 13 的规定。

附表 13　轨道几何尺寸允许偏差及检验方法

项　　次	项　　目	允许偏差/mm	检验方法
1	轨距	+1～−2	轨距尺量
2	轨面高程与设计比较	+5	水准仪测量

续上表

<table>
<tr><th>项次</th><th colspan="2">项目</th><th>允许偏差/mm</th><th>检验方法</th></tr>
<tr><td>3</td><td colspan="2">轨面前后高低差</td><td>≯2</td><td>10 m 弦量</td></tr>
<tr><td>4</td><td colspan="2">钢轨左右轨面水平差</td><td>≯1</td><td rowspan="2">轨距尺量</td></tr>
<tr><td>5</td><td colspan="2">在 3 m 测量基线内的扭曲</td><td>≯1‰</td></tr>
<tr><td>6</td><td colspan="2">轨道中线与设计中线差</td><td>≯10</td><td rowspan="2">尺量</td></tr>
<tr><td>7</td><td colspan="2">线间距差</td><td>0，+10</td></tr>
<tr><td rowspan="2">8</td><td rowspan="2">轨向</td><td>直线矢度</td><td>≯2</td><td>10 m 弦量</td></tr>
<tr><td>曲线正矢</td><td>≯2</td><td>20 m 弦量</td></tr>
</table>

检验数量：每 1 000 m 抽验 100 m。

参 考 文 献

[1] A M 布雷列耶夫，б с 梁赞切夫．轨道电路 [M]．北京：人民铁道出版社，1956

[2] Coenraad Esveld. Slab Track：A Competitive Solution [J]．Rail International，1999 (5)

[3] Eberhard Jansc. 科隆—莱茵/美茵高速新线的系统设计 [J]．铁路工程师，2003，9 (2)

[4] Edgar Darr. Systemvergleich Schotteroberbau—Feste Fahrbahn [J]．E1—Eisenbahningenieur，1998，49 (4)

[5] Edgar Darr. Feste Fahrbahn：Konstrukion，Bauarten，Gleislagestabilitat，lhstandhaltung und Systemvergleich [J]．Marz，2000 (3)

[6] Edgar Darr. 轨道结构形式的比较：有碴轨道和无碴轨道 [J]．铁路工程师，1999，5 (1)

[7] HJ/T90—2004，声屏障声学设计和测量规范 [S]

[8] Katsutoshi. Twenty Years Experience on Slab Track [J]．QR of RTRI，1994，35 (1)

[9] UIC 717—1995 ，Recommendation for the Design of Bridges to Satisfy Track Requirements and Reduce Noise Emissions [S]

[10] Walter Mittmann. 科隆—莱茵/美茵新建线的设计参数和标准 [J]．铁路工程师，2003，9 (2)

[11] Rehfeld E．整体轨道对路基特性的要求 [J]．EI，1995 (4)

[12] Vogel W. 新板式轨道线路的土工结构—实施的原则和建议 [J]．RTR，1995 (1)

[13] 铁道部提速技术培训考察团．中德合作项目铁路提速技术培训考察报告 [Z]．北京：铁道部，2004

[14] 铁道部赴韩国高速铁路无碴轨道技术考察团．韩国高速铁路无碴轨道技术考察报告 [Z]．北京：铁道部，2004

[15] 铁道科学研究院铁道建筑研究所．无碴轨道试验研究及应用现状调研报告 [R]．北京：铁道科学研究院，2004

[16] 世界银行第七批贷款项目 CETE-2. 京沪高速铁路主要技术条件及成本效益分析 [R]．北京：铁道科学研究院，1997

[17] 刘百华．无碴轨道技术的现状和发展方向 [J]．铁道工务，(3)

[18] 钱立新．世界高速铁路技术 [M]．北京：中国铁道出版社，2003

[19] 郑志霖．板式轨道初探 [J]．科技通讯，2003 (3)

[20] 铁道科学研究院研发中心．铁路客运专线无碴轨道及基础工程技术国际交流会资料汇编[Z]．北京：铁道科学研究院，2004

[21] 王其昌，韩启孟．板式轨道设计及施工 [M]．成都：西南交通大学出版社，2002

[22] 姚明初，邵力新．铁路新型轨下基础 [M]．中国铁道出版社，北京，1986

[23] 京沪高速铁路中日合作研究项目轨道结构技术专家组．轨道结构技术 [R]．北京：铁道科学研究院，1999

[24] 铁道科学研究院. 遂渝线无碴轨道综合实验段无碴轨道设计技术条件 [Z]. 2004

[25] 赵 曦，林之珉，等．高速铁路无碴轨道结构设计参数研究 [R]．北京：铁道科学研究院，1996

[26] 铁道科学研究院金属化学研究所．高速铁路整体轨道用 CA 砂浆的研制 [R]．北京：铁道科学研究院，2004

[27] 铁道科学研究院金属化学研究所．无碴轨道用微孔橡胶垫板的研制 [R]．北京：铁道科学研究院，2004

[28] 范俊杰．现代铁路轨道［M］．北京：中国铁道出版社，2001
[29] 焦大化，钱德生．铁路环境噪声控制［M］．北京：中国铁道出版社，1990
[30] 佐藤吉彦．新轨道力学［M］．北京：中国铁道出版社，2001
[31] 铁道部．京沪高速铁路设计暂行规定（上册）［M］．北京：中国铁道出版社，2003
[32] 铁道部．京沪高速铁路设计暂行规定（下册）［M］．北京：中国铁道出版社，2003
[33] 铁道科学研究院研发中心．铁路客运专线无碴轨道及基础工程技术国际交流会议汇编［Z］．北京：铁道科学研究院，2004
[34] 毛昆朋，等．无碴轨道用微孔橡胶垫板的研制［A］．铁道科学研究院 55 周年论文集［C］．北京：中国铁道出版社，2005
[35] 卢祖文．客运专线铁路轨道［M］．北京：中国铁道出版社，2005
[36] 铁道科学研究院．京沪高速铁路环境影响预评价［R］．北京：铁道科学研究院，2002
[37] 国际铁路联盟 UIC 高速部．对速度 300～350 km/h 新线设计科技发展动态研究报告（第一部分）［R］．2001
[38] 徐美庚，殷宁骏，杨梦蛟．高速铁路无碴轨道预应力混凝土箱形简支梁徐变上拱的限值与控制［R］．北京：铁道科学研究院，1998
[39] 铁道科学研究院，西南交通大学，等．秦沈客运专线桥上无碴轨道综合试验研究［R］．北京：铁道科学研究院，2003
[40] 铁道科学研究院通信信号研究所．客运专线最低道碴电阻值的研究［R］．北京：铁道科学研究院，2004
[41] 铁道部科学研究院通信信号研究所．高速铁路无碴轨道（信号）［R］．北京：铁道科学研究院，2005
[42] 费锡康．无绝缘轨道电路原理及分析［M］．北京：中国铁道出版社，1993
[43] 通号设计院，铁道第三勘察设计院，铁道科学研究院，中铁电气化工程局．秦沈客运专线轨道电路参数测试研究报告［R］．北京：铁道科学研究院，2003
[44] 铁道部科学研究院通信信号研究所．混凝土轨枕轨道电路参数与信号频率的关系研究报告［R］．北京：铁道科学研究院，1991
[45] 李瀚荪．电路分析基础［M］．北京：人民教育出版社，1979
[46] 铁道科学研究院．我国混凝土枕区间轨道电路道碴参数标准的研究［R］．北京：铁道科学研究院，2004
[47] 范佳，林之珉，赵曦，江成．高速铁路减振型无碴轨道减振技术的研究［J］．中国铁道科学，1998，19（4）
[48] 江成，范佳，王继军．高速铁路无碴轨道设计关键技术［J］．中国铁道科学，2004，25（2）
[49] 张格明，罗林．中高速条件下车线桥动力分析模型与轨道不平顺影响［J］．中国铁道科学，2001，22（4）
[50] 江成，林之珉．高速铁路无碴轨道结构的试验研究［J］．中国铁路，2000（7）
[51] 刘建瑞，陈良江．无碴轨道预应力混凝土梁设计研究［J］．铁道标准设计，2001，21（9）
[52] 肖俊恒，赵汝康，杜功立．高架桥无碴轨道用小阻力弹性扣件的研究设计［J］．铁道建筑，2002（9）
[53] 傅代正，黄金田，郑新国．桥上板式无碴轨道 CA 砂浆施工技术［J］．铁道建筑技术，2002（6）
[54] 李俊．桥梁板式无碴轨道施工技术［J］．铁道工程学报，2003（3）
[55] 中铁八局集团有限公司，铁道科学研究院，等．遂渝线无碴轨道综合试验段板式无碴轨道施工

技术条件（报批搞）[Z]．武汉：中铁八局集团有限公司，2005
[56] 中铁八局集团有限公司，铁道科学研究院，等．遂渝线无碴轨道综合试验段双块式无碴轨道施工技术条件（报批搞）[Z]．武汉：中铁八局集团有限公司，2005
[57] 铁道部第三工程局科技处．高速铁路高架桥上无碴轨道施工建议方案分报告之三 [R]．太原：铁道部第三工程局，1998
[58] 铁道科学研究院，等．无碴轨道工程质量检验评定标准 [Z]．北京：铁道科学研究院，2001
[60] Schmitt Stumpf Frühauf und Partner 高速铁路无碴轨道设计的特殊要求 [Z]．2004
[61] Guenther Wolf 高速铁路技术 [Z]．2004
[62] Korea Rail Network Autnorty. 京釜高速铁路无碴轨道 [Z]．2005
[63] Korea Rail Network Autnorty. 高速铁路无碴轨道（信号）[Z]．2005
[64] Karlhainz Boekeler. 旭普林无碴轨道系统 [Z]．2004
[65] Hans Bachmann Mordern Track Technologies [Z]．2003
[66] Schmitt Stumpf Fruhauf und partner 高速铁路无碴轨道设计的特殊要求 [Z]．2004
[67] 何华武．我国客运专线应大力发展无碴轨道 [J]．中国铁路，2005（1）
[68] 兼平　丰治，小山内　政广．板式轨道的维护和轨道结构物 [Z]．2004